潍坊学院博士科研基金《现代中国作家自传研究》（编号：2014BS24）

# 现代中国作家自传研究

韩彬 著

中国社会科学出版社

**图书在版编目(CIP)数据**

现代中国作家自传研究/韩彬著. —北京：中国社会科学出版社，2015.9

ISBN 978-7-5161-6546-1

Ⅰ.①现… Ⅱ.①韩… Ⅲ.①作家—自传—研究—中国—现代 Ⅳ.①K810

中国版本图书馆 CIP 数据核字(2015)第 232107 号

出 版 人 赵剑英
选题策划 陈肖静
责任编辑 陈肖静
责任校对 刘 娟
责任印制 戴 宽

出 版 中国社会科学出版社
社 址 北京鼓楼西大街甲 158 号
邮 编 100720
网 址 http://www.csspw.cn
发 行 部 010-84083685
门 市 部 010-84029450
经 销 新华书店及其他书店

印刷装订 三河市君旺印务有限公司
版 次 2015 年 9 月第 1 版
印 次 2015 年 9 月第 1 次印刷

开 本 710×1000 1/16
印 张 13
插 页 2
字 数 205 千字
定 价 48.00 元

# 目　录

# 序

房福贤

由于文化上的原因，自传在我国尚不发达。虽有司马迁的《史记·太史公自序》、陶渊明的《五柳先生传》等经典之作，但现代意义上的自传作品很少。五四以后，由于梁启超、胡适等人的提倡，自传始得较快发展，出现了《沫若自传》、《达夫自传》、胡适《四十自述》等作品，进入30年代，自传的写作与出版甚至形成了一个热潮。但是由于种种的原因，新中国成立后，自传却出现了沉寂。新时期以来，自传再次复兴，并显现出蔚为大观之势，引发了新一轮的冲击波，并在销售上呈现出空前的火爆局面，《王蒙自传》一开始即以30万册起印，余秋雨的《借我一生》也红火一时，其影响不下于他的《文化苦旅》等散文。在精英文学不景气的今天，自传的繁荣为出版界打开了另一扇"芝麻之门"。自传为什么难免再次兴起？这与当下时代人们的精神需求有很大关系。生活节奏的加快，人们心理和工作负担的加重，大众读者在空闲之余迫切希望得到更多一点的精神消遣和精神享受，而传主以亲切、自然的口吻娓娓道来地叙述自我的人生故事、成长经历，能够满足读者心理补偿的需要。再加上读者面对周围纷扰的世界会有许多的怀疑和无奈，他们迫切需要从别人的经历中找到人生的启迪和成功的答案，并且通过他们的传记，也能够满足他们了解传主的渴求。于是，传记文学以它丰富的人生体验和社会经历赢得了广大的读者，在读者的阅读期待中呈现出强大的生命力。当然，自传文学的发展还有一个强大的内驱力，那就是中国知识分子历来具有的使命承担意识和诉说欲望。中国的知识分子在以往的历史中积累了太多的话语需要言说，也积郁了太多的苦闷和痛苦，迫切地想诉说自己的人生经历和社会体验，希望通过自己的诉说获得一种价值认同和心理渴求，也希望能够影响读者的价值判断和行为规范，这种强烈的诉说欲望和干预社会现实的使命感，也促成了大量自传的问世。尽管自传已经成为文坛的一个热点现象，但当今学界对此却并没有表现出特别的热情，关注研究者不多，自传研究的专著和论文匮乏，尤其是从整体上对20世纪中国作家自传进行的研究性著作基本属于空白。值得庆幸的是，韩彬的《现代中国作家自传研究》的出版，终于可以打破“门前冷落车马稀”的这种状态了。

韩彬的这部专著，是在她的博士论文的基础上增订修改而成的。比之她的博士论文，这部即将出版的著作内容更丰富、材料更充实、结构更完整，有了更多的学术性、理论性与创见性。我在重新阅读的兴奋中，自然也想起了一些与之相关的事情。当年韩彬跟我攻读博士学位，准备博士论文题目时，她提出要作一个现代中国作家自传的研究课题，理由是我曾经研究过作家传记文学，作为她的导师，指导起来更有针对性。但是，令她没有想到的是，我在当时对此想法不仅没有予以支持，反而泼了一通冷水。因为我曾经研究过作家传记，深知自传是一个很重要的文学现象，但自传研究却不容易搞。首先，自传作为一种文体，虽然有着极其古老的历史，但古今中外的自传理论却几乎没有，与诗歌、小说、散文、戏剧等无法相提并论。其次，自传的生命在于真实，但确定一部自传作品是否真实，对研究者来说是难以克服的障碍，并不是靠一种合理的推断、想象就能够解决的问题。再次，自传总被看作对传主过往人生的一种再现，因此其文本往往有着比较固定的形式，写作上采用的是最为老实本分的线性叙事，很难像虚构性作品那样进行艺术形式上的创新，判断其艺术价值的参照系比较单一化。这也是当代中国传记（包括自传）非常繁荣而研究却十分冷清的重要原因。所以我并不赞成她以自传作为研究课题。我的态度让韩彬有些意外，但她并没有跟我争辩，只是答应回去再考虑考虑。过了些日子，我们又一次相约讨论她的论文题目。本来我以为她会换一个课题，没有想到她还是坚持要作自传研究，并且还给我整理了一份一万余字的《现代中国作家自传研究综述》。她说经过认真的思索，觉得还是可以进行这方面研究的。因为难度大，所以可借鉴的资料少，但也正因为资料少，也才有了发挥的空间。她还是想试一试。知难而进，是一个学者非常重要的品格，我不能打击她的这种执着精神，因为这种精神在当下这个浮躁的时代里已经不多了，我必须支持！虽然我仍然有些担心，但我最终还是同意了她的想法。事实证明，她的坚持是对的。如果没有当初的坚持，这部颇有思想价值与学术含量的专著，今天也就不会摆在我们的面前了。

作为一部研究专著，《现代中国作家自传研究》最重要的学术意义在哪里呢？毫无疑问，首先是它的开拓性。作家自传是现代中国文学发展史上一个重要现象，但是在很长一个时期里，它却几乎成了学界被遗忘的角落，很少进入“现代中国”的学术视野，迄今为止，竟然没有出现一部对其系统、全面、深入研究的学术著作。韩彬的《现代中国作家自传研究》的出版，无疑是对这一现状的大胆突破。当然，开拓新领域，不仅仅需要大胆创新的精神与不畏艰难的勇气，更需要开阔的视野与发掘的功夫。需知，在前人研究成果几乎阙如的情况下，将有百年历史的自传写作进行条分缕析，纳入一个大的学术框架中，是有着相当大的难度的。韩彬在写作的过程中，我也曾经有过担心，怕她驾驭不了这种宏观的历史叙述。但是，通过对历史复杂现象的深入分析与研究，她不仅很好地把握住了历史的脉络，并通过她很有新意的话语把它表述了出来。比如她对近百年中国作家自传历史的四个分期，就是非常准确的概括，而无论是勃兴、沉寂、缺失还是黄金时代的原因分析，也都符合时代的真实。特别值得一提的是，为了展示时代对自传写作的影响，韩彬还将特殊时期比如五六十年代出现的一些准自传文本如文学性自传、日记、政治运动的交代材料等进行了深入发掘，并大胆地将它们置于历史的叙述中，不仅成为现代中国作家自传史的有力补充，更建构出了一段令人深思的作家心史，这显然不仅仅是写作上的技术行为，更是韩彬作为一个研究者对研究对象深入体察的结果，如果没有对历史、对人生、对人性的多方面的理解与感悟，没有大胆的开拓精神与创新意识，是很难做到这一点的。

《现代中国作家自传研究》的学术意义也表现在它的理论建构上。人们之所以喜欢读自传但却不大愿意涉足于自传的研究，一个重要的原因就是无法跨越真实性这一核心问题，从理论的高度上对它进行形而上的把握，因而总是局限于就事论事的低层面而不能自拔。为了打破这种无法突破的困局，韩彬大胆地将身份理论引入作家自传研究中，以身份建构为视点，探讨传主身份预设与自传避讳、夸饰和辩解的关系，为自传真实性研究提供了新的视角。因为自传总是依据一定的身份进行写作，自传书写什么和为什么这样写事实上都决定于传者对传主的身份预设。自传的真实与否，何者需要如实讲述，何者需要避讳夸饰或自我辩明都与作者对传主的身份预设密切相关。法国启蒙思想家卢梭之所以有勇气坦陈自己生活中的卑劣想法甚至是下流行径，正因为他对自己的身份预设是个性解放者，他所要做的正是对抗世俗的虚荣矫饰。他越是毫不保留地坦陈自我，他也就离自己的预设身份越近。同样传者之所以要避讳某种生命经历，正是因为它会损害自我的身份预设。茅盾讳言与秦德君的恋情，余秋雨极力辩白自己在“文化大革命”中的清白，周作人对日据时代自己的言行颇多黠辩之词，这些讳饰、黠辩都与作者自我的名人身份预设紧密相连。因此可以说，自传从根本上讲是一种自我形象的塑造而非再现。作者如何塑造传主形象，不仅取决于传主的真实自我，更与传主的自我意识和身份预设密切相关。有关身份理论人们已经谈得很多，但运用于自传研究中并不多，可以说这是一个新的尝试。身份预设理论的提出，使人跳出了一般意义上的真实与讳饰的怪圈，对自传的特点有了本质性的理解，有效地解决了以往人们难以解释的一些问题。对作家自传中的身份预设问题的这种认识，我认为是韩彬作家自传研究中最有创见的一个方面，它不仅对作家自传研究产生了很好的作用，对所有的自传甚至是所有的传记都有着非常重要的理论建设意义与方法论启迪。

《现代中国作家自传研究》的学术意义还表现在它将不可靠叙述的理论与方法引入现代中国作家自传研究。一般认为，自传是一种不需要叙事技巧的文体，它只需要忠诚地再现过去即可。但是事实证明自传不可能是对传主自然生命事无巨细的描摹，因为传主写作之初就有一个身份预设，因此，他必然地要对其过去经历进行有目的的选择和重构。怎样来解释自传写作当中的这种现象？韩彬非常巧妙地借鉴了不可靠叙事理论与方法。不可靠叙述是韦恩·布斯在他的《小说修辞学》中首次提出来的，但是这个概念主要针对的是小说等虚构性的叙事文本，在自传、回忆录等纪实类文本中是不是也存在着不可靠叙述呢？经过认真的分析研究，韩彬认为，事实上在自传中也存在着不可靠叙事，只不过作为虚构性文类的小说其不可靠叙述的探讨基本限制在文本内的考察，而作为纪实性文类的自传其不可靠叙述的研究则由文本内世界延伸到文本外的“真实世界”。为此，韩彬提出了三种不可靠性叙事的观点：即文本内的叙述间隙，文本间的叙述歧义，自传文类的叙述间隙。我认为，将不可靠叙事引进自传研究中，这是一个大胆的创新，也是自传叙事研究中的一个突破。但是我必须指出的是，提出一种理论不容易，将其付诸实践更难。不可靠叙事在理论上是成立的，但具体到一部自传作品中，怎样去区别分辨其中的不同，则需要相当的学识与功力。韩彬的自传研究，不仅表现出了很高的理论视野，也同时表现出了很强的解读功力。比如在分析文本间的叙述间隙这一不可靠叙事时，她以《王蒙自传》、从维熙的《走向混沌》以及方蕤的《凡生琐记：我与先生王蒙》为例，对王蒙的形象在文本间的叙述间隙进行了精彩的分析。王蒙《半生多事》和从维熙《走向混沌》同时描述了他们在担石沟的劳动生涯，但在这两个文本中读者所看到的王蒙却有很大差异。在《半生多事》中王蒙更多表现的是自己的通达和乐观，而在从维熙的《走向混沌》中却难见这种通达和乐观，更多的是一种近似冷酷地对事势的理性认知。王蒙的《半生多事》与方蕤的《凡生琐记：我与先生王蒙》都提到崔瑞芳 1961 年 5 月 1 日到三乐庄休假探亲，但王蒙的记述是自己为她的到来激动流泪而又神经紧张，面红耳赤而又无地自容，而在崔瑞芳的记忆中的王蒙则是“表情平平，没有一点儿喜悦的神色”，而且心事重重，显得颇为犹豫和紧张。文本间为什么会出现这种不同呢？到底哪种描述更符合实际呢？如何认识这种不可靠叙述呢？为此，韩彬通过文本间形成的间隙进行了细致、周密而又合理的阐释。王蒙在自传中的表述之所以与他人不同，主要是因为王蒙有着成功者的心态，当他以这样的心态回顾过去的时代，历史的苦难在悄然不觉间被当下的幸福置换了，作为经验主体的痛感也就变成了自我内心的澄明和洒脱。然而，从维熙和崔瑞芳的叙述却让我们窥见了一个他者眼中的王蒙，也许任何一个历史主体都不能脱离当时的历史环境而存在，所谓的澄明和洒脱，不过是一种事后的想象，而这种想象的代价则是削弱了自传叙述的可靠性。面对王蒙现象，或许你还会有别的理解，但你不能不佩服韩彬于细微处破解历史密码的分析能力，正是从这些文本间形成的间隙中，她竟然为我们发掘出了这么精彩的人生。可惜的是，当下学界那种认真阅读细致分析的学风已经越来越淡薄了。

重新阅读韩彬的《现代中国作家自传研究》，不禁再次为她当年的坚持而庆幸，这确实是当代中国传记文学研究领域中的一部力作！但是我也深知，韩彬能够做出这样的成绩，并不是偶然的，这背后有着多少辛勤的劳动与苦涩，也许只有她自己才能体会到。韩彬是在高校工作几年后才重新考入母校攻读博士学位的，抛下才两岁多的孩子，再次背起书包当学生，对她都是一个新的考验。那时，她经常在胶济铁路或济青高速上来回穿梭，也经常在博士、母亲和教师的身份中不断变换，其辛苦不比寻常。特别值得一提的是，由于工作关系，她刚刚入学不久，我还没来得及正儿八经地给她上课，我就离开了曾经学习工作过大半生的学校，远走天涯海角，从此我们师生远隔千山万水，我对她学业上的指导也变成了南北两地的电话或邮件交流。虽然现代化的设备为我们的交流提供了极大方便，但这种交流毕竟与面对面的谈话不一样，有时指导并不及时到位。由于路途的关系，有时必须参加的一些活动也就能免就免，比如论文开题与预答辩时，我都没能参加。当她进行博士学位论文答辩，最需要指导老师在现场给予精神支持的时候，我又因为到北京参加一项特殊任务未能出席，至今想起来还颇有愧歉之感。好在韩彬基础扎实，学习又非常努力，不仅没有埋怨我，还顺利地完成了学业，让我这个远在天边的导师有了些许安慰。羊年春节前夕，韩彬电话告诉我，她的博士论文经过几番修改后即将出版，并要我为之作序，我很高兴，学术之路上，又有一名年轻的学子坚定地走过来了。于是，伴随着春节期间喜庆的爆竹声，我写下了有关韩彬和她的书稿的一些感想。作为老师，或许我对韩彬有些偏爱，但我可以自信地说，我对她的书稿的评价是真实的、客观的，绝无半点溢美之言。读者诸君如若不信，不妨认真地读一下，相信你一定能够从本书的阅读中得到一些收获，不管你是专业研究人员，还是普通的读者。

是为序。

2015 年 3 月 5 日于海口怡园

# 引　言

自传是一个兼及文史的文类，中国虽然历来史传文学都很发达，但是自传文学则一直处于贬抑之境。直到进入20世纪以后伴随着人的发现和自我意识的觉醒，以及卢梭《忏悔录》等西方经典自传作品的传入，具有现代意识的自传逐渐发生发展起来。尤其是20世纪30年代和80年代以来出现了自传写作的两次高潮。但是与自传写作出版的繁荣相比，自传研究则一直处于冷僻状态。自传研究之“冷”首先源于自传本身难以界定。那么何为自传？从广义上来说，有的论者和作家认为一切作品都是自传。如法国作家法朗士说：“所有的小说，细想起来都是自传。”福楼拜认为：“包法利夫人就是我。”卢梭则说：“我的所有作品都是我的自画像。”[①] 郁达夫也认为文学作品，都是作家的自叙传。这种论断证实了作家作品中总是内蕴着作者个人的生命痕迹，但是从文类的角度来看却混淆了自传与小说的本质区别，忽略了自传作为一个独立文类的存在。第二种对自传比较宽泛的定义为一个人所写的关于自己的传记。如《辞海》为自传下的定义是“自述生平之作”。1866年，法国权威的《拉罗斯百科全书》将自传定义为“由某人写作的其本人的生平”。德国学者乔奇·米希认为：只能概括“自传”一词的含义来给它定义——由一个人自己（auto）来描述（graphy）此人的一生（bio）。[②] 这类定义都强调了自传作为传记的从属性以及

① 转引自［法］菲力浦·勒热讷《自传契约·译者序》，杨国政译，生活·读书·新知三联书店2001年版，第1页。

② 转引自杨正润《现代传记学》，南京大学出版社2009年版，第292页。

其外部特征为自述生平。这种定义虽然笼统，但较少争议，在实际的研究过程中也存在一定的叙述弹性。第三种比较经典的定义是法国学者菲力浦·勒热讷1971年所提出的，他认为："当某个人主要强调他的个人生活，尤其是他的个性的历史时，我们把这个人用散文体写成的回顾性叙事称作自传。"① 这个定义指出了自传的几个基本特点：自传是作者的自叙，其采用的一种回叙性的视角，强调的是一种个体性的书写。勒热讷在《自传契约》中将自传与回忆录、自传体小说、日记等相似体裁作了区分。这个定义虽然也受到一定的非议，尤其是后现代作家自传文本的解构，但至今仍为广大研究者所引用。第四种是否认自传的可定义性和作为一种独立文类的存在。欧尔尼就曾指出："尽管大家都知道什么是自传。却没有两个人有一致的看法。"他认为给自传作出规范性定义或文类界限是不可能的。中国台湾学者李有成也认为："自传所涵盖的文本既是如此繁杂广泛，要为自传下一个有意义的定义实非易事，因为有不少例外和变体逾越此一定义所划定的疆界。不仅如此，这个事实也使得如何举例或指认自传文本难上加难。这些困难一方面固然说明了何以我们无从陈述自传的内在形式，但同时也宣示了，对自传作者和读者而言，这是一个充满各种可能性的文类。"② 原型批评家弗莱指出："自传是另一种形式，它通过一系列难以察觉的等级同小说合为一体。大多数自传是被一种创造性的、因此也是虚构性的冲动所激励，作家只是在自己的生活中选择事件和经验构建成一个综合的模式，这个模式可能是比作家本人更大的东西，他却把它和自己同一起来，或简单地说，同他的性格和看法一致起来。"③ 保罗·德曼也认为："从经验上和理论上看，对自传本身进行种属界定的可能性少得十分可怜；而对于规范来说，每一具体例证又似乎均有例外；（自传）作品本身的色彩仿佛总是淡入邻近的或者无法协调一致的文类。或许最具有启发意义的是，对于悲剧或小说而言，极具启发价值的种属讨论，在自传来说，却依

① ［法］菲力浦·勒热讷：《自传契约》，杨国政译，生活·读书·新知三联书店2001年版，第3页。

② 李有成：《论自传》，《当代》（台北）1990年第11期。

③ 转引自杨正润《自传死亡了吗？——关于英美学术界的一场争论》，《当代外国文学》2001年第4期。

然贫瘠荒芜而令人心情沉重。”[①] 美国理论家哈桑甚至论断了自传的死亡。自传的难以界定性显然不意味着自传文类的消亡。自传消亡说是“失误于脱离实践、也脱离文学的历史传统”。“以纯粹的理论演绎取代自传家的实践。”[②] 纠缠于什么是自传正如纠缠于何为文学一样，一切一目了然的名词都很难给它一个精准的定义，但是我们还是需要为我们研究对象的范围作一个大致的界定。笔者倾向于以勒热讷的自传定义作为本文对自传讨论的范围，但是勒热讷强调自传为个人个性历史的书写，由此将回忆录排除在外。正如张瑞德所说：“回忆录和自传不同之处，在于前者较重视作者身处的社会和历史背景，而较不重视个人的私生活，有时作者甚至很少提到自己，……不过一般说来，自传和回忆录在中国的分别并不太大，通常用‘自传’这个名称的较少，而用‘回忆录’的较多。”[③] 也就是说自传与回忆录在中国并无特别明显的区别，中国人自传的书写往往与社会与历史都存在着密不可分的关系，因此笔者将侧重写个人的回忆录也纳入本书探讨的范围。另外，本书的论述还涉及了少量日记文本，虽然日记不能称为严格意义上的自传，因为它缺乏一种回顾性的叙事视角和对整个或某段生命历程的整体书写，但是它在某种程度上又可以成为一种准自传的参考文本，尤其是20世纪50—70年代，作家自传书写受到压抑，呈现整体性缺失的年代，对某些准自传文本的探讨有利于对20世纪自传发展历程的整体建构。

本书的研究对象为现代中国作家自传，所谓“现代中国”与“古代中国”相参照，指的是走向现代化的中国，它涵盖了通常我们文学史所叙述的“现代”和“当代”两个时段。因此凡是创作于现代中国的作家自传都在我们的考察之列。

---

① ［美］保罗·德曼：《解构之图·失去原貌的自传》，李自修等译，中国社会科学出版社1998年版，第190页。

② 杨正润：《自传死亡了吗？——关于英美学术界的一场争论》，《当代外国文学》2001年第4期。

③ 张瑞德：《自传与历史——代序·中国现代自传丛书·资平自传》，（台北）龙文出版社股份有限公司民国78年版。

# 第一章　现代中国作家自传流变研究

自传文体古已有之，但是中国古人讲究生不立传，清代王韬在他的《弢园老民自传》中就指出："生而做传，非古也。"而且儒家的礼制秩序和宗法文化中的家族本位主义，压制了人的主体地位和自我个性的张扬，因此自传在古代中国并不发达。刘知几在《史通·序传》中指出："盖作者自叙，其流出于中古乎？屈原《离骚经》，其首章上陈氏族，下述祖考，先述厥生，次显名字。自叙发迹，实基于此。降及司马相如，始以自叙为传。"① 事实上屈原的《离骚》并不能称为自传，而司马相如的《自叙》在流传中业已遗失，因此我们当下所能看到的最早的自传雏形乃是司马迁《史记·太史公自序》。其后东汉班昭《女诫·序》、王充的《论衡·自纪》、曹丕《典论·自叙》、东晋葛洪《抱朴子·自叙》、唐代刘知几《史通·自叙》、李清照《金石录·后序》、刘鹗《老残游记·自序》等都是以书序的形式出现的自传性作品，可见书序应为中国古代自传存在的原初形态，这类自传依附于作者的著作而存在，并无明确为自我做传的意识，而主要是为了让读者更好地了解其著作。冯友兰在《三松堂自序》就曾指出："古之作者，于其主要著作完成之后，每别作一篇，述先世，叙经历，发凡例，明指意，附于书尾，如《史记》之《太史公自序》，《汉书》之《叙传》，《论衡》之《自纪》，皆其例也。其意盖欲使后之读其书知其人，论其世，更易知其书短长之所在，得失之所由。传统体例，有足多者。"② 古代另一类自传往往以号为其书名，像东晋陶渊明《五柳先生传》、唐代

---

① （唐）刘知几：《史通新校注》，赵吕甫校注，重庆出版社 1990 年版，第 555 页。

② 冯友兰：《自序·三松堂自序》，生活·读书·新知三联书店 1984 年版，第 1 页。

王绩《五斗先生传》、白居易《醉吟先生传》、陆龟蒙《甫里先生传》、欧阳修《六一居士传》等，这类自传不叙传主的姓名、籍贯、生平，所述的时间和空间幅度都非常有限，缺乏对传主生命历程的书写，而主要是对传主性情的一种静态描写。此类自传并不说明传主与作者的关系，对它们作为自传的指认，往往是建立在读者了解作者生平后的信任基础之上的，这类自传超越了现实的胶着，不写传主的实然之象而写其应然之象，而这种实然和应然又常常混杂在一起，真伪难辨，因此严格意义上来说它只能是一种类自传。中国古代最早以自传为名的是唐代陆羽的《陆文学自传》，这篇自传叙述了传主的相貌、特点以及简述了其生命历程，虽然受篇幅所限，但是其基本的生平都已交代明白。其后刘禹锡《子刘子自传》、清代王韬《弢园老民自传》等亦具有比较明晰的对生命历程的书写，因此这类自传最接近现代自传文体。古代还有一类自传，是作者生前为自己所作的墓志铭。墓志原为放入逝者墓中载有死者传记的石刻。志，主要记载逝者的姓名、籍贯、官职、公德等，铭则主要抒发对逝者的悼念和褒扬。因为中国古代讲究生不立传，盖棺定论。因此撰者则借墓志铭的形式对自我一生做出评价，使自己的生平事迹流传下去。自撰的墓志铭如唐代王绩《自撰墓志铭》、白居易《醉吟先生墓志铭》、韩愈之子韩昶《自为墓志铭》、杜牧《自撰墓铭》、徐渭《自为墓志铭》等，在这类自传中传主除撰写了自我的生平，同时还书写了面对死亡的感受。

中国古代自传与现代自传相比只是初具自传文体的雏形。首先，它受文言载体所限，大都篇幅比较短小。中国古代大部分自传都短至千言，较长的东晋的《法显传》也不过13980字，清朝沈复的《浮生六记》是一个个例。《浮生六记》全篇分为闺房记乐、闲情记趣、坎坷记愁、浪游记快，其中后两记中山记历、养生记道则被疑为伪作。《浮生六记》每一记大致按照时间顺序记述了不同的生活片段，充满了个人的生活细节的描述，这是前人自传所不及的，沈复及其妻沈云的形象更是跃然纸上，这对现代自传的撰写是很好的借鉴。其次，受传统儒道思想的影响，中国古人压制个性的张扬，个人意识匮乏，因此往往以史传的笔法来作自传，采取第三人称的叙事视角，以免自炫自夸引来非议。最后，中国古代自传缺少对自我生命历程的描摹，具有叙述的封闭性。如川合康三所说："西欧的自传讲求从旧我到新我的变化，其坐标是纵向性的时间的流程；与之相对，中国的自传注重自己与世俗的对立，其坐标是横切式的同一平面的展开。"① 这也与现代自传叙写生命历变拉开了距离。

时至近代，随着鸦片战争、甲午中日战争的爆发，西方的经济文化侵入中国，传统社会的稳定结构被打破，随之而来的是晚清一部分智识者自我认同的危机和身份的焦虑，在与西方文化交流逐步加深的过程中他们逐渐开始了对中国传统文化的反思，民族意识和个人意识渐强，新文化意识的觉醒使得自传在内容与形式上都表现出了一定的现代性。清末王韬《弢园老民自传》虽然在体式上仍延续了传统自传的书写方式，但其间充斥着强烈的情绪的宣泄和个性的张扬，在自我形象的塑造上已向现代迈进了一步。容闳写于1909年的英文自传在内容与形式上都具有一定的现代意义。1915年恽铁樵和徐凤石译成中文，交由商务印书馆出版时，取名《西学东渐记——容纯甫先生自叙》。这部自传历述了传主一生的求学经历、事业发展以及理想抱负，对传主在美国的求学，归国后教育计划、爱国思想做了较为详细的阐述，从而勾勒了一个完整的自我形象，表达了鲜明的自我意识。容闳的西式教育理念，对国家变革维新的理想都体现了传主渐增的民族意识和现代意识。梁启超的《三十自述》开篇指出"人知我，何如我之自知？"体现了其鲜明的自我意识。郁达夫的《日记九种》、谢冰莹的《从军日记》等日记体文学虽然不能称为自传，但却为30年代自传的勃兴奠定了基础。

## 第一节　现代中国作家自传的勃兴(1927—1937年)

萧关鸿在《中国百年传记经典》序言中说："五四新文化运动带来了知识分子个性的解放，写作接近西方传记体式的自传或回忆录成了作家们自我表现和自我张扬的一种最方便的形式。"② 但事实上自传的发展与中国

① ［日］川合康三：《中国的自传文学》，蔡毅译，中央编译出版社1999年版，第203页。

② 萧关鸿：《中国百年传记经典》（第1卷），东方出版中心1999年版，第5页。

现代文学的发展并非完全同步，虽然五四新文化运动之后自传也逐渐发展起来，但是在新文学的第一个十年中除了20年代末郭沫若的《我的幼年》（1928年）、《反正前后》（1929年）、《黑猫》（1929年）和欧阳予倩的《自我演戏以来》（1929年）之外，并未产生大量的自传作品，现代自传的真正勃兴始自30年代，30年代的现代文坛曾掀起了一股自传写作的热潮，其中作家的自传又堪称自传热的重镇。1933年，上海光华书局推出了《现代中国作家自传》第一辑，是“光华小文库”的一种，收录作家自传9篇：柳亚子《柳亚子自传》、鲁迅《鲁迅自序传略》、茅盾《我的小传》、王独清《我底自传》、洪深《印象的自传》、白薇《我的生长和殁落》、章依萍《我的自序传略》、许钦文《许钦文自传》和钟敬文《过去生涯的轮廓画》。《现代中国作家自传》第一辑《弁言》中说：“本局计划出版中国文学家的自传已有好几年了，因为作家散处四方，征稿不易，所以一直拖延至今。现在，我们来开始这一工作了。我们预定的计划是分十辑，每辑载五个至十个作家的自传。现在分成小册子出版，将来出齐后再精装出版。如果没有其他打击，我们相信可在最短期内完成！”[①] 虽然这个设想并未成真，但可以看出自传的出版在当时已蔚然成风。另外1933年，在“光华小文库”中还有一本《创作经验谈》，收入8篇自传性文章：郁达夫《五六年来创作生活的回顾》、许钦文《从〈故乡〉到一坛酒》、丁玲《我的创作经验》、巴金《我的写作生活》、张资平《我的创作经过》、冰心《我的文学生活》、傅东华《“此路不通”》和茅盾《我的回顾》。“光华小文库”的《我的学生生活》收穆木天中篇自传《学校生活的断片》。1934年左右，上海第一出版社策划出版的“自传丛书”更增加了自传写作的热度。这套丛书原计划出版12位作家的自传，先出5本：《巴金自传》、《资平自传》、《庐隐自传》、《从文自传》和《钦文自传》（1936年改由时代图书公司出版）。按照新书预告的自传还有《达夫自传》、《洪深自传》和《蛰存自传》。其中洪深和施蛰存两人并未成传，郁达夫的自传写作发表历时两年，前8篇刊于《人间世》，另有一章刊于《宇宙风》，并未单独出

① 柳亚子等：《现代中国作家自传》（第一辑），光华书局1933年版。

版。1938年，宇宙风社出版《自传之一章》，收录陈衡哲《我幼时求学的经过》、周作人《关于自己》、老舍《小型的复活》、丰子恺《不惑之礼》、谢冰莹《大学生活之一断片》、宋春舫《到巴黎去》、许钦文《从〈故乡〉到〈无妻之累〉》等。1937年张越瑞选编《近人自传选》辑录了中外人物自传各4篇，其中包括蔡元培的《我在北京大学的经历》、胡适的《四十自述》和王云五的《两年中的苦斗》。除丛书之外，单独出版的自传也很多，如胡适《四十自述》、陈衡哲1935年出版的英文自传《一个年轻中国女孩的自传》(*Autobiography of Chinese Young Girl*)、陈独秀《实庵自传》、林语堂《林语堂自传》、谢冰莹《一个女兵的自传》、王独清《我在欧洲的生活》和《长安城中的少年》、张资平《脱了轨道的星球》、白薇《悲剧生涯》、郭沫若《创造十年》、《创造十年续编》、《北伐途次》和张恨水《我的小说过程》等。另外单篇的如瞿秋白《多余的话》、朱湘《我的童年》、张天翼《我的幼年生活》等。作家自传的写作出版在30年代可谓蔚为大观，那么30年代为什么会产生这股自传的热潮呢？

首先，人的发现是自传繁盛的根本原因。杨义指出：“很明显，只有人的独立价值被重视的时代，自叙传性的文学作品才会大量产生。”① 自传之首要任务是书写自我，确立自我的主体性。而中国古代人却较少通过自传表达心曲，究其原因则与中国的儒道文化密切相关。以儒家文化为基础的传统政治结构是一种家族本位主义，它重群体轻个人，忽视人的主体地位，中国传统的五伦关系将人牢牢地束缚住，人在社会中往往是为君为臣为民，在家庭中则是为父为子为妻，很少有独立面向个人的空间，因此也就难有面向自身的探索和思考。而中国的道家文化则讲究道法自然，物我齐一，韬光养晦，明哲保身。因此中国古代文学中多是借他人酒杯浇自己块垒，婉转崎岖地表达心志，而较少赤裸裸地直面自我。纵观中国古代的自传文，其作者大多为跃出封建常规之人。或为帝王尊者，有着超越常人的自由，如曹操、曹丕；或为放荡不羁，溢出主流者如陶渊明；当然更多的则是深陷逆境，怀才不遇，借自传以昌明心志，如司马迁、刘禹锡。晚

① 杨义：《中国现代小说史》(一)，人民文学出版社1986年版，第547页。

清五四以来，随着人的文学的崛起，人们开始面对自我彰显个性。郁达夫说："五四运动的最大成功，第一要算'个人'的发现。从前的人，是为君而存在，为道而存在，为父母而存在，现在的人才晓得为自我而存在了。"① 现代中国作家自传的繁荣体现了中国人现代主体诉求的增强和自我意识的觉醒。

其次，白话的应用为自传的现代转型起到了推波助澜的作用。以文言为载体的古代自传文首先在写作篇幅上受到极大限制，古代自传文一般以千言成篇，而对于书写个人生命历程的自传文体则需要相当的篇幅和长度。文言载体不能满足现代自传的书写要求。因此胡适以进化论为理论基础强调"古人之文学不必优于今人；而今人之文学也不必劣于古人"。他主张"今日文学应以白话为正宗"。另外，文言不仅是一种语言的载体，同时它还代表了一种思维方式的变革。费正清指出胡适的白话文改革，"不仅为了创造一种使普通人能看得懂的文学，也是为了使中国文字成为现代思想的表达工具"②。具体到传记写作，胡适曾指出："传记写所传的人最要能写出他的实在身份，实在神情，实在口吻，要使读者如见其人，要使读者感觉真可以尚有其人。但中国的死文字却不能担负这种传神写生的工作……后来的'古文'家又中了'义法'之说的遗毒，讲求字句之古，而不注重事实之真，往往宁可牺牲事实以求某句某字之似韩似欧！硬把活跳的人装进死板板的古文义法的烂套里去，于是只有烂古文，而决没有活传记了。"③ 传记如此，自传亦然，书写载体的变革为现代自传的自由书写创造了条件。

西方自传的译介也是自传热产生的重要因素。20 世纪 20—30 年代，像卢梭的《忏悔录》、富兰克林的《富兰克林自传》、托尔斯泰的《忏悔录》、歌德的《歌德自传》等都有了多个版本的中译本。郭登峰指出："'自叙传'，是现今文坛上最时髦的作品！除翻译的以外，创作的自叙传，有写成

---

① 郁达夫：《现代散文导论（下）·中国新文学大系导论集》，蔡元培等编，上海书店 1982 年影印版，第 205 页。

② ［美］费正清：《伟大的中国革命 1800—1985》，刘尊棋译，国际文化出版公司 1989 年版，第 176 页。

③ 胡适：《胡适传记作品全编》（第 4 卷），东方出版中心 1999 年版，第 203 页。

专书的，有单篇独立的，琳琅满目，美不胜收；这显然地是受了西洋近代自叙传文学的思潮之激荡，而迸发出来的一种新的浪花。”[①] 郭沫若在《我的童年》的《前言》里这样写道：“我不是想学 Augustine 和 Rousseau 要表述甚么忏悔，我也不是想学 Goethe 和 Tolstoy 要描写甚么天才。”[②] 可见郭沫若在作传之前对奥古斯丁和卢梭的自传都有所涉猎。谢冰莹在《一个女兵的自传》中也指出：“我最佩服《邓肯自传》和《大地的女儿》，她们那种大胆的赤裸裸的描写，的确是珍贵的不可多得的写实之作。然而中国的环境不比欧美，甚至连日本都不如，（林芙美子的《放浪记》，写她自己流浪的生活，和《邓肯自传》《大地的女儿》一样坦白。）但我并不害怕，我将照着自己的胆量写下去，不怕社会的毁谤与攻击，我写我的，管他干什么呢？”[③] 可见，西方自传的译介对中国自传的热潮和现代转型功不可没。

繁荣的出版业为自传的传播发行提供了媒介。“现代传媒不但是文学传播的载体和媒介，而且，它引进了一整套新的价值系统，它的现代理念、生产方式、公共性改变了传统文学的生产、传播方式。”[④] 30 年代作家的自传写作与杂志、出版社的约稿有很大关系。沈从文在自传中指出受邵洵美之约而作传。郁达夫也提到：“大约是弄文学的人，大家常有经验罢，书店的编辑，和杂志的记者等，老爱接连不断的向你来征求自叙传或创作经验谈之类的东西。”[⑤] 胡适在《四十自述》序言中也谈到了自己的自传写作计划，之所以先将留学前的一段印行，则是接受了亚东图书馆朋友之劝。朱湘指出：“如今，自传这一文学的体裁，好像是极其时髦。虽说我近来所看的新文学的书籍、杂志、副刊，是很少数的；不过，在少数的印刷品之内，到处都是自传的文章以及广告。这也是一时的风尚。并且，在新文学内，这些自传体的文章，无疑的，是要成为一种可珍的文献的。”[⑥] 1932

① 郭登峰：《编者的话·历代自叙传文抄》，商务印书馆 1937 年版，第 1 页。

② 郭沫若：《沫若自传》（上），求真出版社 2010 年版，第 2 页。

③ 谢冰莹：《一个女兵的自传》，上海良友图书印刷公司 1936 年版，第 5 页。

④ 马永强：《文化传播与现代中国文学》，安徽大学出版社 2003 年版，第 7 页。

⑤ 郁达夫：《再来谈一次创作经验·郁达夫全集》（第 6 卷），浙江文艺出版社 1992 年版，第 55 页。

⑥ 朱湘：《我的童年·中书集》，上海生活书店 1934 年版，第 99 页。

年《论语》创刊，及其后的《人间世》、《宇宙风》都成为自传发表的阵地。《宇宙风》杂志在1936年到1938年间，几乎每期都设有“自传之一章”这一栏目，专门用来刊载作家、军人、画家、教育家等各种不同身份人士的自传，还据此出版了《自传之一章》一书。谢冰莹的《一个女兵的自传》的部分章节和郁达夫的《达夫自传》都曾在《人间世》和《宇宙风》上连载。《读书杂志》1933年也开辟了“作家自传”专栏，《国闻周报》也长期开辟专栏《时人汇志》，刊登名人小传和自叙传。另外出版者还非常注重广告效应，以作家的成功之路吸引读者的注意。1934年《人言周刊》打出广告：“一著作家之达到成功，经过多少艰难奋斗，其间之波澜曲折，必有足供吾青年之观摩者，自不待言，弊社有鉴于斯，特约国内著名作家，撰述其生平经过。以利吾青年诸君。各书文笔流利畅达，可不待言，而内容之充实与生动，则又别具一格，可以作修身读，可以作小说读，回味无穷，诚伟构也。”① 1934年邵洵美策划了一套自传丛书，并在广告中大力推荐各位作家的自传。他为推荐《从文自传》写道：“天才而又多产的作家沈从文先生，已名满大江南北，无远勿届，而且多才又多艺，其生平想必为人所乐闻。殊不知沈先生乃贫苦出身，读书甚少，大都由刻苦自修中得来，更兼生长蛮荒之邦，受着大自然的陶冶，故为文诡奇多姿，令人神往。先生从小当过兵，在军队中做下级工作，这些都是异于其他作家的地方。他能有今日的成就，确非幸致。本书是他的自述生平刻苦上进的历程，不但趣味横生，而且获益良多，实为有益青年的无上好读物。”② 对《巴金自传》他也是不遗余力的赞美，认为巴金自传中既有自我人生所经验的悲哀，又有对他人的同情和爱，读《巴金自传》有利于了解巴金的作品与为人。《庐隐自传》更是他极力推崇的佳作。《良友》画报，其总编辑马国亮也回忆说：“从第四十五期开始连续刊载了7篇以《现代成功人物自述》为总题，发表了球王李惠堂、画家徐悲鸿、交际家黄景顽等的自述。很受读者欢迎。一九三五年一月，我们又组织了一批自传。这次我们把总题目改为《名人生活回忆录》……这一连串的组稿刊出后很自

① 《人言周刊》1934年7月14日。

② 邵绡红：《我的爸爸邵洵美》，上海书店出版社2005年版，第135—136页。

然地受到读者的欢迎，编辑部经常收到读者来信表示赞许。”① 美国社会学家刘易斯·科塞说：“大众文化产业，正因为它是一种产业这个明显的事实，最关心的是销路。产品必须打入市场。在正常活动过程中，销路的要求优先于所有其他考虑。大众文化产品的生产者私下里也许和其他人一样十分关心美学价值和人类现实，但是，作为生产者的角色，他们必须首先考虑商业利润。”② 正是广泛的阅读群体与可观的商业利润进一步刺激报纸杂志的编者与各出版社的出版发行者对自传欣赏有加。

经济利益的推动不仅针对出版者如此，写作者亦然。著书也为稻粱谋，毋庸讳言，满足必要的口腹之欲也是作家写作自传的重要动力之一。1934 年 12 月郁达夫开始在《人间世》陆续发表自传，在 11 月的《人间世》杂志上，他发表了《所谓自传也者》，提到写作自传的原因时说：“要吃饭，在我，就只好写写，此外的技能是没有的。”“书店给我的定洋已花去了，若写不出来就非追还不可。”③ 许钦文也指出以自传换取稿费维持生活。白薇在《悲剧生涯·序》也提到：“我为着要钱医病，朋友们常叫我写这个题材。”“我写它最初的动机，可以说是因为林语堂先生叫我写点结婚生活给《人间世》，我没有结婚生活可写，又为着要还他们底钱，只好把这个苦难的女主角，写成《悲剧生涯》。”④ 郭沫若也在自传中多次提到他的生活困窘。在《我的童年·后话》中谈到发表自传的目的时曾自我解嘲“革命今已成功，小民无处吃饭”。⑤ 郭沫若出版《创造十年》及《创造十年续编》时曾多次与现代书局接洽，向叶灵凤索要稿费。1932—1933 年，诉苦、讨价还价、索要稿费、谴责书局不守信约，几乎成为郭沫若与叶灵凤通信的主要内容。在与《宇宙风》半月刊编辑陶亢德的通信中稿费也始终是一个重要的话题。郭沫若之讨要版税可谓锱铢必较，其中一个重

① 马国亮：《良友忆旧——一家画报与一个时代》，生活·读书·新知三联书店 2002 年版，第 158 页。

② ［美］刘易斯·科塞：《理念人——一项社会学的考察》，郭方等译，中央编译出版社 2001 年版，第 355 页。

③ 郁达夫：《所谓自传也者·郁达夫全集》（第 4 卷），浙江文艺出版社 1992 年版，第 317 页。

④ 白薇：《悲剧生涯》，文学出版社 1936 年版，第 7 页。

⑤ 郭沫若：《沫若自传》（上），求真出版社 2010 年版，第 86 页。

要原因当然还是为着稻粱之谋。

除此之外，自传文学的繁荣与现代文学的成熟密切相关。现代型自传产生的一个基本条件是人的发现。但是自传热并未发生在主倡“人的文学”的第一个十年，而是产生于第二个十年，这与现代文学逐步走向成熟有密不可分的关系。虽然勒热讷及国内一些学者在界定自传时将其归入散文之大类，但是自传并不同于散文随笔，自传的每一部分都有着密切的联系，从此意义上它更类似于长篇小说，只是它与长篇小说一为纪实，一为纪虚。而长篇小说的成熟正是30年代文学的一个显著特征，经历了第一个十年的初创期，作家逐渐走向成熟，同时也奠定了自己的文坛身份，因此作家本身也欲一叙自我成才的艰难。另外30年代自传热与胡适等人的倡导和身体力行也不无关系。朱文华指出：“在现代中国，各界知名人士开始逐渐形成写自传的风气，也在30年代。有关文献资料表明，这的确与胡适身体力行的倡导有关。”① 胡适对自传的提倡可谓不遗余力，他到处邀约其老朋友作传，林长民、梁启超、梁士诒、蔡元培、张元济、高梦旦、陈独秀、熊希龄、叶景葵都在胡适所邀之列。另外陈衡哲、杨步伟、毛彦文、沈亦云等女性传者都曾在自传的序言中提到胡适先生对她们的鼓励。而胡适不仅鼓励他人积极作传，而自己本身也成为现代自传最早尝试者。他自称希望能够抛砖引玉“为的是希望社会上做过一番事业的人也会赤裸裸的记载他们的生活，给史家做材料，给文学开生路”②。

基于上述原因现代中国作家自传在20世纪30年代逐渐进入了繁盛期，这种繁盛不仅表现在数量的剧增，同时还隐含了自传形式和内容的现代性探索。

从形式上来说，长篇自传是这一时期自传的一个突出标志。自传写作的一个基本目的是要自述自我的生命历程完成自我人格的塑造和展示。而如前文所说中国古代自传大都篇幅短小，这首先从形式上就失却了详述自我生命历程的可能性。因此严格意义上讲，中国古代自传文只是自传的雏形。进入20世纪二三十年代，以白话为载体的长篇自传产生和发展起来。

① 朱文华：《胡适——开风气的尝试者》，复旦大学出版社1992年版，第152页。

② 胡适：《四十自述》，亚东图书馆1947年版，第6页。

长篇自传的一个突出的优势是可以容纳大量展现传主及人物人格的细节。读了郭沫若的《我的童年》总不会忘记堂嫂美好的形象。“时候是暮春天气，天日是很晴明的。一走到园门口来，看见我们的一位堂嫂背着手站在一笼竹林下面。她在那儿了望。她穿着一件洗白了的葱白竹布衫子。带着乳糜色的空中，轻松的竹尾不断地在那儿动摇。堂嫂的两只手掌带着粉棠花的颜色。我在这时突然起了一种美的念头，我很想去扪触那位嫂子的那粉红的柔嫩的手。但奇怪的是我这个念头也不敢走去实现。”① 读了《林语堂自传》则总会忆起二姐出嫁时给林语堂的四毛钱，她自己想上学却因林家儿子多，负担重，不能遂其愿，她将自己的愿望寄托在弟弟身上，二姐含泪的微笑，既寄予了对弟弟的厚望，也有对自己身世的感叹。人物形象的塑造显然有赖于细节的刻画，而细节则又依赖传文必须达到一定的长度。胡适曾指出中国传记太略的缺陷。长度的限制导致了细节的缺失，而细节的缺失必然影响传主和人物形象的刻画，在短短千言的篇幅中，要刻画出丰满的传主和人物形象确属不易。

女性自传的崛起也是这一时期自传兴盛的重要标识。中国古代自传即不发达，而女性自传更是寥若晨星。中国古代对女性的禁锢相当严密，女子无才便是德，因此古代中国女性有文字流传下来的少之又少。班昭《女诫·序》可看作女性自传的雏形，全篇仅 300 多字，篇中自称“鄙人”“吾”，是中国最早用第一人称作传之人，但是《女诫·序》通篇都在讲述自己在婆家如何恪遵妇礼，战战兢兢，唯恐辱没家族名声，班昭本为才女，但是在这篇序中作者却并无对自己才能的表述，主要还是劝诫女子所应遵守的妇德。李清照的《金石录·后序》虽为书序，实则是古代女性难得的自传文，它较为详尽地叙述了作者夫妻二人的婚后生活，其中颇多细节，如写饭后的一个小游戏：“余性偶强记，每饭罢，坐归来堂烹茶，指堆积书史，言某事在某书某卷第几叶第几行，以中否角胜负，为饮茶先后。中即举杯大笑，至茶倾覆怀中，反不得饮而起。”② 寥寥数笔就将李清照的冰雪聪明、真挚性情表露无遗。而后所记赵明诚死，国破家亡，书画

① 郭沫若：《沫若自传》（上），求真出版社 2010 年版，第 27 页。

② 杨春俏编：《书里书外——序跋》，中华书局 2010 年版，第 123 页。

散失被窃，则写出了世事无常中作者的生命体验，并表达了作者对丈夫的追忆和悼念，其中也不乏对自我生命的哀叹。可以说《金石录·后序》为我们提供了一个较为完整的传主自画像。进入20世纪30年代以后，伴随着人的发现，几千年来颇受重压的女性也逐渐冲破封建纲常伦理的枷锁，开始争取自己受教育的权利，婚姻自由的权利，以及成为一个真正的人的权利，显示了鲜明的女性意识。经历现代文学第一个十年的沉淀期，五四以来的第一批女作家逐渐成熟起来，并纷纷撰写自传，主要有陈衡哲《一个年轻中国女孩的自传》、庐隐《庐隐自传》、白薇《悲剧生涯》、谢冰莹《一个女兵的自传》等。这些女性传主不仅书写了自我的生命历程，同时也表达了对家庭和社会的叛逆，透过自传我们也可窥见女性解放的举步维艰。正如陈衡哲在《一个年轻中国女孩的自传》中所说："例如享有天足的自由：谁能说这不是每个生为自由之身的女孩与生俱来的权利？可是三十年以前一个小女孩得为此付出怎样的代价！又比如，年轻人对她们自己婚事的首肯（且不说主动），难道不应该被看作是最基本的人权利之一吗？可是，如果想要获得她们的这个与生俱来的权利，年轻的男孩女孩又得作出怎样惨烈的牺牲！那些逃脱了社会的敌对或家庭的压迫造成的自杀，疯癫和被迫独身命运的人真应该为自己感到万分庆幸。"①

在陈衡哲、谢冰莹的自传中都有被迫缠足的记述，陈衡哲在抗争中虽然保持了天足，但是每当家里来了客人或面对自己的外祖母时，虽不以此为耻，但是总感到与人不同的尴尬。谢冰莹的经历则更惨，冰莹的母亲顽固而专制，她认为母亲应该为女儿做的三件事就是：裹足、穿耳、出嫁。在《痛苦的第一声》中详尽地描述了自己"受刑"的场面。争取婚姻的自由是女性自传另一重要的言说。虽然传统的包办婚姻对于男性和女性来说同属不幸，但是相比而言包办婚姻对女性的伤害要更为惨烈，因此在20世纪30年代自传中，同属争取婚姻自由，但是男性的叛逆性则远远不及女性。胡适、郭沫若都选择了接受母亲定下的婚姻，即使叛逆如郭沫若也仍然选择了接受。与此相比，同时代的知识女性对包办婚

① 陈衡哲：《前言·陈衡哲早年自传》，冯进译，安徽教育出版社2006年版，第2—3页。

姻的反抗却要强烈得多。这一方面固然与女性在婚姻中的角色，社会对于女性的约束有关，另一方面也体现了男女两性在婚姻观上的差异。早期所受的传统教育与对自由的渴望产生了强烈的矛盾，在《危机重重的一年》中，陈衡哲表达了自己的痛苦和挣扎，她希望得到自由和发展，她看过太多婚姻的不正常状态，“但我早年所受的教育和环境的影响都让我无法想象自己能选择自己的丈夫而又不自轻自贱”[①]。陈衡哲的父母虽然比较开明，但是在婚姻问题上却仍然与其发生了激烈的冲突，直到衡哲晕倒在地，父亲才与之达成妥协。相比之下，谢冰莹和白薇则没有如此幸运。在《一个女兵的自传》及其后的《女兵十年》中冰莹对包办婚姻的反抗引起了父母激烈的反对和谩骂，甚至将其关了禁闭，传中记述了她几次自杀的企图和四次出逃的痛苦经历，最终仍然是在与箫明完婚后由婆家逃出。白薇更是封建包办婚姻的牺牲品，在那场不幸的婚姻中，她经常被打得遍体鳞伤，甚至被咬断脚趾，但是其父为了顾全礼教名家的体面，却不许其离婚，最终白薇只能砸了婆家的铁锅，终于结束了这段噩梦般的婚姻。对知识自由的渴望，也成为这些女性传主毕生的追求。为了读书冰莹不惜以死相威胁，而白薇更是不惜与家庭决裂逃往日本躲避厄运的婚姻寻求新知。30 年代的女作家自传史，同时也是她们追求女性解放的血泪史。

大胆暴露和忏悔意识的彰显是 20 世纪 30 年代自传走向现代又一重要表现。川合康三认为中国古代自传中有着强烈的自我辩明的特质，中国人写自传归根结底是为了强调自己正确。即使在述己之非时，也并非忏悔而是带有强烈的自嘲自讽的性质，而且中国文化中的避讳传统，讲求为长者讳，为尊者讳，为贤者讳，当然还有重要的一环是为自己讳。避讳的传统也使得中国人较少谈及自我的过失。这与西方以奥古斯丁和卢梭为代表的忏悔文化有着极大的不同。进入 20 世纪，卢梭的《忏悔录》在知识分子中有很大的影响，自我忏悔成为时尚，成为人格高尚的标志之一。早在 1908 年，鲁迅就在《破恶声论》中盛赞奥古斯汀、卢梭、托尔斯泰的忏悔

① 陈衡哲：《陈衡哲早年自传》，冯进译，安徽教育出版社 2006 年版，第 128 页。

录，他说："奥古斯丁也，托尔斯泰也，约翰卢骚也，伟哉其自忏之书，心声之洋溢者也。若其本无有物，徒附丽是宗，辄岸然曰善国善天下，则吾愿先闻其白心。使其羞白于人前，则不若伏藏其议论，荡涤秽恶，俾众清明，容性解之竺生，以起人之内曜。"① 及至20年代末到30年代，现代中国自传中的个性意识和忏悔意识充分彰显出来。如郭沫若在《我的童年》中写自己性意识的觉醒，写自己通过攀猿获得性快感，看奇书，抽烟，喝酒，自渎，同性爱，逛胭脂巷，作者对自己放浪形骸的生活毫无避讳。有着中国卢梭美誉的郁达夫在其《达夫自传》中也同样暴露了自己在日本嫖妓的经过和事后深深的愧悔。张资平在《脱了轨道的星球》中也渲染了自己的性苦闷、自渎和同性爱。王独清在《长安城中的少年》中则讲出了自己父亲和母亲的秘密。这在中国的隐讳文化中可谓离经叛道。他指出自己的母亲在未被父亲纳为妾之前便已怀上了他。同时王独清还暴露了其父的虚伪："当他和宾客谈论到很起劲的时候，忽然回过头来向站在他身旁的我说道：'有成，我记不起那段书了，你代我背诵出来罢。'于是我便要把准备好了的那段说白一字不改地背了出来。这结果要得到全座上同声的赞美才行。"② 而与这种大胆暴露直接相联系的则是忏悔意识的彰显。如《达夫自传》中记述的与母亲买鞋，至今读来仍让人潸然泪下。年幼的达夫希望到学堂能穿上一双皮鞋，而对于筹集学费已属艰难的母亲，只好以赊账来满足达夫的要求，在账房先生的白眼中，郁达夫感到了内疚和愧悔，这一次的经历给郁达夫的内心留下了难以抹去的印迹，甚至影响到了其日后的人生态度。异国的孤独寂寞使得郁达夫在一个雪夜终于走进了妓馆，在狎妓后郁达夫感到了难以言喻的忏悔，认为自己辜负了自己的理想和远志以及对国家所抱负的热情。胡适在《四十自述》中也记载了自己吃花酒的经历，一次醉酒后进了巡捕房，酒后则感到了极大的痛悔："那天我在镜子里看见我脸上的伤痕，和浑身的泥湿，我忍不住叹一口气，想起'天生我材必有用'的诗句，心里百分懊悔，觉得对不住我的慈母，——我那在家乡时时刻刻悬念着我，期望着我的慈母！我没有掉一滴眼泪，但

① 鲁迅：《集外集拾遗补编》，人民文学出版社1982年版，第27页。
② 王独清：《长安城中的少年》，光明书局1935年版，第22页。

是我已经过了一次精神上的大转机。”[1] 忏悔意识的彰显和对避讳传统的部分挑战正是自传趋向现代化的明证。

自传中强烈的感情色彩。中国的传统文化以含蓄为美，对于个人感情则讲求“含而不露”。而感伤主义和强烈的感情渲露则是五四以来现代文学的一个重要标识。而现代作家亦将这种强烈的感情带入了自传的写作中。30年代写作自传的作家以创造社作家为最多，而充沛的感情正是熔铸在创造社作家作品中的精魂。在他们的自传中更是尽情宣泄着自卑、自恋、自悔、愤世嫉俗的复杂感情。《达夫自传》整个是一个悲情的书写，悲剧的出生，身体的病弱，经济的困顿，父亲的早逝，性的苦闷，弱国子民的被歧视。童年应是人生中最美好的一环，然而郁达夫的儿时记忆却是至今不能忘怀的对饥饿的恐怖。怕羞善感的心性，自卑矜持的性格使得他总是感受到更多的孤独寂寞和离愁别绪。在《远一程，再远一程!》一章中他极力渲染了自己远离故土和亲人的离情。在异国为日本少女所歧视更使其感到了前所未有的“侮辱、绝望、悲愤和隐痛”的复杂情绪，终至雪夜走入日本妓馆狎妓，继而则又感到更大的愧悔。整个《达夫自传》正是以强烈的感情结构成篇的。张资平在其《脱了轨道的星球》中同样表达了自恋、自伤、自卑以及由此产生的孤独和愤慨。经济的压迫使得张资平产生了强烈的自卑，而投考的失败更使得他尝到了世态炎凉，涌起了强烈的自伤和愤慨：“我是这样一个可怜的，不中用的人么？不够程度当测绘生，已经够可怜了。现在连当一个喇叭手的程度也不够了。这不是枉吃了十几年的饭么？由五岁破学到现在，也足足念了十二年间的书，但只是把自己造成了一个废人，噫!”[2] 白薇的《悲剧生涯》也同样表达了一种近于疯狂的哀戚和怨怼。露冷风寒之夜，世情冷暖之中，难以忍受的病痛，无限凄凉哀痛的心境，在《悲剧生涯》中白薇正是以强烈的悲怨刻画了一个苦痛的灵魂。

不完全的个性主义和透过自我表现时代。30年代的自传虽然是在个性解放的大旗下兴起的，但它始终没有偏离时代的制约。歌德曾经指出：

---

① 胡适：《四十自述》，中国华侨出版社1994年版，第93页。

② 张资平：《脱了轨道的星球》，现代书局1933年版，第103—104页。

“把人与其时代关系说明，指出整个情势阻挠他到什么程度，掖助他又到什么地步，他怎样从中形成自己的世界观和人生观，以及作为艺术家、诗人或著作家又怎样再把它反映出来，似乎就是传记的主要任务。”[①] 陈衡哲把自己看作“曾经是那些经历过民国成立前后剧烈的文化和社会矛盾、并且试图在漩涡中掌握自己命运的人们中的一员。因此，我的早年生活可以被看作是一个标本，它揭示了危流之争中一个生命的痛楚和喜悦”。[②] “为了展示自我。当然自我在本书中是显而易见的，可是我只把它当作一面镜子，以反映这个自我从属的时代和社会以及它力图挣脱他们的禁梏的挣扎。”[③] 郭沫若在《我的童年》中也指出：“我写的只是这样的社会生出了这样的一个人，或者也可以说有过这样的人生在这样的时代。”[④] 沈从文在德译《从文自传·序》中也强调了自传的社会意义。许钦文原本“以为自传，最紧要的是表现出整个的我来”，但后来他却改变了当初的看法，认为个人是无法脱离时代而存在的，可见30年代的作家自传展示的不是一种完全的个性主义，而是透过自我来看取整个时代。

30年代，现代中国作家自传在诸多合力的影响下逐渐迎来了它的第一个创作高潮，并逐渐走向了成熟，彰显了迥异于古代自传的现代品格，创造了现代中国自传史上的第一个黄金时代。

## 第二节　现代中国作家自传的沉寂(1937—1949年)

任何事物的发展都不可能永远呈一种上升的态势，自传亦然。经历了20世纪30年代自传写作的热潮，40年代自传的写作呈现一种整体回落的趋势。许多作家在30年代都已写过自传，而重复作传的作家又比较少，只有郭沫若和谢冰莹在40年代仍然持续着自传的写作，这是40年代自传减少的原因之一。战争的因素也直接影响到自传的创作。20世纪40年代是

① ［德］歌德：《歌德自传——诗与真》，刘思慕译，人民文学出版社1983年版，第3页。
② 陈衡哲：《译者前言·陈衡哲早年自传》，冯进译，安徽教育出版社2006年版，第14页。
③ 陈衡哲：《前言·陈衡哲早年自传》，冯进译，安徽教育出版社2006年版，第5页。
④ 郭沫若：《前言·我的童年·沫若自传》（上），求真出版社2010年版，第2页。

一个战火频仍的时代，作家的现实生存、文学创作、生命体验都刻上了战争的烙印。贾植芳说："大约自1937年抗战开始，中国的知识分子就进入了另一个时代，再也没有窗明几净的书斋，再也不能从容缜密的研究，甚至失去了万人崇拜的风光。'五四'时期知识分子的文化革命改造世界的豪气与理想早已破碎，哪怕是只留下一丝游魂，也如同不祥之物，伴随的总是摆脱不尽的灾难和恐怖。抗战以后成长起来的知识分子只能在污泥里滚爬，在浊水里挣扎，在硝烟与子弹下体味生命的意义。"① 严酷的战争使他们失去了从容回顾和书写自我的环境。在这场漫长的民族之战中，争取国家和民族的独立成为这一时代的主旋律，牺牲、服从代替了个性解放和自由的追求，个体尊严和主体价值让位于民族群体意识。斯诺在《西行漫记》中曾写道："我屡次发现：共产党员能够说出一切在青年时代发生的事情，但只要他和红军一接触之后，他就把他自己丢开了。如果你不重复地问他，你不会听见任何关于他自己的事情的。他们能够无限制地谈论每次战斗的日期和情形，以及几百几千个曾经来往过，而从未听见说过的地方；但这些事情好像只集体地对他们有意义。不是因为当做个人的他们，在那里做成了历史，而只是因为他们的红军到过了那里。"② "当战争使生命变得轻如草芥的时候，祖国、民族这样的'大我'概念却常常带给个人以归属感，并重新激发出个体的生存热情。"③ 而自传是一种以自我书写为本体的文类，个性的消弭必然导致了自传文体的衰颓。另外在战争的特殊背景下，知识分子的自我体认发生了很大的变化。作家王西彦这样说："在一场象抗日战争那样巨大的变动里，知识分子将何以自处？这是提向每一个人的严峻问题，要求每一个人都做出自己的回答。"④ 战争中知识分子不再是振臂高呼、应者云集的英雄，他们必须在残酷的现实面前重新寻找自己的归属，五四时代的自我发现，启蒙民众在此都变得不合时宜。如何抵御外侮，争取整个民族的独立和自由才是当务之急。中国历来是一个

① 贾植芳：《在这个复杂的世界里——生活回忆录》，《新文学史料》1992年第1期。

② ［美］埃德加·斯诺：《西行漫记》，王厂青等译，广角镜出版社1975年版，第85页。

③ 杨正润主编：《自画像——中国现代自传与国民性研究》（1840—2000），上海人民出版社2009年版，第290页。

④ 王希彦：《关于〈古屋〉的写作·古屋》，花城出版社1984年版，第301页。

以农业为主体的国家，农民占总人口的80%以上，他们是中国抗日战争的主体力量，没有农民的广泛参与，抗日战争的胜利是不可想象的。农民在战争中的主体地位使得其社会地位急剧提升，而知识分子则逐渐成为学习和被改造的对象。而伴随独立本性失却而来的则是自我书写能力的丧失。这也是40年代作家自传创作走向衰落的重要原因之一。

尽管40年代自传创作呈现出整体下降的趋势，但是并非像有的论者所述的此时仅有日记、书信等亚自传的兴盛，而且自传的创作也没有完全从书写小我过渡到展现大我。40年代作家自传创作表现出了较为明显的性别和区域的差异，呈现出比较复杂的态势。

首先，虽然40年代自传创作数量在减少，但是自传仍然存在着较为广泛的读者阅读群，这从30年代作家自传的大量重版可见一斑。沈从文《从文自传》由上海中央书店于1943年1月重版。1943年9月良友复兴图书印刷公司再版，1943年12月开明书店出版改订本，1949年1月第4版。谢冰莹的自传在1943年由民光书局出版英汉对照《女叛徒》（林如斯，林无双译），1943年9月良友复兴图书公司重版了《一个女兵的自传》。她的《一个女兵的自传》（中卷）1946年在汉口友益出版社出版，1947年，又由北平红蓝出版社重版。1948年则由晨光出版社将其合为《女兵自传》。她的《在日本狱中》1942年由耕耘出版社出版，1948年由上海远东出版社再版。另外像郭沫若的《幼年时代》、《反正前后》、《创造十年》和《创造十年续编》在40年代都曾多次改名重版。胡适的《四十自述》到1947年6月已由上海亚东图书馆印刷了8版。臧克家《我的诗生活》1943年由重庆学习生活社初版，到1947年在上海已出到第4版。谢冰莹在其《再版序·女兵十年》中也提到："本书初版在汉口发行，因为是自己借钱印的，所以只印了三千册，不到四个月的功夫，现在就卖完了。"[①] 可见40年代虽然受到战争、出版政策的高压、物价的飞涨等因素的影响，但是出版社对自传的重版仍然重视有加，自传依然存在着比较稳定的阅读群体。

其次，40年代作家自传创作的性别差异较为明显。这一时期男性作家

① 谢冰莹：《再版序·女兵十年》，重庆红蓝出版社北平分社1946年版。

的自传受时代战争的影响比较明显，已不再侧重于自我个性的塑造，而是以亲历者的身份描写抗战中的宏大历史，表现出了更多的社会民族意识，开始由小我的营造转向大我的书写。如柳亚子《八年回忆》写出了自己在抗战八年颠沛流离的生活，他把在上海沦陷区的三年生活称为“活埋时代”，虽然忧虑自己的老母，但是他“宁愿做绝裾的温峤，不愿做奉母的徐庶”还是毅然离开了上海。眼见国土沦丧，柳亚子觉得诗文虽好，但无补过失，于是改变作风，追随诸公奔走呼号，宣传游行。王亚平也表现出了较为强烈的转变意识，书写旧我，正是为了与之决裂，奔向新的生活。在《永远结不成的果实·序》中指出：“过去的，让它永远过去吧！我不在回忆里尽情沉湎。我要举起投枪，佩挂起思想的火箭，写人民大众所喜闻乐见的新诗去加工、去斗争、去创造。”[①] 臧克家在《我的诗生活》也抒写了战争带来的满目疮痍：“庶祖母死了，叔叔被汉奸枪杀，土地没收了，家人四散逃亡，秋天穿着夏天的衣裳。故乡大旱，千里无人烟，村庄里不剩一条狗，人，更不用提了；我们的房子露着天——别家的也是——院子里的草长得比窗台都高了……”[②] 在战争中臧克家不再相信友情。“十年的朋友，变成了仇人或路人，使我相信人世只有‘同志’没有友情。”[③] 郭沫若这一时期的自传也展现了小我逐渐的隐退和大我的闪亮登场。郭沫若在二三十年代的自传中，以张扬自我的个性见长，但是在四十年代的自传写作中，历史的亲历者、见证者的身份逐渐取代了个性飞扬的自我，这与书写的内容有关，但更重要的还是自我身份的转换。

与同时期的男性作家自传相比，女性自传虽然也受到战争和社会环境的影响，但是总体而言女性的自传大多仍以争取个性独立、冲破性别歧视、婚姻自由为旨归，即使描写战争也主要是以此为背景书写战争中的个人生存境遇。这一时期比较重要的女性作家自传有关露《新旧时代》，潘柳黛《退职夫人自传》，谢冰莹《女兵十年》、《女兵自传》、《在日本狱中》，苏青《结婚十年》、《续结婚十年》，卢葆华《飘零人自传》，张爱玲

① 王亚平：《永远结不成的果实》，文通书局1946年版，第1页。

② 臧克家：《我的诗生活》，学习生活社1947年版，第105页。

③ 同上。

《我的天才梦》以及《女作家自传选集》等。像潘柳黛《退职夫人自传》、苏青《结婚十年》、《续结婚十年》和谢冰莹《女兵自传》不仅延续了30年代女性自传的个性解放，争取婚姻自由的言说，而且进一步探讨了婚姻中的两性关系及40年代职业女性的举步维艰。在40年代的中国，即使是自由恋爱，婚姻一旦既成事实，男性则重新回归家长的位置，希冀成为婚姻的主宰者，而女性的反抗性则在两性婚姻中屈从于母性，放弃了在婚姻中的主体地位，这可能是走出家庭的女性所始料未及的。另外，经济的窘迫也是新式小家庭所面临的巨大困境，而在40年代的中国，婚姻中的男性即使无力养活家庭，他对作为职业女性的妻子仍然是鄙薄的。《结婚十年》中的崇贤就以怀青写作赚取稿费为耻，两人婚姻的破裂尽管与崇贤的喜新厌旧有关，但是与崇贤深入内心的男性主体地位同样密不可分。另外40年代女性自传还突出了作为职业女性的艰难。《退职夫人自传》中蒙蒙和《续结婚十年》中的怀青只能顶着家庭和社会的双重压力艰难地周旋于男性主体之间，最终只落得身心俱疲，蒙蒙和怀青最终的希冀都是回到家庭，回归传统女性的角色。当然这一时期的女性自传也并非完全沉浸在自我的小圈子中，家国之痛仍然深深浸染了她们的自传，她们也希望通过自己的经历来展示那个特殊年代的中国女性的生活。关露在《新旧时代·后记》中指出："我是拿我自己作中心，写一个在我们民族革命解放斗争当中，在我们底全民族都在反抗封建势力跟帝国主义，走向新民主主义国家时候的女性底生活。"① 谢冰莹在《在日本狱中》也指斥了日本的凶残，呼唤着中华民族的解放和独立。

再次，40年代长篇自传锐减，以描写作家童年、学生时代的成长历程的选集增加，以励人奋进。作家作传无外乎自我的纪念，自我的夸扬和自我的辩明。而读者阅读自传，除了专业研究者从自传中获取史料，辨明真伪之外，大多数读者则是希冀通过阅读名人自传获取别人成功的经验，尤其是他们在童年和青少年时期的教育成长经验。因此40年代的长篇自传虽然减少，但是自传的选集却颇丰富。1941年力行文学研究社出版的《学生

① 关露：《新旧时代》，海峡文艺出版社1985年版，第140页。

时代》收录了鲁迅、茅盾、郭沫若、夏丏尊、胡适、穆木天、胡愈之、沈从文、章克标、赵景深、谢冰莹等32位名人的读书、写作、求学的经验，这32位名人中又以作家居多。1946年简明出版社出版了《我的童年》虽异其名，但与《学生时代》的内容大同小异，仅将沈从文《丁玲的中学生活素描》改为丁玲《中学时代》。卓立和吴梵编辑的《当代作家自传集》收录了陈衡哲、罗根泽、杨荫溥、李长之、金兆梓、郑鹤声、杨尔理、叶青、简贯三、龚德柏、李曼瑰、张文伯、鲁觉吾等13位作家的自传文章；朱德君的《近代名人传记选》中载有蔡元培《我在教育界的经验》、丰子恺《我的苦学经验》、陈衡哲《我幼年求学的经过》、谢冰心《自述》等自传文。这些自传文虽不能完整历述传主的生命历程，但是对其生命某一重要阶段尤其是童年时期的回叙凸显了自传文学的人生示范价值。

最后，海外经验书写中民族意识的增强。在30年代郁达夫、张资平、郭沫若、王独清等人的自传中海外经验的书写已经存在，其中也不乏作为弱国子民的自卑和愤慨。如《达夫自传》中所述的在日本遭到日本女性的歧视，郭沫若对被迫流亡日本的感叹。40年代的战争则使这种海外经验的书写与强烈的民族意识紧密联系在一起，个人在战争中的孤独和软弱必须以国家和民族为自己的归宿和寄托。如谢冰莹在《在日本狱中》将自我的遭际与祖国民族维系在一起。谢冰莹之所以被捕，是因为不愿意参加迎接溥仪的大会。她认为溥仪朝日是中华民族的耻辱。而在被捕入狱后，她仍然保持着民族的气节，“生为中国人，死为中国鬼，为什么要死在日本这个充满了罪恶，充满了火药味和血腥气的肮脏国土呢？他如果真的要杀掉我，那我只好让我的灵魂飞回可爱的祖国，而几根枯骨就任他们抛弃了。但如果事情不至于这么严重，不久我能够恢复自由，我仍然是一位反日的战士，而且比过去要更英勇，当我回到祖国的怀抱的时候，我要更大声疾呼地唤醒那些麻木的同胞，使他们知道日本帝国主义的真面目，被压迫的弱小民族是如何可怜，有那么一天我站在东北的松花江上，对着飘荡在晴空里的青天白日满地红的旗帜，高歌着胜利的曲子，我是多么快乐而骄傲啊”①！当

① 谢冰莹：《在日本狱中》，上海远东出版社1948年版，第61页。

她终于回到自己的祖国时，民族的意识已经压倒了一切，她认为："来到中国，我就什么都不怕了，只要在自己的国土上，不要说坐牢，即使政府因为不谅解我而冤枉地把我枪毙，我也甘心，因为我爱中国，死了都是光荣的。"[①] 郭沫若在其自传中也写到了在日本所受的屈辱和愤慨，并由自我的受难经历联想到危难中的中华民族。在《我是中国人》中郭沫若表达了对日本的仇恨，强调了自己作为中国人的民族身份："这真是有趣，我是拿着中国钱到日本来过生活的，我犯了你日本什么呢？白白地关了我三天，受了无穷的侮辱，但谁也没有向我道过一声歉，仿佛我是罪有应得，而且我还自不知趣，跑来连累了别人。"[②] 郭沫若在《我是中国人》中特别强调了自己中国人的身份，将日本人对自我的虐待上升至对整个中华民族的欺凌。

另外，40 年代作家的身份意识加强，更加注重自我的作家身份和创作历程的书写，在 30 年代的自传创作中虽然也提到自己的创作和作家身份，但是并未将写作生活作为自传中的突出部分加以书写，而 40 年代作家的身份意识进一步增强，很多作家将自己的创作生活作为自传书写的主体部分。如臧克家《我的诗生活》、《生活和诗的历程——续〈我的诗生活〉》，张恨水《写作生涯回忆》，王亚平《永远结不成的果实》，胡山源《我的写作生活》和许杰《我的写作生活》都突出了传主的作家身份，记述了自己的创作生涯。

## 第三节　现代中国作家自传的缺失(1949—1978 年)

如果说 20 世纪 40 年代作家自传的寥落主要源于战争环境的影响，那么新中国成立后的和平环境却并未迎来自传的再次繁荣，从新中国成立到"文化大革命"结束将近 30 年的时间，严格意义上的自传几乎处于一种绝迹的状态。除了周作人发表于香港的《知堂回想录》，忆苦思甜之作《高玉宝》，这一时期出版发表的自传可谓寥若晨星。因此这一时期的自传研

① 谢冰莹：《在日本狱中》，上海远东出版社 1948 年版，第 151 页。

② 郭沫若：《沫若自传》（下），求真出版社 2010 年版，第 577 页。

究不得不借助于准自传的日记文本和另类自传——交代材料。日记不能称得上严格意义的自传，与自传相比虽然日记也会发表，但它主要应属于一种私人文本，其写作时并无明确的读者意识，另外与自传的回顾性视角相比，他的记述具有于时于事的同步性。但是正因为他的私密性和同步性才使得这些文本更加真实地记录了作家的心路历程，疏离了某些有意的遮蔽，成为那段荒谬历史的真实见证。另外，在公开出版发行的自传几乎绝迹的情况下，作为交代材料的自传却大量诞生了。尽管交代材料的写作具有极强的功利性，它是为特殊的读者群——权力者而作的，并且也不以发表为目的，但是在交代材料中对家世背景、自我经历的历述使得此种文本初具自传的雏形，而且很多新时期自传的写作都与这一时期交代材料的写作密切相关。夏衍就曾指出："我认真地回忆过去，是在 1966 年冬被'监护'之后，我记得很清楚，1967 年 5 月 1 日，'专案组'的头目责令我在一星期之内，写出一份从祖宗三代起到'文化大革命'止的'自传体的交代'，我如期写了三万多字，可是交出之后的第三天，就被叫去'问话'，那个穿军装的头目拍着桌子怒吼：'不行，得重新写过，要你写检讨，不准你替自己树碑立传。'我记得这样的'交代'前后写过三、四次，后来才懂得，他们这样做的目的，一是要从'交代'中找到'外调'的线索，其次是想从前后所写的'交代'中找出一些不一致的地方，作为继续逼供的突破口。这是一种恶作剧，但这也逼使我比较系统地回忆了过去走过来的足迹。"① 因此将这一时期部分作家的交代材料纳入自传视野中进行考察，有利于整个作家自传史的建构。从新中国成立到"文化大革命"结束历时 30 年，在这漫长的岁月中作家自传缘何进入一种缺失状态呢？

首先，作家生存的生态环境发生了巨大的改变。新中国成立前作家的写作虽然也受到文化体制的制约，但是总体而言作家大多属于自由撰稿人。而新中国成立后，作家则被逐渐纳入社会主义文化体制之内，各级文联、作协等组织机构的成立，使得作家从自由撰稿人转化为社会主义文艺工作者，他们虽然享有了较高的物质待遇，再也不用"著书而为稻粱谋"，

① 夏衍：《自序·懒寻旧梦录》，生活·读书·新知三联书店 2000 年版，第 1 页。

但同时他们也失去了书写者的主体自由。另外，从第一次文代会开始作家已经感觉到所处地位的尴尬。毛泽东在大会上作了发言，他指出："同志们，今天我来欢迎你们。你们开的这样的大会是很好的大会，是革命需要的大会，是全国人民所希望的大会。因为你们都是人民所需要的人，你们是人民的文学家、人民的艺术家、或者是人民的文学艺术工作的组织者。你们对于革命有好处，对于人民有好处。因为人民需要你们，我们就有理由欢迎你们。再讲一声，我们欢迎你们。"[①] 毛泽东的发言一方面表达了对广大作家的真诚欢迎，但另一方面"你们"的称谓又将作家排除在"我们"之外，使之成为他者的存在，这次发言名为欢迎，事实上却有着强烈的暗示性：社会主义文艺体制需要的不再是作为启蒙者和个性解放者的自由作家，而是希望作家成为社会主义建设事业的一颗螺丝钉和新体制的规训者。这就要求作家隐匿自我的个性，通过自我否定，脱胎换骨，早日进入"我们"的行列。而自传的根本就是建构自我，彰显自我个性，因此在严格的体制规约下自传必然成为作家刻意规避的文体。

其次，频繁的文学运动使作家噤若寒蝉，不堪重负。从新中国成立之初对阿陇、路翎、萧也牧等的批判，到大规模的《武训传》批判，对俞平伯《红楼梦》研究的批判，对冯雪峰和《文艺报》的批判，胡风反革命集团的批判，丁陈反党集团的批判，直至影响到整个中国知识界文艺界的反右运动，反右倾运动和"文化大革命"。除了1956年，1962年曾经出现了文艺政策的短暂松动，频繁的文艺运动占据了整个文坛。而且这历次的文艺运动的被批判者逐渐失却了反批评的话语权，文艺运动已经不再单纯是关乎文学的问题，而是逐渐被上升到革命和政治的高度。文艺已经成为阶级斗争的晴雨表，被批判者所丧失的已经不仅是写作权利，同时还有其人身话语权甚至是生命。在斗争哲学泛滥的生态环境中，作家一个个噤若寒蝉，主动放弃了书写自我、言说内心的权利。

再次，身份的难以确定。五四文化传统的习得使现代作家惯于以一种居高临下的启蒙者的姿态完成对广大民众的启蒙和对国家机器的批判，尽

① 中华全国文学艺术工作者代表大会宣传处编辑：《毛主席讲话·中华全国文学艺术工作者代表大会纪念文集》，新华书店1950年版，第3页。

管作家在对待工农的态度上在逐渐转变，但总体而言，在整个现代文学的过程中作家是以精神导师的身份出现和完成自我的文学创作的。而毛泽东所提出的文学的工农兵方向则对作家的精神导师身份提出了巨大的挑战，将作家拉下了神坛，成了被否定和被改造的对象。毛泽东曾反复指出知识分子的小资产阶级的劣根性，强调工人农民相对于知识分子的优越性，他说："拿未曾改造的知识分子和工人农民比较，就觉得知识分子不干净了，最干净的还是工人农民，尽管他们手是黑的，脚上有牛屎，还是比资产阶级和小资产阶级知识分子都干净。"① 他同时也指出参加改造是知识分子（作家）获得新生的必经之路。他强调："我们知识分子出身的文艺工作者，要使自己的作品为群众所欢迎，就得把自己的思想感情来一个变化，来一番改造。没有这个变化，没有这个改造，什么事情都做不好的，都是格格不入的。"② 毛泽东的这一精神导向使得很多作家内心焦灼、自惭形秽、无所适从，同时也对自我的身份定位颇为迷茫。尽管诸作家在现实的文学批判运动中都表现出了真诚的自我忏悔和自我改造的决心，但是在内心深处真正完成转变适应良好的作家则寥寥无几，这就使得现代很多著名的作家在当代几无成功之作，另外一些作家则被迫封笔。身份的混乱、缺乏明晰的自我定位使得很多作家陷入了创作的瓶颈期，自我的书写则更无从谈起了。

基于此，新中国成立后的前30年自传写作进入了一个创作的荒漠期，这自然给此段时间的自传研究带来了一定的困难。但是失之东隅，收之桑榆，这一段时期的自传文学创作虽不丰富，却有着强烈的时代色彩，对此段自传文学的考察对于我们进入历史的纵深，了解那段复杂的历史却不无裨益。这一时期的自传可分为三种类型：

第一，忆苦思甜：历史正面的认同。张颐武曾经指出："五四以来的中国传记有两个基本传统：一是为建构中国的'现代性'提供人格模型及参照的'个人主体'传记，一是为民族国家服务的'国家主体'传记。"③

① 毛泽东：《在延安文艺座谈会上的讲话》，人民出版社1975年版，第7页。

② 同上。

③ 张颐武：《传记文化：转型的挑战》，《人物》1995年第1期。

兼具作家和战斗英雄双重身份的高玉宝的《高玉宝》之所以能在那个特殊的年代得以写作出版，并获得巨大成功，正是因为他将个人的书写纳入了国家民族的构架，个人经历的书写并非是要彰显个人的主体性，而是对“旧社会把人变成鬼，新社会把鬼变成人”的具象书写，以此激发人民对苦难的回忆，唤起强烈的阶级仇恨。“‘不诉苦就不恨，不恨就不斗争，不斗争地主就打不垮，地主打不垮就翻不了身。’因而，各村喊出了‘男有苦，女有苦，就是吃奶的伢妹（小孩子）也有苦’的口号。”① 高玉宝的自传是这种诉苦和感恩体的文学呈现，政治功利性的契合使得《高玉宝》在反自传的年代获得了巨大的成功。1958 年文字改革出版社出版的《高玉宝的故事》收集了《鬼子兵来了》、《孙家屯的哭声》和《两口棺材》三篇高玉宝幼年的故事，讲述了日本人和地主恶霸相勾结对穷苦农民的压迫。同时《高玉宝的故事》还强调了正是在共产党的领导下，高玉宝由原来的文盲成长为作家。1964 年中国少年儿童出版社出版的《高玉宝》中也指出高玉宝正是透过自己的童年经历书写东北城乡劳动人民对日本帝国主义和汉奸地主的仇恨和反抗。显然书写仇恨是《高玉宝》的主旨所在。《高玉宝》主要叙述了两种仇恨：一种是对日本鬼子的民族仇恨，日本鬼子打死了高玉宝的爷爷，劫走了他的二叔，奸死了刘奶奶；另一种是阶级仇恨，周扒皮、周长安、王红眼巧取豪夺，霸占了玉宝家的地，打伤了玉宝爹，逼死了玉宝娘，剥夺了玉宝上学的权利，逼着玉宝给周家放猪并设计逼长工们去做劳工，害死了玉宝的弟弟玉才为周扒皮的老婆陪葬。高玉宝的整个自传正是对这民族屈辱、阶级压迫的血泪控诉。在《高玉宝》中阶级矛盾是不可调和的，不同于当下新历史主义小说中对待阶级的暧昧态度。在《高玉宝》中好人、坏人有着严格的界限划分，这个界限也就是阶级之界，剥削阶级中的男人奸诈狠毒，女人则风流淫荡，连小孩子也是恃强凌弱。作为被剥削阶级的玉宝一家虽心地善良但是却处于水深火热之中，最终落得上无片瓦下无立锥之地，失去了基本的生存权利。高玉宝正是以其自身的苦难唤起了广大人民的阶级仇恨，在旧社会中穷人永无出头

① 彭正德：《土改中的诉苦：农民政治认同形成的一种心理机制——以湖南省醴陵县为个案》，《中共党史研究》2009 年第 6 期。

之路，个人的反抗最终也只能归于失败。因此只有依靠共产党穷人才能翻身得解放，回忆苦难最终还是为了感谢党使穷人过上现在的幸福生活。高玉宝在书中不止一次地表达对党和毛主席的感激。在《我是怎样学习文化和学习写作的》中高玉宝说："我常常这样想：要是没有党和毛主席的英明领导，要是没有人民解放军到东北，怕我早就死在矿山了。我今天能和大家见面，我首先感谢党和毛主席救命的恩情。"[①] 在40年后《〈高玉宝〉出版后和我怎样写这本书（代序）》中高玉宝依然充满感恩之心："一个革命战士，能为人民写出来书来是光荣。但这光荣，应属于养育我的母亲——祖国和人民，应属于教育、培养我的救命恩人——共产党和毛主席。我能战胜不识字等种种困难写出这部书，全是党和毛主席给我的精神力量。"[②] 控诉旧社会感恩共产党，正是对共产党领导的历史认同使得高玉宝的自传写作获得了言说的合法性，并获得了极高的声誉。《高玉宝》1951年在《解放军文艺》上连载，《人民日报》1951年12月16日曾以"英雄的战士高玉宝"为题赞誉高玉宝，1955年《高玉宝》出版单行本，之后多次重版，在国内有7种民族文字，被改编为多种艺术形式，同时还被十多个国家翻译出版。除了自传主题对主流意识的契合外，作者高玉宝本身的经历也是一个很好的范本。高玉宝是放猪娃，童工出身的文盲战士，他能写书本身就创造了一个神话，《高玉宝》之所以获此殊遇，除了文本本身的原因，与作者的经历不无关系。培养工农兵自己的作家也是毛泽东文艺工农兵方向的一个重要组成部分，而高玉宝的创作恰恰实践了毛主席的文艺方向，而且也验证了在共产党的领导下，没有什么不可克服的困难。从文盲到作家，高玉宝的成长经历正是共产党为穷人所创造的神话。

第二，暗流涌动：历史背面的另类书写。喑哑的年代不允许个性的自我书写，自传几乎成了不祥的文类，但是尽管如此，仍有很多作家以准自传的形式——日记为此历史存证。这些文本虽然大都发表在20世纪90年

① 高玉宝：《我是怎样学习文化和学习写作的·高玉宝》，人民文学出版社1983年版，第1页。

② 高玉宝：《〈高玉宝〉出版后和我怎样写这本书·高玉宝》，解放军文艺出版社1991年版，第6页。

代以后，但是由于它们书写的年代大多在五六十年代，而且发表时基本保持了原貌，因此我们仍然将其纳入写作的年代加以探讨。如陈白尘《牛棚日记》、郭小川《郭小川 1957 年日记》、张光年《向阳日记》、吴宓《吴宓日记》、茹志鹃《茹志鹃日记》、杨沫《自白——我的日记》、冯雪峰《雪峰日记——一千七百六十三天记事》等。不同身份、不同个性的作家在这些文本中记述的内容有着巨大的差异，但是却同为那个荒谬年代对自我、对时代的真实思考。陈白尘《牛棚日记》主要记载了“文化大革命”到 70 年代初的牛棚经历。张光年《向阳日记》主要记载了 1976 年的干校生活。陈白尘在《牛棚日记》中不仅记述了自己的现实境况，同时还记录了自己对自我和时代的所感所知以及那个特殊年代中作协同僚的众生相和人性在极致年代的扭曲和堕落。陈白尘的女儿认为《牛棚日记》堪称中国作家协会的“文革简史”，它不仅记录了作家在那个年代所受的身心摧残，批判者的假公济私，趁火打劫，同时也展现了被批判者的自我贬损，互相攻讦，以及亲情所遭受的践踏。几千年前孔老夫子称人性本善，事实上人性潜在的恶一旦遭遇合适的环境就会毫不留情地迸发出来。钱理群曾经指出：“文革最大的罪恶：它把人性中的恶诱发出来，让其恶性膨胀，使人不能为人，由此而造成整个社会的恶。”① 批判者假借革命的名义公报私仇、趁火打劫甚至恩将仇报。权力拥有者以改造和拯救的名义用批斗和超负荷的体力劳动对被批判者加以身心的摧残，而这种惩罚和摧残却拥有最革命和最合法的假面。在《牛棚日记》的记述中陈白尘、张光年和张天翼等都是不堪重负，而侯金镜更因超负荷劳动而惨死。当权力失却了制衡力，人性潜在的恶和残忍以正义的假面完成了对个体生命的践踏。同时人性的自私又使权力拥有者假公济私，趁火打劫。在《牛棚日记》1966 年 12 月 12 日日记中记述了造反派夜闯邵荃麟家，事后发现一百元钱不翼而飞。更有甚者则是恩将仇报，如《牛棚日记》中提到的杨志一，过去奔走门下，如今则成为批判陈白尘的得力干将。而作为被批判者在绵绵不断的批判中也逐渐丧失了自我的独立人格，进入了一种自我的奴化和自我的践

① 钱理群：《我的精神自传》，广西师范大学出版社 2007 年版，第 22 页。

踏。这样工农化对知识分子的否定就由一种外在的否定走向了一种知识分子内在的自我否定。知识分子不仅是批判文化的受害者同时也成了其参与者，他们在“被人吃”的同时也在“食人”和“自食”。在1966年9月15日日记中陈白尘展示了作协作家的众生相：“最后是群众喝令全体黑帮登台‘示众’，于是二十余人鱼贯而上，自报家门。刘白羽自称‘黑帮大将’，于是严文井等都是‘干将’之流了，我自然也未能免俗。但张禧迟疑之后，却自称‘黑帮爪牙’；陈翔鹤是川腔十足，抑扬顿挫，令人忍俊不禁；白薇老太太身躯臃肿，满台乱转；臧克家衣衫瘦小，耸肩驼背，都可笑亦复可怜。只可惜没有穿衣镜，不自知是副什么怪状了。”① 1967年12月14日日记则记述了贺敬之在大楼门口贴出了自我亮相的大字报。“文化大革命”对人心的畸形摧残使人相信对自己的批判力度和自我的革命程度紧密相关。于是知识分子纷纷自贬自污，夸大自我的错误。在1967年5月9日的日记中陈白尘提到知识分子之间相互定类“会上我却不得不自承是四类。这完全是受到环境压力的结果。我相信天翼、光年都应该是三类，而他们都自承是四类了，我如何说得出口？这种试定虽然不会算数，但是自问，这种态度还是自欺欺人的。其他人如文井、金镜、秋耘、李季等，有的定四类，有的未表态。冰心，克家都自承是反动权威，也是过了头的，并非真心。再以下就多含糊其词了”②。人人自贬或为真心忏悔，或为速求过关，然而从一侧面也可窥见知识分子的人格操守，当然即使日记的记述者陈白尘也不能免俗，他也不得不自污以求过关，可贵的是他内心还有愧疚和不安。除了自我的贬损，相互的攻讦也可见中国知识分子的人格退守。钱理群曾经指出：“保护自己成了惟一的欲求，即使因此而伤害了他人，也似乎顾不上了，人与人的关系成了狼与狼的关系。这样，尽管仍处于人群之中，但所有的他者，都成了具有显在或潜在危险的不可交流的对象，这是另一种形态的‘空洞’的存在。”③ 反右和“文化大革命”

① 陈白尘：《缄口日记》，大象出版社2005年版，第6—7页。

② 同上书，第27页。

③ 钱理群：《和凤鸣与她的〈经历——我的1957年〉——“1957年学”研究笔记之二（代序）·经历：我的1957年》，敦煌文艺出版社2006年版，第6页。

中人即处于此“空洞的存在”，人必须通过对他人的揭发和批判以求自保，在1967年11月18日的日记中记录了作协中互相的揭发。“正是理性地保护自己的生存的要求使得人对于他人的毁灭无动于衷，理性让受害者丧失了人性和道德，让他们相互仇恨而不是仇恨迫害者，理性使他们争着成为旁观者，把人的生活降到自我保全的生存线上。”[①] 除了自我人格的异化，亲情在革命正义面前也显得微不足道，革命的正义使得人们在亲情的践踏中非但感受不到罪恶反而感到一种崇高的正义感。“一个人只要受到权力的敌视或迫害，几乎马上就要从社会结构和伦理关系中开除出去。”[②] 陈白尘记录了其女对妻子金玲的批判，张天翼的妻子则将其双人床夺走，只贻以一小床。因此钱理群指出：“把革命引入家庭，将精神控制伸向床笫，强迫或诱使夫妻与骨肉相互划清界限，这是最无人道的，因为它逼迫人越过人之为人的最后底线。”[③] 与《牛棚日记》相比，《郭小川1957年日记》则是以一个权力拥有者的身份记述了自己在丁陈事件和反右运动中的焦灼、无奈和迷茫。在《郭小川1957年日记》中失眠和烦躁几乎日夜折磨着郭小川，在这本日记中我们极少看到权力拥有者的意气风发，反而更多感受到的是被推至风口浪尖欲退不能的焦躁和无奈。在1月的日记中几乎每天都会出现“睡得不好”“依然睡得坏”“为噩梦折磨着”“几乎每隔一小时醒一次”“睡眠实在是一种刑罚”的记录，而郭小川大部分的时间则是被烦闷、不安、焦躁的情绪所折磨。1957年正是郭小川在为丁陈事件写结论之时，事实上也正是此事使郭小川颇感为难，郭小川在日记中称自己为丁陈写结论是“蜗牛的速度”，同时还不时流露出烦闷的情绪。1月10日的日记中写道：“这实在是咬紧牙关的时候，我必须在几天内把陈企霞的结论初稿写出来，房子冷得很，也得忍耐啊！”[④] 此后11日、12日的日记中郭小川感叹文艺界的混乱，自我的厌烦和不安，丁陈的结论成了郭小川心头沉重的压力。在2月17日日记写道：“晚饭后，改陈的结论，许多

---

① 于闽梅：《理性之下的杀与被杀——读〈现代性与大屠杀〉》，《随笔》2003年第3期。

② 摩罗：《耻辱者手记》，内蒙古教育出版社1998年版，第7页。

③ 钱理群：《和凤鸣与她的〈经历——我的1957年〉——“1957年学”研究笔记之二（代序）·经历：我的1957年》，敦煌文艺出版社2006年版，第3页。

④ 郭小川：《郭小川1957年日记》，河南人民出版社2000年版，第9页。

情况弄不清楚，困难极了，同时也烦极了。精神上尤其特别疲惫。对于这个工作，我简直一点兴趣也没有了。这简直是一种刑罚。"① 到8月反右形势紧张，丁陈结论再次提上日程，郭小川在8月18日、19日两天的日记中都提到梦见丁陈的事情，其压力之大可见一斑。除了折磨郭小川最深的丁陈结论，工作与创作的矛盾，对作协工作的厌倦，人事的复杂，夫妻关系的龃龉都使郭小川陷入了一种痛苦之中。在日记中郭小川多次提到对工作的厌倦："一谈到现在的工作，简直百感交集，非常不愉快，作家协会的事简直没有完结的时候。四面八方都把我逼住，这是叫人烦恼。我实在不想干下去了。"② "然后又谈到我的工作问题，我毫不隐讳我的厌倦情绪，他也来说服我，我发了牢骚，但并不是坚持要走的，如此一年一年过去，头发就快白了。"③ 疲倦和厌烦成了郭小川这一时期的主导情绪。除了工作的棘手，与刘白羽等人在工作上的分歧和对创作的渴望也使他急于离开作协，纵观郭小川的日记，仅有在创作中郭小川才能得到一份难得的安宁与喜悦。同时特殊的年代，工作的烦闷也直接影响到郭小川与妻子杜惠的关系。在日记中郭小川不断记述与杜惠的龃龉，"不愉快""又跟惠君生了一顿气""肝火大盛，在床上未起时，就跟惠君发了一阵脾气"。而反右时期，杜惠由于过激的言论面临着打成右派的威胁，这也使得郭小川和杜惠的矛盾进一步加剧，夫妻之间的关系进一步恶化，杜惠因政治的压力而情绪不佳，郭小川则愈加不满于杜惠对政治的"麻木不仁"，并猜测杜惠对他不满意，而家庭的矛盾则进一步恶化了郭小川的情绪。从郭小川的日记中我们可以感受到虽然作为权力的拥有者，郭小川一时风光无限，但是内心深处却充满了一个知识分子的无奈和无助，这也为我们透视那个特殊年代批判者的复杂内心提供了可靠的范本。

第三，交代材料：罪感意识中的自虐表演。交代材料是指对自己过去和现在的事实错误和思想错误的一种检讨和反省。交代材料并非自传，但

① 郭小川：《郭小川1957年日记》，河南人民出版社2000年版，第38页。
② 同上书，第33页。
③ 同上书，第41页。

其中对过去的回叙性记述却隐含自传的因子，而且很多新时期的自传书写都是源于写交代材料时对自我经历的回顾，《懒寻旧梦录》即属一例。但是交代材料又不同于通常的自传写作。首先，交代材料不是以公开发表为旨归的，它具有一定的机密性，很多交代材料至今仍是封存在档案之中的，它的写作不是为了纪念自我，彰显个性，也不存在通常自传美化自我之弊，反而要隐匿自我的个性，贬损自我，甚至跨越自己的道德底线污人、自污，以寻求政治认同。其次，通常的自传读者是不确定的，但是交代材料则是为审查者这个特殊阅读群体而写作的，因此它的写作带有极强的政治功利性。交代材料的大量产生有利于我们认知作家的人格操守如何一步步地丧失，个人如何逐渐被工具化。虽然目前大部分反右、"文化大革命"时期的交代材料仍封存在档案中，但是也有部分已公诸于众，如郭小川《检讨书——诗人郭小川在政治运动中的另类文字》、聂绀弩《自诬与自述：聂绀弩运动档案汇编》、廖沫沙的《瓮中杂俎》、邵燕祥《人生败笔——一个灭顶者的挣扎实录》等，这虽只为实际之万千分之一，却已足够引起我们的震撼和沉思。

交代材料是在被权力行使者认定有罪或犯有错误后的一种自白和忏悔。但这种忏悔并非宗教意义上的忏悔，也非世俗意义上的真心悔过，而是一种伪忏悔。它通常只是检讨者在权力面前的屈从和妥协，一种不得已而为之的政治表态。它通常通过自我贬损和自我辩白来求得对"革命权威"的响应和依附，以求顺利过关。这种交代和自白，非但不能达到一种灵魂的净化和新生，反而鼓励交代者的欺骗和盲从，显出了人性的虚怯。20 世纪 50—70 年代的交代材料本身即是一个悖谬的存在，它将书写者和他的读者（审查者）推向了对立的两极。书写者原本只需如实叙述过去即可，但是客观的叙述往往难以过关，因此交代者必须向党交心，向阶级屈膝，对人对己恶意揣测，对自己肆意贬损，将自己的错误上纲上线，以显示自己的政治觉悟，然而在关键处又必须加以辩白，以免陷入万劫不复，因此书写者必须战战兢兢、如履薄冰般地徘徊在自损和自辩之间，而这两者却殊途同归地遮掩了真相。而作为交代材料的读者（审查者）原本应是真相的获求者，事实上却成了"真相"的预设者，如果交代者所述不符合他们预设的“真相”，他们则为所述材料找出种种漏洞和破绽，以革命的名义为交代者强施压力逼迫交代者返工，直至完全符合他们的预设为止。正如邵燕祥所说：“声讨者拿帽子找头，检讨者拿头找帽子。”① 交代者和审查者所执着的不再是事实真相，而是在这种交代的表演中对自我的否定程度和对权威的屈从程度。郭晓惠在《检讨书——诗人郭小川在政治运动中的另类文字》的《前言——父亲的另一种文字》中提到：“父亲的这些检讨书，从内容上看，有一个从主动辩解，到违心承认，再到自我糟践的过程。为了解脱过关，不得不一步步扭曲并放弃自己的人格立场。从这一过程中，我们可以清晰地看到，一个人的精神是怎样在这种‘语言酷刑’的拷讯下，一点点被击垮的。”② 《关于右倾错误和个人主义——我的思想检查》是郭小川的第一份检讨书。在这份材料中郭小川虽然也进行了自我批评，但仍以曲笔表达了反抗和自我的肯定，在检讨开始他指出：“我对工作的态度是负责的、严肃的、认真的，错误缺点虽也不少，但大多属于不可避免的；我做了不少埋头苦干的努力，做了很多琐碎的工作，很少计较个人得失，没有什么名位观念，没有经营自己的所谓‘事业’，个人主义当然是有的，但不严重。……我利用业余时间在创作上进行了努力，在政治倾向上是基本健康的，虽也写了一篇坏作品（今年6月，党组同志指出来，我才发现），但这并不能代表我的全部倾向。这篇坏作品所暴露出的问题是严重的，我的动机并不坏，而且也没有发表。……”③ 尽管郭小川接着对自己的评价给予了否定，认为自己自满，不切合实际，并认为原来对自己的估计不过是一个笑话。但是相对于前面长篇大论地对自己的评价，后面的否定则类于一种不得已的敷衍。而在这次检讨中郭小川对自己的定位是一个资产阶级革命家和无产阶级的同路人。在检讨中郭小川虽然被迫承认自己的右倾错误和个人主义，但其仍执着于事实真相，在检讨中

① 邵燕祥：《为什么编这本书——〈人生败笔〉序·人生败笔：一个灭顶者的挣扎实录》，河南人民出版社1997年版，第4页。

② 郭晓惠：《前言：父亲的另一种文字·检讨书——诗人郭小川在政治运动中的另类文字》，中国工人出版社2001年版。

③ 郭小川：《检讨书——诗人郭小川在政治运动中的另类文字》，中国工人出版社2001年版，第11页。

仍不忘捍卫自我的人格尊严。但是批判者并未让郭小川轻易过关，摩罗说："如果一个人意识到了捍卫自我人格的必要与庄严，却由于怯弱而不敢担当起这种使命，焦虑和痛苦就产生了。"[①] 郭小川正是在这种焦虑和绝望中痛不可言，他想不通，但是也被迫放弃了抵抗。在《关于个人主义与〈一个和八个〉等问题——第二次补充检查》中被迫开始了精神的自戕，他将反党、右倾、个人主义、名位思想各顶帽子加在自己头上，在批判者的"革命正义"面前郭小川不得不缴械投降，但是这次检讨仍未过关。而在1960年《在作协四年来的错误与缺点——思想总结》中，郭小川则彻底放弃了抵抗，开始了自贬自污，如称自己的《一个和八个》为"彻头彻尾的毒草"，将给刘白羽的信中所流露的不满情绪上升为"与党的公然对抗"。并称"我与党的关系已经由比较正常变为不正常，由不正常变成与党对抗，并且在工作中（主要是1957年）犯了一系列的严重右倾错误和一次反党的错误"[②]。而在检讨的最后郭小川则进行了明确的表态："我已下定决心，努力工作，努力改造自己，努力学习毛泽东思想，努力做党的驯服工具。"[③] 郭小川最终不得不自唾其面，放弃自我的人格尊严以迎合批判者预设的目的，事实上在批判伊始，批判的结局已然不言自明。邵燕祥指出："我说我的经历告诉我，号召自我批评已经沦为指供和诱供，因为有人是专司批评别人的，有人就只得专作自我批评，也就是整人与挨整之别了。"[④] 及至"文化大革命"，从表面看郭小川已经完全适应了这种批判模式，将这种污人、自污、交心、表决心的语言运用纯熟。在1967年《关于丁陈问题》的交代中，郭小川说："以上材料，是我在几昼夜间赶出来的，一定还不合乎要求，望随时指示，以便尽量补充。我，对这一帮反革命修正主义分子是有深仇大恨的，为了保卫毛主席的无产阶级革命路线，为了使我自己与这帮家伙彻底地划清界限，我愿贡献我自己的

---

① 摩罗：《耻辱者手记》，内蒙古教育出版社1998年版，第85页。

② 郭小川：《检讨书——诗人郭小川在政治运动中的另类文字》，中国工人出版社2001年版，第63页。

③ 同上。

④ 邵燕祥：《为什么编这本书——〈人生败笔〉序·人生败笔：一个灭顶者的挣扎实录》，河南人民出版社1997年版，第4页。

一切。”[①] 虽然在交代材料中需要交代者摆事实、挖根源，将自己的错误上纲上线，以表对党的忠诚。但是交代者也必须在自贬的同时进行自辩，否则会使自己陷入万劫不复之境。邵燕祥曾经指出：“在那年月，最高的境界是‘无限热爱毛主席’，‘无限忠于毛主席’，因此最大的罪恶就是反对毛主席了。大字报和批斗会，‘打蛇打七寸’，竭力要让被批斗者承认的，就是‘反对毛主席’；被批斗者知道要害所在，坚守的最后防线，也就是‘从未反对毛主席’。批斗者进行有罪推定，证据不足则借助于‘实际上’；被批斗者不得不‘顺竿爬’以求解脱时，便也只承认到‘实际上是反对毛主席的’为止。有了这个‘实际上’作为过渡和缓冲，虽会带来关于动机与效果的无穷争论，但毕竟对被批斗者是网开一面，批斗者也得以‘下台阶’；倘不存在一个止于推论为‘实际上是反对毛主席’的中间地带，干脆不折不扣地‘真正反对毛主席’，那就非抓起来判刑不可，否则必定成了右倾包庇，立场问题。”[②] 因此郭小川尽管自承自己的作品是大毒草，却极力争辩自己的作品绝对没有反对毛主席，在《一九五九年的若干问题(我的初步检查之十一)》中郭小川痛心疾首地自承道：“这里，必须地向群众、向党交代：在《望星空》中，有‘星空呵，只有你才称得起万寿无疆！’这样的句子。这是极为严重的政治错误，我要向我们最最伟大的领袖、我们心中最红最红的红太阳毛主席请罪！但是，我确确实实不是有意影射攻击我们的伟大领袖的，我绝对没有过一秒钟这样的罪恶念头，如果有一点，那就是罪大恶极的反革命分子了。这一点，可以从我几十年的全部言行中获得证明。尤其是在我这一年的‘作品’中仍然有歌颂伟大领袖的句子；而在最后修改《望星空》的5天后，即10月23日，我还写了一篇短文《查字典以后》（载《光明日报》11月4日），这是直接反对所谓‘反对个人迷信’的，从中可以看出我对伟大领袖的态度。”[③] 邵燕祥指出：

① 郭小川：《检讨书——诗人郭小川在政治运动中的另类文字》，中国工人出版社2001年版，第94页。

② 邵燕祥：《为什么编这本书——〈人生败笔〉序·人生败笔：一个灭顶者的挣扎实录》，河南人民出版社1997年版，第5页。

③ 郭小川：《检讨书——诗人郭小川在政治运动中的另类文字》，中国工人出版社2001年版，第176—177页。

“他参与整人他也挨整，他的苦恼困惑以至挣扎，他的激进和他的局限，他的自豪和他的屈辱，都是有代表性的，是我们土地上相当部分被称为革命知识分子的生存状态的一个标本。”① 同样，聂绀弩在深挖自己家庭出身的反动，内心深处的个人主义、自由主义，检讨与胡风、与康泽等的关系之后，也进行了一系列辩驳，如在自承与康泽的关系之后，他接连列举了七条反证自己不是特务，这七条事实上是对自己新中国成立前为党所做的革命活动的陈述，也是对被污为特务的分辨。可见，检讨者必须掌握好自污和自辩的分寸，任何一点闪失都可能使自己陷入绝境。

聂绀弩说：“文章信口雌黄易，思想锥心坦白难。”在巨大的“革命权威”面前，被批判者不得不一步步退守，放弃思考，放弃抵抗，直至绝对的服从，这些被称作精神自戕的文字为我们的历史留下了一段真实的记录。

## 第四节　现代中国作家自传的又一个黄金时代(1978 年—)

20 世纪 80 年代是一个重获自由和理性的年代，伴随着思想解放和文化政策的松动，个性自由、自我意识再次浮出水面，人们开始重新寻找做人的尊严。“一切都令人想起五四时代。人的启蒙，人的觉醒，人道主义，人性复归……都围绕着感性血肉的个体从作为理性异化的神的践踏蹂躏下要求解放出来的主题旋转。‘人啊，人’的呐喊遍及了各个领域各个方面。”② 自我主体权利的复归是自传写作出版的基础条件。另外 1978 年中共十一届三中全会的召开，使得反右和“文化大革命”时期的大批冤案得以昭雪，作家的文化身份逐渐恢复，再次获得了言说自我的权利。新中国成立以来，长期遭到贬抑的作家，郁积在胸，不吐不快，而几十年的历史境遇，更让他们知人论世，对人性，对历史有了全新的体察和思索。

首先，20 世纪 80 年代自传的写作者大多是在文坛和文化界已有相当

① 郭小川：《以郭小川为镜，审视我们的灵魂 · 检讨书——诗人郭小川在政治运动中的另类文字》，中国工人出版社 2001 年版，第 374 页。

② 李泽厚：《中国现代思想史论》（下），安徽文艺出版社 1999 年版，第 1080 页。

地位的老一辈作家，他们写作时已近暮年，其写作中隐含着为自己盖棺定论之意，他们对自己的文学成就、人生经历以及文坛的是是非非都有着极大的话语权。他们往往以历史参与者和见证人的身份评说历史，虽然他们经历了新中国成立后的一系列政治文学运动，并深知个中滋味，也是对其最有评价和发言权的人，但是他们却因种种原因刻意规避了对这段历史的言说，不约而同地将言说权限制在新中国成立前的文艺界。如徐懋庸《徐懋庸回忆录》、茅盾《我走过的道路》、胡风《胡风回忆录》、陈学昭《天涯归客》、夏衍《懒寻旧梦录》、阳翰笙《风雨五十年》等，都是以 1949 年新中国成立为写作的终点。70 年代已经开始的自传写作有徐懋庸《徐懋庸回忆录》和茅盾《我走过的道路》。《徐懋庸回忆录》事实上写于"文化大革命"时期，"文化大革命"后经过其妻子的整理 1982 年由人民文学出版社出版，可谓跨越历史之作，它主要讲述了传主从出生到新中国成立前的人生经历，其讲述的重点则是 20 世纪 30 年代的文坛是非及与鲁迅的关系始末，其中不乏自我辩解之词。茅盾《我走过的道路》，在"文化大革命"期间已经开始准备，据祖远《茅盾文革期间撰写回忆录》记载"在儿子儿媳的帮助下，他（茅盾）曾悄悄地进行了持续一年之久的题述录音"。"茅盾从家庭和童少年时代的事说起，每天讲一点，录一点。就这样，从 1975 年底起，直到 1976 年底才结束，先后录制了 20 多盘磁带。"[①]这为之后的《我走过的道路》撰写打下了基础。从《我的家庭与亲人》到《一九三四年的文化"围剿"和反"围剿"》系作者亲笔所作，从《一九三五年记事》到《访问苏联·迎接新中国》则为亲属根据作者生前的录音、谈话、笔记以及其他材料整理而成。这部自传的内容非常丰富，不仅记述了传主的个人成长经历、文学创作，同时还涉及了现代文坛的许多重要事件和历史公案，如《小说月报》的革新、1922 年的文学论战、"左联"的解散和两个口号的论争等，可以说为现代文学史的研究提供了宝贵的一手资料。茅盾在新中国成立后处境是微妙而尴尬的，"文化大革命"期间更是被扣上了"三十年代文艺黑线的祖师爷"的帽子，世事沧桑使得

① 祖远：《茅盾文革期间撰写回忆录》，《文史精华》2010 年第 12 期。

茅盾心中颇多郁积，意欲一吐为快，《我走过的道路》虽然所述止笔于新中国成立前，但其中也隐含了茅盾新中国成立后的经历和思考。但是由于当时政治气候虽已回暖，但仍是乍暖还寒，因此传主的言说还要受到当时意识形态话语的规约。另外茅盾一向为人谨慎，同时又要维护自我的文化身份，因此《我走过的道路》只叙事实而少感情介入，对人也绝少褒贬，当然也不排除作者以“事实”引导读者的感情趋向，如对胡风的评价即是一例。另外涉及自我的书写作者也是有意遮蔽自我的感情世界和一些关键性事实，如 1927 年的脱党事件和与秦德君的婚外恋是茅盾一生无法释怀的两个重大事件。但此二事在自传中却语焉不详，这就使得茅盾的自传虽然洋洋八十万言，堪称鸿篇巨制，却缺乏基本的真诚和袒露自我的勇气，而其自传写到新中国成立前止笔，虽是天不假年，但是更与作者的创作心态紧密相关。茅盾在“文化大革命”期间为自传写作做准备时已“表示解放以后的事，就不用讲了”①。这说明了茅盾心中的种种顾忌，有意规避新中国成立后的历史评说，这不能不说是此自传一个巨大的遗憾。而写于 80 年代初期的夏衍的《懒寻旧梦录》也同样只叙及了从出生到 1949 年中华人民共和国的成立，只是在附录中略叙了《〈武训传〉事件始末》，新中国成立后的历次运动也都被有意回避了。夏衍在《懒寻旧梦录》中也是以历史参与者和见证者的身份叙述了新中国成立前的文坛旧事和文艺论争。《左翼十年》是作者叙述的重点，在《懒寻旧梦录·序》中夏衍指出：“‘左翼十年’，指的是 1927 年大革命失败起至 1937 年抗战为止的十年，也就是第一次国共合作破裂到第二次国共合作开始的十年，现在，对于这个时期的国际风云，国内的政治、军事、经济斗争的消长起伏，身历其境的人已经不多了。至于在这种复杂情况下领导和参加过‘左翼’，文化运动的人，潘汉年、钱杏邨、茅盾、冯乃超、成仿吾相继逝世之后，幸存者已屈指可数，因此，在 1980 年纪念‘左联’成立五十周年前后，朋友们怂恿我写一点回忆文章，我才动了写一本自传体回忆录的念头。”② 可见回忆“左翼十年”正是夏衍写作自传的缘起，而在《懒寻旧梦录》中“左翼十年”也

① 祖远：《茅盾文革期间撰写回忆录》，《文史精华》2010 年第 12 期。

② 夏衍：《懒寻旧梦录》，生活·读书·新知三联书店 2000 年版，第 5 页。

确实占据了将近一半的篇幅。《懒寻旧梦录》整体叙述比较迂缓从容，但是在《左翼十年》中则颇多辩明的成分。30 年代的两个口号的论争中，周扬、夏衍等人与鲁迅的分歧是夏衍"文化大革命"的重要罪名之一，也是夏衍难以去除的隐痛，因此在其晚年的自传中仍不忘对此进行辩诬，在自传中夏衍援引了茅盾、徐懋庸回忆录中有利于自己的片段为自己辩护，而在涉及论敌胡风、冯雪峰等人时则明显带有针砭的倾向。李何林在《为鲁迅冯雪峰答辩》中即指出了夏衍对自我的颇多辩护之处。胡风《胡风回忆录》从其 1929 年在东京写至新中国成立前，其中东京时期到抗战时期撤离武汉部分为胡风所作，其后的部分则是其妻梅志整理完成，在《胡风回忆录》中胡风也是以当事人的身份讲述了 30 年代和抗战期间的文艺活动，对自己在中山文化教育馆工作，以及两个口号的论争等历史事实做出了解释，同时针对茅盾《我走过的道路》关于这一事实的记述一一做出了辩驳，从而证明自己的历史清白，在此自传中胡风也有意克制了自我的感情，压抑了自我意识的流露。而梅志所补充的回忆录也只写到新中国成立便戛然而止，对于胡风新中国成立后的不幸遭遇则丝毫未涉及，直到 80 年代末梅志的《胡风沉冤录》中才让这段不幸的遭遇浮出水面。可见 80 年代确是一个乍暖还寒的时代，虽然作家已获得了一定的自我言说权，但是其中政治的制约、个中分寸的把握则是极为微妙的，因此几位作家同时选择了将其自传书写的终点放置在 1949 年，应该说也是一种不得已之举和自我保护的智慧。

其次，感情的有意淡化，自我意识的消钝，注重自我的辩诬而缺乏对历史的反思。80 年代的作家自传创作者写作自传时大多行将走完一生，因此在对自我一生的回顾和总结中多了一份淡然，少了一份激情。另外写作者，大多是文艺界的名人和领导者，为了自我身份的维护在自传的写作中很少敞开胸怀，袒露自我的真实情怀，而是有意遮藏自我的感情，我们自古讲求哀而不伤，怨而不怒，克制自我感情的抒发和流露。80 年代的作家自传正是体现了中国讲求节制的文化传统。茅盾、夏衍、阳翰笙等皆为"文化大革命"的受害者，特别是胡风自新中国成立以来，几乎总是厄运相伴，但是在他们的自传中的叙述却是冷静而客观，难见其感情的流露，而对最能表现自我的感情世界，几位作家或语焉不详或避而不谈，因此虽然每位作者都为我们提供了丰富的史实，但也仅限于史实，从自传的角度来讲，这些传主都被戴上了自我保护的人格假面，缺乏真实和血肉。当然这种感情的淡化并非真正的淡然，这既是作家们历尽沧桑后的谨慎，也有着强烈的政治、时代的制约，意识形态在80年代仍占据着重要的地位，作家只能在其许可的范围内言说自我。超越了此种限制的文本必然遭到贬抑。戴煌《九死一生——我的右派历程》和韦君宜《思痛录》虽然都作于80年代，但是由于其超越了政治权力的限制，因此直到90年代末才得以出版。因此80年代个人的控诉、批判和反思都是一种与政治权力的合谋，它只能是其许可下的代言者而不可能成为真正自由的言说者，感情的有意淡化，正是代言者对意识形态的屈从。这种言说的限制同时也决定了作者未能或即使思考也不敢讲出自我对历史的反思。像丁玲的《魍魉世界·风雪人间：丁玲的回忆》反思的成分就极为罕见，反而将自我的厄运归结于个别人的陷害，她说："我以为只有那么几个人，他们惯于耍弄权术，瞒上欺下，用这样表面堂皇，实则冷酷无情的手段，夺走我手中的笔，想置我于绝地。"[①] 夏衍、胡风、陈白尘等作者也是专注于书写个人的恩怨纠缠，这不能不说是对历史的一种曲解和简单化。而陈白尘《云梦断忆》和杨绛《干校六记》则以表层的轻松幽默消解了深层的灾难和痛苦。

时至90年代，市场经济的介入使得政治意识形态逐渐淡出，其对文学的规约也逐渐松绑，文学的生产、出版也引入了市场机制，因此这一时期的作家自传的出版获得了更大的自由。

第一，创作自传的作家范围扩大，自传的数量急剧增长，自我意识增强，反思成分增加，自传创作呈现出多元化的趋势。80年代自传的创作者主要集中于新中国成立前已开始创作的老一代作家，进入90年代，创作自传的作家范围明显扩大，新中国成立前的老一代作家仍保持了强健的创作势头，而当代作家也加入其中并成为创作的主力军。像韦君宜《思痛录》，从维熙《走向混沌》，王蒙《王蒙自传》，余秋雨《借我一生》、《我等不

① 丁玲：《魍魉世界·风雪人间：丁玲的回忆》，人民文学出版社1989年版，第200页。

到了》，蓝翎《龙卷风》，贾植芳《狱里狱外》、《我的人生档案》，季羡林《牛棚杂忆》、《有憾无悔》、《季羡林口述人生》，浩然《浩然口述自传》，刘白羽《心灵的历程》，老村《吾命如此》，牛汉《我仍在苦苦跋涉：牛汉自述》，舒芜《舒芜口述自传》，徐光耀《昨夜西风凋碧树》，周国平《岁月与性情——周国平心灵自传》，冀汸《血色流年》，杨绛《我们仨》和萧乾《风雨平生——萧乾口述自传》等，另外还有知青回忆录和作家自白等丛书系列。据笔者统计，80 年代出版的作家自传仅有 20 部左右，而 90 年代以来作家自传的出版则达到 70 部之多，90 年代自传的出版数量甚至超过了 30 年代的"自传热"，为自传创作迎来了另一个黄金时代。另外不仅是数量的增加，自传书写的深度和广度也得以拓展。80 年代作家的自传书写，大多是以历史见证人的身份，为历史作证，但是受到当时环境的影响，大多数作者所叙节制含蓄，欲言又止，即使有所批判和控诉，又往往将笔触置于个人恩怨纠纷，缺乏对历史的深刻反思，致使 80 年代自传史料性价值丰富，自传文类性价值匮乏。90 年代，市场机制的引入，使得政治和文化的疏离成为可能。书写者获得了更大的言说空间，一些长期遭到压抑的文本，如戴煌的《九死一生——我的右派历程》、韦君宜的《再思录》获得出版，一些 80 年代已经出版的自传则补叙了更为丰富的历史，如黄秋耘的《风雨年华》在 1983 年的版本中仅叙述到三反五反运动，而 1999 年的版本中则补续了反右、"文化大革命"等对文坛产生重大影响的历史事件。贺桂梅说："体制威慑力量渐弱，一旦体制外的权力空间——市场机制开始成型，这段隐晦历史就必将浮现出来。"① 随着环境的改良和时距的拉长，一部分自传将对历史的反思引向了纵深，90 年代的自传写作在历史的反思处产生了分化。第一，一部分自传仍然专注于自我的诉苦，纠缠于纷杂的人事，诉说着清白者的受难史。如萧乾《未带地图的旅人》、《风雨平生——萧乾口述自传》中主要着眼于个人的遭际，对郭沫若、刘白羽、康濯、叶君健、曹禺、沈从文、钟惦棐都是颇多微词，尤其是对张光年更是耿耿于怀，从初住大酱园的保姆辞工，到反右时的"引蛇

① 贺桂梅：《人文学的想象力——当代中国思想文化与文学问题》，河南大学出版社 2005 年版，第 223 页。

出洞”，特别是年三十在张光年家所遭的冷遇更是让萧乾终生难忘。在《萧乾回忆录》中作者也记述了同一细节，只不过没有提出张光年的名字，以“大干部”代之但是说不说出名字并无太大分别，因为根据萧乾的叙述，此人就是张光年不难判断。

第二，部分作者急于摆脱自己的罪者身份，在自传中颇多分辨之词。如《舒芜口述自传》、《浩然口述自传》、余秋雨《借我一生》和《我等不到了》。舒芜在《回归五四・后序》和《舒芜口述自传》中对自己在“胡风事件”中所扮演的角色却并无多少深刻反思，反复纠缠于细节，“交信”还是“借信”上大做文章，对胡风颇多谴责之词。同时颠倒时间逻辑为自己辩护和开脱。事实上舒芜在整个“胡风事件”中只是起到了一个“催化”的作用，任何事情的发生都是源于历史复杂的合力之故，我们不应该把过多的罪责推在舒芜的头上，但是作为“胡风事件”中的重要责任人之一，舒芜没有表现出自己所应有的历史担当，而是极力为自我辩护开脱。敢于忏悔的人才是历史的智者和勇者，而极力的隐瞒和辩解终究难敌事实的辩驳。面对历史和受害者，舒芜没有表现出反思和忏悔的真诚，尽管他在《回归五四・后序》中写道：“虽非我始料所及，但是它导致了那样一大冤狱，那么多人受到迫害，妻离子散，家破人亡，乃至失智发狂，各式惨死，其中包括我青年时代的全部好友，特别是一贯挈我掖我教我望我的胡风，我对他们的苦难，有我应负的一份沉重的责任。”① 但究竟应该担当的责任是什么却语焉不详，及至《舒芜口述自传》中甚至这些微的忏悔也被理直气壮地一笔带过：“总之，历史就是历史，靠说话是不能改变的。我已经说得够多的了，不想再说什么。该我负起的责任，我不想作任何推脱。不该我负的责任，我必须给世人一个交代。”② 另外，《浩然口述自传》中的浩然，《借我一生》、《我等不到了》中的余秋雨对自己的历史所为也是颇多隐讳和辩解，这不能不说是中国部分知识分子良知和人格操守的匮乏。

第三，还有的自传仍延续了历史见证人的身份，以亲历者的身份从容

① 舒芜：《回归五四・后序》，辽宁教育出版社1999年版，第690页。

② 舒芜：《舒芜口述自传》，许福芦撰写，中国社会科学出版社2002年版，第286页。

地讲述历史，这部分自传的作者通常是历史清白，并无难以释怀的历史污迹，因此这部分自传较为客观，为我们提供了很多鲜为人知的历史资料，在部分自传中感情的因素被有意遮蔽了。比如在反右的后期，邵荃麟替周扬传话，要求冯雪峰承认自己的宗派情绪，承认是在鲁迅重病和不了解情况之下，代为鲁迅起草了答徐懋庸的信。并以保留其党籍为交换条件。冯雪峰为保党籍违心地承担下来，结果却受到了欺骗和愚弄。历史是复杂的，人心却比历史更为复杂难测，当权力淡出，逸出主流的讲述显露时，尤其让我们感到触目惊心。

第四，超越具体的人事恩怨，开始对历史和一代知识分子悲剧命运进行反思。如韦君宜《思痛录》、从维熙《走向混沌》、陈凯歌《我的青春回忆录》等。韦君宜 1994 年出版了她的自传体小说《露沙的路》。在这部自传体小说中韦君宜展示了青年知识分子走向革命的心路历程，披露了“延安抢救运动”的残酷和荒谬。而其自传《思痛录》由于纪实性其出版则经历了更为复杂的过程。《思痛录》写作始于 1976 年，历时十年，1987—1989 年 11 月编辑修改，1991 年 4 月译成英文，但一直未出版。1998 年 5 月由北京十月文艺出版社出版（一部分内容暂未发表），2000 年，香港天地图书有限公司出版海外繁体字版本，增添部分内容。2002 年，由文化艺术出版社最新修订版补充完整。《思痛录》的价值在于抛开了个人的恩怨，痛定思痛，秉持公心，进入历史纵深展开反思。《思痛录》不仅描述了历次运动所见的告密、伪证、互相攻讦、篡改历史、妻离子散等悲剧闹剧，同时还从自身和丈夫的经历反思了 20 世纪革命知识分子的命运及其与革命的关系。韦君宜出身家境优越，又是清华的高才生，她“参加共产党是为了打倒日本帝国主义，是为了追求人生的价值”。她为此放弃了出国留学的机会。然而一次次运动，却使她陷入了一种“整体性结构性的荒谬”①。她的信念开始崩溃，自谓“自忏误吾惟识字，何似当初学纺棉”。在《反丁、陈运动到反右风涛》中她写道：“我从少年起立志参加革命，立志变革旧世界难道是为了这个？为了出卖人格以求取自己的‘过关’？如果这

① 王彬彬：《风高放火和振翅洒水》，人民文学出版社 2004 年版，第 125 页。

样，我何必在这个地方挣这点嗟来食？我不会听从父母之命远游美国，去当美籍华人学者？参加革命之后，竟使我时时面临是否还要做一个正直的人的选择。这使我对于‘革命’的伤心远过于为个人命运的伤心。”[①] 她认为自己并不以艰苦的生活为苦，真正让她痛苦的是历次运动为党和国家带来的灾难。而自己在灾难中则充当了受害者和害人者的双重角色。自我的遭际和良心的复归使得韦君宜无法坦然面对这种食人亦被人食的荒谬，韦君宜开始了知识分子与革命关系的思考，在《当代人的悲剧》中她指出“我要写的不是我个人的悲痛，那是次要的”。她是要透过丈夫悲剧的一生看取一代人的悲剧命运。丈夫杨述早年毁家纾难，将整个家庭带入了革命队伍，他对革命对党是无条件的忠诚信仰，“真正做到了党怎么说，他就怎么想，所谓‘指到哪里就打到哪里’，老老实实，不愧为‘驯服工具’”[②]。即使在“文化大革命”惨遭批斗，被打得遍体鳞伤，他仍然叮嘱女儿：“我这次可能被乱棍打死，但是我实在不是反革命，搞革命总有牺牲。我就是死了，翻不过案来，你也一定要永远跟着党走。”[③] 这不仅是杨述个人的悲剧，他代表了一代知识分子在极“左”思潮中的精神退化和人格异化。所以韦君宜在自传最后指出“天下最拙笨的民主也胜于最高明的独裁，它使我抱着最高的希望”[④]。这不能不说代表了一代人的心声。

与《思痛录》相似，从维熙的《走向混沌》也向我们展示了特殊历史背景下知识分子的众生相，这其中既有徐钟师、戚学毅这样的坚守者，也有张沪、林澄、郑光第、陆浩清、敖乃松这样的勇者，也有萧乃信、陆丰年这样的可怜者，也有以从维熙等为代表的大批懦弱的善者，但是也有少数骆新民这样的骑墙者，更有傅某某、“头人”这样的“食人者”。从维熙在自传中表达了对知识分子群体的复杂感情，既有着对勇者的歌赞，对可怜者的怜悯，对善者的理解，同时也有着对骑墙者和“食人者”精神残缺的反思。这不是一种纠缠于个人恩怨的谴责和批判，而是一种真正理解后

① 韦君宜：《思痛录·露沙的路》，文化艺术出版社2003年版，第47—48页。
② 同上书，第108页。
③ 同上。
④ 同上书，第180页。

的悲悯。他指出："中国的知识分子虽然有着牛的坚韧，龟的沉默，以及风云时代的虎啸龙吟，但他们也是肉体凡胎，历史的胎记以及中国古老文化负面影响注入的生命残缺，是无法回避的。因而笔者青灯冷对写此回忆录时，没有美化知识部落群体及任何个人（包括自己）的笔墨。"① 知识分子相互的攻讦，踏着别人的身体前进，用别人的鲜血温暖自己，知识分子窝里斗的劣根性，在严酷的环境中表现得淋漓尽致。陈白尘、萧乾、从维熙、季羡林都曾在自传中指出知识分子群体的"自食"是更为可怕和惨烈的。

除了上述两部作品外，像王蒙的自传三部曲、陈凯歌《我的青春回忆录》、肖复兴《触摸往事》、高洪波《也是一段歌》、叶广芩《没有日记的罗敷河》、张抗抗《大荒冰河》、《谁敢问问自己》也表现出了对历史不同程度的反思。

第五，90 年代以来自传出版呈现规模化趋向，大量丛书和编写自传出现。早在 20 世纪 80 年代，人民文学出版社就推出了两套"新文学史料丛书"和"名家自述丛书"。前者包括茅盾《我走过的道路》、沈从文《从文自传》、巴人《旅广手记》、徐懋庸《徐懋庸回忆录》、张恨水《写作生涯回忆》、巴金《创作回忆录》、冰心《记事珠》、曹聚仁《我与我的世界》、阳翰笙《风雨五十年》、许钦文《钦文自传》、聂绀弩《脚印》、姚雪垠《学习追求五十年》、老舍《老舍生活与创作自述》、朱自清《朱自清日记》、丁玲《魍魉世界 · 风雪人间：丁玲的回忆》。这些自传写作时间并不相同，有的是早年自传的再版，有的是新近之作，还有的只是作者自述性文章的集合。"名家自述丛书"包括茅盾《我走过的道路》、老舍《老舍生活与创作自述》、巴金《创作回忆录》、冰心《记事珠》、沈从文《从文自传》、丁玲《魍魉世界 · 风雪人间：丁玲的回忆》、胡风《胡风回忆录》、秦牧《寻梦者的足迹》、草明《世纪风云中跋涉》和曹聚仁《我与我的世界》。这套丛书收入的自传与"新文学史料丛书"多有重合，成书年代不尽相同，创作风格也各具特色。时至 90 年代，自传丛书已蔚为大观，据统

① 从维熙：《再版前言 · 走向混沌》，花城出版社 2007 年版，第 3 页。

计20世纪90年代至今出版的自传自述丛书有十几种，其中较有影响的有：1998年吉林人民出版社为知青上山下乡运动三十周年纪念推出的“老三届著名作家回忆录”丛书，包括陈建功的《十八岁面对侏罗纪》、高洪波的《也是一段歌》、赵丽宏的《在岁月的荒滩上》、肖复兴的《触摸往事》、陆星儿的《生是真实的》、叶辛的《往日的情书》、贾平凹的《我是农民：在乡下的五年记忆》、张抗抗的《大荒冰河》、王小鹰的《可怜无数山》、毕淑敏的《在印度河上游》、范小青的《走不远的昨天》以及叶广芩的《没有日记的罗敷河》等十多部，这些自传主要记述了自己上山下乡的经历，以及面对这段历史复杂矛盾的心情。1996—1998年的“世纪风铃丛书”包括《丁玲自叙》、《孙犁自叙》、《聂绀弩自叙》、《叶浅予自叙》、《冰心自叙》、《巴金自叙》、《徐志摩自叙》、《胡适自叙》、《冰心自叙》、《丰子恺自叙》、《郭沫若自叙》等，这套丛书并非作者所作，而是编者将其撰著、函札中的自叙成分，采用剪辑的手法，集纳而成。1996年团结出版社出版了“当代作家自白系列丛书”，包括《我是王蒙——王蒙自白》、《我是从维熙——从维熙自白》、《我是冯骥才——冯骥才自白》、《我是刘心武——刘心武自白》、《我是刘绍棠——刘绍棠自白》、《我是蒋子龙——蒋子龙自白》六位作家的自白，这六位作家皆是50年代活跃于文坛，之后则被打成右派，80年代复出文坛爆发出了巨大的创作力，在自白中他们历述了自我的成长历程、感情经历和文学创作。1998年江苏文艺出版社出版了一套涵盖张资平、朱光潜、梁漱溟、朱自清、鲁迅、丁玲、丰子恺、夏衍、季羡林、徐志摩、曹禺、梁实秋、瞿秋白、胡风、苏雪林、茅盾、萧红、郁达夫、郭沫若、冰心、巴金、林语堂、沈从文、老舍、胡适等25位现代作家的自传丛书，也是根据传主生前的自述文章编纂而成，编者称：“它通过编辑的方式，从传主自述的角度，简单但全面地反映出传主一生有关生活、创作、思想、精神的道路与风貌。”[①] 这些自传虽非严格意义上的自传，但是编写者大都是传主的研究专家，而且正如徐德明所说：“一般说来，人，尤其老人，总易于受一种潜在欲望的支配：在此时的认识、心境

① 郭济访：《自传可不可以这样编》，《中华读书报》1996年2月7日。

下重新度过彼时的生活。这样，自传便成了老人对自己青壮年往事的重新阐释甚至是塑造。从这样的角度说，准自传倒可以避免这种色彩与失误。虽然准自传的编者必不能如作者从头说起，逐时有序，到记忆中打捞沉淀。且在材料的安排上也难以做到严格的前后照应，但他的态度也许倒是更加冷静、更加理智、更加科学的，因而也许是更能接近真实的。”① 1998年“红罂粟丛书”是由九位作家的影记组成：《迟子建影记》、《方方影记》、《叶文玲影记》、《池莉影记》、《张抗抗影记》、《陈染影记》、《宗璞影记》、《铁凝影记》、《舒婷影记》。这套自传形式新颖，照片和文字相得益彰，“每册影记包括作家精心挑选出的一百余幅照片，以及由照片引发出的文字。这些文字，或诠释照片，或叙述往事，或抒发感慨，或思念亲友、师长……是照片引发了文字，而文字又丰富了帧帧照片这方寸之间的内涵”②。新世纪自传丛书出版风头未减，包括2004—2006年出版的“学人自述文丛”、2005年京华出版社出版的“感悟名家经典自述”、2002年山西教育出版社出版的“文化名人生涯丛书”、2003年黑龙江人民出版社出版的“中国巨人自述”、2010年时代文艺出版社出版的“当代名家自述人生系列”、2002—2006年大象出版社出版的“大象人物自述文丛”和2011年江苏文艺出版社的“现代文化名人自传丛书”。大量自传丛书的出现说明自传文类契合了市场需要和读者的阅读口味。这些自传虽多为编著，而且在相当程度上是一种重复，但即便如此，此类丛书的出版仍然经久不衰，这也说明了自传类文本在大众文化盛行的时代具有虚构性文学难以替代的位置。而作为编写自传，一种介于自传与他传之间的准自传文体，则兼具了自传和他传之长，它以传主自述文字为基础，又加入了编者的自我意识，保证了所述的客观公正和相对完整性，又保留了传主的自我意识。

另外，世纪之交口述自传也颇为兴盛。《风雨平生——萧乾口述自传》、《我仍在苦苦跋涉：牛汉口述》、《跋涉者：何满子口述自传》、《浩然口述自传》、《舒芜口述自传》、《季羡林口述人生》都是这一时期口述自传的代表之作，口述自传为这些耄耋老人、文化名家留下了宝贵的历史资料。

① 老舍：《老舍自传》，江苏文艺出版社1995年版，第305—306页。
② 迟子建：《“女作家影记”序·迟子建影记》，河北教育出版社1998年版。

# 第二章　现代中国作家传主身份研究

身份是指“个人在他人眼中的价值和重要性”①。子曰：“君子疾末世而名不称焉。”所有的自传都包含了一个自我阐释、自我探寻的过程，寻求意义确立自我在他者和社会中的价值，以使自己名称于世。因此“写自己的历史，就是试图塑造自己，这一意义要远远超过认识自己”②。因此自传不是一面平面镜，它不可能成为传主生命的自在再现，任何传主形象经过自传的折射都会出现形象的变形。那么，什么是自传据以重新塑造传主形象的依据呢？那就是身份。因为身份不仅可以解答我是谁的问题，还可以据此明晰自我的价值，我在他人眼中、在社会眼中处于何种位置。自传的面貌取决于传者对传主身份的预设。自传写作的过程也就是传者寻求身份认同的过程。因此身份认同是自传写作的核心，在这个过程中传者既要寻求一种个体身份的认同，借以回答我是谁和我何以是谁的问题，同时也要寻求一种群体身份的认同和民族身份的认同，借以解决自我的归属问题。当传者对传主的自我预设与社会对其个体的身份认同相一致时，自传就会呈现一种和谐的状态，这时对自我的叙述就会给读者一种实至名归之感。而当传者对传主的自我预设与其社会身份发生分裂时，自传的讲述往往也会产生一种分裂和情感的张力。民族身份亦然，民族认同来自一种心理认同，当传主的民族身份不存在问题时，他会有一种强烈的归属感。而

① ［英］阿兰·德波顿：《身份的焦虑》，陈广兴、南治国译，上海译文出版社2009年版，第5页。

② ［法］菲力浦·勒热讷：《自传契约》，杨国政译，生活·读书·新知三联书店2001年版，第81页。

当传主徘徊在异质文化之间，民族文化身份出现两栖和杂糅时，他的归属感也会随之而去。事实上，“文化身份认同受历史、文化和权力游戏的制约，随异质文化间力量的转换而不断地分裂并重构”①。当传主的民族文化身份出现分裂时，焦虑也就随之产生。因此自传的写作同时也是对身份危机和焦虑的释放。

自传总是依据一定的身份进行写作，自传书写什么和为什么这样写事实上都决定于传者对传主的身份预设。自传的真实与否，何者需要如实讲述，何者需要避讳夸饰或自我辩明都与作者对传主的身份预设密切相关。卢梭之所以有勇气坦陈自己生活中的卑劣想法甚至是下流行径，正因为他对自己的身份预设是个性解放者，他所要做的正是对抗世俗的虚荣矫饰，赤裸裸地袒露自我的真实。他越是毫不保留地坦陈自我，他也就离自己的预设身份越近。同样传者之所以要避讳某种生命经历，正是因为它会损害自我的身份预设。很多作家尤其是在其晚年或功成名就之时，自传书写往往会隐讳自己的私人情感和一些有损私德的经历，夸饰那些自认为可以强化名人身份宣扬自我美德的经历，分辨那些关涉历史和为公众所知又于己不利的事。茅盾讳言与秦德君的恋情，余秋雨极力辩白自己在“文化大革命”中的清白，周作人主张“一说便俗”但对日据时代自己的言行则颇多黠辩之词，这些讳饰、黠辩都与作者自我的名人身份预设紧密相连，爱惜羽毛，保护自我在公众中的形象，欲为自己盖棺定论，树碑立传的潜意识都使传者不敢直面自己的内心和情感，在自传中颇多讳饰，分辩之词。但是自传恰恰是一种关涉情感的文类，正因为它的纪实属性，使得真实始终是自传不可规避的主体问题，读者在阅读自传之时，虽然也会以审美的心态力求在自传中获得情感和审美的愉悦，但是对真实的求证仍然左右了读者对自传的认可和评价。传者为维护自己的身份会选择避讳和分辩，而读者则会以自己的“前见”而期待传者讲出自己的隐秘和情感的真实，在自传中读者更为关注的是传者的诚恳度而非现实的善恶，当传者的讲述与读者的期待能够达成一致，甚至超越了读者期待，就会获得读者的认可，卢

① 陶家俊：《同一与差异：从现代到后现代身份认同》，《四川外语学院学报》2004 年第 2 期。

梭并不会因为其骇人听闻的讲述而遭受唾弃，反而他因为自己的坦诚而得到了读者的认可，勒热讷就曾称赞《忏悔录》一下子挖掘出了自己的几乎所有潜能，在自传中读者很少会因为传主本身的善恶而论定自传的优劣，他们只会因为传者是否有勇气讲出自己的“恶”而判定它的成功与否，读者对自传的期待永远是希望其能最大限度地接近真实，那些为了自我身份维护而极力避讳的事实恰恰造成了读者阅读的不满足感。换句话说，自传是一种建立在信任而非善恶基础之上的文体，读者对传者的信任度，直接决定了其对此自传的认可度，而这一切都离不开传者本身的身份预设。

真实性始终是自传研究的核心，而身份则是探讨自传真实与否的核心，“从身份角度入手，可以深入自传的中心，分析传主如何确定自己的主导身份，同时又如何回避自己的某些身份，进而可以深入自传者的内心世界，展现其多元复杂的心理空间”①。

## 第一节　现代中国作家传主身份预设与寻求认同

自传从根本上讲是一种自我形象的塑造而非再现。作者如何塑造传主形象，不仅取决于传主的真实自我，更与传主的自我意识和身份预设密切相关。“所有的人，在他们作为人的能力范围内都有一个关于自我的独特的概念，或者自传作者总是以一定的身份进行写作，他在自传中将自己描述成什么样的人，依赖于他的身份认同，而且他试图让人们接受他的这种身份。”② 通过自我身份的预设和诠释来确认自我与他者的差异性，彰显自我的个性，正是自传的根本目的所在。

身份是自我或他者对个体在社会中所扮演的社会角色的体认，每个个体在社会中都同时扮演着多种角色，自传书写者往往选择其中的一种身份作为自传写作和自我形象建构的基础，从作者的身份选择可以透视出作者对自我的基本评价，而此种身份即作者所认定的自我主体身份。菲力浦·

① 梁庆标：《自我意识与身份：自传研究的新视角》，《宁夏社会科学》2010 年第 1 期。

② 梁庆标：《对话中的身份建构——君特·格拉斯〈剥洋葱〉的自传叙事》，《国外文学》2011 年第 1 期。

勒热讷指出："自传不仅仅是一种内心回忆占绝对优势的叙事，它还意味着一种把这些回忆加以组织、使之成为一部作者个性历史的努力。"[①] 而如何对回忆进行甄别选择和组织加工则取决于作者对传主的身份预设。

## 一　传主身份预设与个体认同

所谓传主身份预设就是传主对自我的独特性以及在社会中的身份地位的预想。从某种程度上讲一部自传的写作就是自我身份预设的具象化。作者试图通过自传的写作求得个体、社会对其预设身份的认同，从而获得一种情感的依附和归属。这种认同既包含着对个体独特性的界定同时也伴随着对某一群体身份的趋同。

首先，传主身份预设是对自我独特性的界定。自传要回答的一个根本性问题是"我是谁"的问题。但是自传并非对自我过去的再现，而是依据其某一种身份对过去之我的想象和重塑，不同的身份认定会影响甚至决定自传的面貌。同为作家自传，但不同的身份界定影响了其自我形象的建构。如郁达夫在其自传中强调了"零余者"的身份，从其悲剧的出生、羸弱的身体、困顿的家境、孤独羞缩的心理直至身居异域的飘零、绝望和悲愤，这种种叙述都强化了他"零余者"的身份自叙。在《悲剧的出生》中国贫家困都预示着传主出生的悲剧。而在郁达夫的叙述中父亲的死更是为己所累，只剩了孤儿寡母的落寞。在郁达夫的童年中虽也有老祖母的疼爱，与翠花相处的温馨，但更多感受到的是母亲的眼泪、孤独和愁思。而让母亲受尽白眼而未赊到的皮鞋更是令郁达夫终生难忘。在学校里郁达夫被目为"怪物"，是"一个不入伙的孤独的游离分子"，身在异乡（日本），使他充分品尝到了离家去国的悲哀，日本女性的冷淡更使其感到身为弱国子民所受的凌辱。而最终雪夜的狎妓则是这种凌辱的发泄，然而继之则是一种更深的罪感和悔恨。郁达夫的悲情叙述和每一个细节刻画都是对过去之我的重构，凡是有利于强化其"零余者"悲剧身份的事件都在自传中得到了浓墨重彩的书写。"零余者"身份正是郁达夫对自我的一种认知，因此其《沉沦》、《银灰色的死》、《茫茫夜》

① 转引自［法］菲力浦·勒热讷《自传契约》，杨国政译，生活·读书·新知三联书店 2001 年版，第 8 页。

等小说中孤独、自卑近于神经质的主人公正是郁达夫“零余者”自我形象的投射。同样身为作家的沈从文在《从文自传》中则强调了其顽童和乡下人身份。沈从文在《从文自传》中花了大量笔墨来描写自己的逃学经历，大千世界的微妙远远比刻板的私塾更为吸引沈从文，他说：“二十年后我‘不安于当前事务，却倾心于现世光色，对于一切成例与观念皆十分怀疑，却常常为人生远景而凝眸’，这分性格的形成，便应当溯源于小时在私塾中逃学习惯。”① 而沈从文湘西小说中独有的朴拙和灵性也正来自沈从文这段快乐的经历。乡下人的身份是沈从文毕生的执着，沈从文在文章中反复申述其乡下人身份，在《记胡也频》中沈从文说：“教育同习惯使我永远近于一个乡下人。”② 在《习作选集代序》中沈从文提道：“我实在是个乡下人，说乡下人我毫无骄傲，也不在自贬，乡下人照例有根深蒂固永远是乡巴佬的性情，爱憎和哀乐自有它独特的式样，与城市中人截然不同！他保守，顽固，爱土地，也不缺少机警却不甚懂诡诈。他对一切事照例十分认真，似乎太认真了，这认真处某一时就不免成为‘傻头傻脑’。”③ 另外在《记胡也频》、《烛虚·五》、《水云》、《短篇小说》、《从现实学习》、《〈沈从文小说选集〉题记》、《新湘行记》、《我怎么写起小说来》等多篇文章中沈从文无一例外地强调了自己“乡下人”的自我体认。同样在《从文自传》中沈从文也书写了其对“乡下人”身份的认同。在《怀化镇》中他指出：“我在那地方约一年零四个月，大致眼看杀过七百人。一些人在什么情形下被拷打，在什么状态下被把头砍下，我皆懂透了。又看到许多所谓人类做出的蠢事，简直无从说起。这一分经验在我心上有了一个分量，使我活下来永远不能同城市中人爱憎感觉一致的。从那里以及其他一些地方，我看了些平常人不看过的蠢事，听了些平常人不听过的喊声，且嗅了些平常人不嗅过的气味；使我对于城市中人在狭窄庸懦的生活里产生的作人善恶观念，不能引起多少兴味，一到城市中来生活，弄得忧郁强悍不像一个‘人’的感情了。”④ 在

① 沈从文：《从文自传》，岳麓书社 2010 年版，第 36 页。

② 沈从文：《沈从文全集》（第 13 卷），北岳文艺出版社 2002 年版，第 6 页。

③ 沈从文：《沈从文选集》（第 5 卷），四川人民出版社 1983 年版，第 229 页。

④ 沈从文：《从文自传》，岳麓书社 2010 年版，第 106 页。

《女难》中沈从文受了白脸姐弟的欺骗后，他仍将其归咎于其“乡下人”的心性。在《常德》中沈从文再次强调了其“乡下人”的身份，表示了与“绅士阶层”的格格不入：“我虽然已经好像一个读书人了，可是事实上一切精神却更近于一个兵士，到他们身边时，我们谈到的问题，实在就比我到一个学生身边时可谈的更多。就现在说来，我同任何一个下等人就似乎有很多方面的话可谈，他们那点感想，那点观念，也大多数同我一样，皆从实生活取证来的。可是若同一个大学教授谈话，他除了说从书本上学来的那一套心得以外，就是说从报纸上学来的他那一分感想，对于一个人的成分，总似乎缺少一点什么似的。可说的也就很少很少了。”① 但身份是可以变化的。事实上 30 年代的沈从文已经奠定了他的文坛地位，进入了京派绅士圈，并且主持了当时重要的文艺副刊《大公报·文艺副刊》，取得了话语的言说权，他此时的“乡下人”身份体认，并非是对其一种现实社会身份的言说，而是其对自我的文学趣味、文化人格和精神趋向的一种综合定位，是其理想人格的身份建构。威廉·布洛姆说：“身份确认对任何人来说都是一个内在的、无意识的行为要求。个人努力设法确认身份以获得心理安全感。也努力设法维持、保护和巩固身份以维护和加强这种安全感。”② 虽然 30 年代的沈从文已身处“文明人”、“知识者”行列，但是只有在“乡下人”的身份体认中沈从文才能找到本真自我，才能获得心理归属感。《从文自传》不仅是沈从文童年和青少年生活的再现，其顽童身份和乡下人身份建构更体现了沈从文自然朴拙的审美趣味和对现代文明的抵触。

其次，传主身份预设还是对某一群体身份的趋同。传主在自传中除却个体身份的建构，还存在对某一群体身份的认同。例如 30 年代的传主在个体身份确认的同时，也受到五四个性解放思潮的影响，“传统的叛逆者”可以成为 30 年代作家自传的群体身份认同。谢冰莹在 30 年代写作自传时已是作家身份，但是她的自传却命名为《一个女兵的自传》，女兵身份对她来说不仅是一种现实身份，更多的是一种精神旨归。从反抗缠足和封建包办婚姻，以死抗争争取受教育的权利，以一颗爱国之心参加学生游行，

①　沈从文：《从文自传》，岳麓书社 2010 年版，第 139 页。

②　乐黛云、张辉主编：《文化传递与文学形象》，北京大学出版社 1999 年版，第 327—347 页。

直到成为一名真正的女兵。反抗是谢冰莹不变的内在精神支撑。同样陈衡哲在写作自传时已功成名就，儿女成行，但她的自传仅写到自己出国留学为止，在她的自传中主要书写了自己反抗缠足，抵制父亲包办婚姻，争取自己女性主体性的叛逆者形象。陈衡哲、谢冰莹、庐隐、白薇、苏雪林都不约而同地写到反缠足、反包办婚姻、争取与男子同等的受教育权，正是隐含了对30年代叛逆者群体身份的认同，她们的反抗正昭示了女性对自我主体性和基本人权的诉求。30年代的男性作家也同样表现了这种叛逆者身份的趋同，他们的叛逆更多表现在社会反抗上。郁达夫因参加反抗教会学校殴打不信教学生的风潮，而作为“强硬者”被开除。胡适《四十自述》中讲述了自己参加竞业学会，在《敬业旬报》上撰写文章。参加中国公学的学潮，并被举为大会书记，做了大量的宣言和记录。郭沫若更是多次因反抗校方，而被斥退。30年代作家之所以在记忆的长河中以此作为回忆和书写的基点，正是凸显了其共同的反叛者的身份书写。

除了传主自我身份预设的趋同性，出版者也会以某一特定的群体身份来对作家的自传约稿、组稿。像80年代人民出版社出版的“名家自述丛书”强调了入选者的名人身份；1998年吉林人民出版社纪念知青上山下乡三十周年策划出版的“老三届著名作家回忆录”丛书，则突出了写作者的知青和名人的双重身份。入选者有陈建功、高洪波、赵丽宏、肖复兴、叶辛、贾平凹、陆星儿、张抗抗、王晓鹰、毕淑敏、范小青和叶广芩。这些作家可谓知青中的佼佼者，与那些永远扎根农村，或者回城后下岗失业的知青相比，他们拥有了更多言说那段历史的权利与情致，面对维系着自己青春的上山下乡，作家们坚守着自己的知青身份，对那段历史表现出了愧悔、质疑、批判而又留恋的复杂情感。肖复兴在《触摸往事》中写道：“更何况今年正是知识青年上山下乡30周年。一生能有几个30年？对于我们这一代人，30年是一种什么滋味？在这裹携走我们整整一代人青春30年的漩涡里面，有着怎样对生命和理想的渴望与真诚，又有着怎样的幼稚、单纯和膨胀的激情、狂热，徒留下无可追回的怅惘、遗憾乃至悔恨。但我们又怎么能将它们像剥橘子一样把橘子皮和瓣剥开得那么清爽呢？无论历史对那场知识青年上山下乡运动做如何评价；无论我们是多么心知肚明地彻悟历史轻轻翻过一页时宜大不宜小宜粗不宜细；但我们没有理由以一种马后炮的态度嘲笑我们曾经拥有过的那种真诚；我们没有理由以一种看破红尘的世故态度嘲笑当时只有那种年轻才会拥有的真挚和单纯。我们怎么可以忍心在批判历史的时候，无情而痛快淋漓地将这一切像跳脱衣舞一样把衣服尽将剥去，随手抛却在遗忘的风中，将我们这一代人的价值和命运断送得一无所有？所有这一切，难道不值得用心去思索，用笔去写一写吗？我不知道自己能写得如何，即使是浅显的第一步，我也想试一试。”① 张抗抗在其《大荒冰河》及其后的《谁敢问问自己》中也表达了对那段历史的深刻反思，批判了青春无悔的豪言壮语，反思了知青自身悲剧中所蕴含的人性因素。指出了知青作为“受害者”和“害人者”的双重身份，这不仅是对历史的质疑和批判，同时也是对自我灵魂的鞭笞和拷问。1998 年“红罂粟丛书”则强调了传主共同的女性身份，选取了九位女作家的影记，凸显了女性特有的多情和细腻。另外如“学人自述文丛”、“文化名人生涯丛书”、“大象人物自述文丛”和“现代文化名人自传丛书”无不是在以共同身份的预设下来设定自传的写作趋向。可见自传身份的预设直接决定自传的面貌。

## 二　传主身份预设与民族认同

所谓民族认同就是个人对民族的认知和归属感。萧乾曾在其回忆录中指出一个人到了国外代表的就不仅是本人，同时还反映出国家的地位。作为海外留学者和留居者尽管他们能接触到先进的西方文明，但是漂泊异乡的失落感和边缘化也让他们备尝寄人篱下的辛酸。与此同时，他们会将诸多的失落归诸民族的歧视。“在相对孤立、繁荣和稳定的环境里，通常不会产生文化身份的问题。”②“只要不同文化的碰撞中存在着冲突和不对称，文化身份的问题就会出现。”③ 旅美作家吕红认为：“身份确认是个体内在

① 肖复兴：《触摸往事》，吉林人民出版社 1998 年版，第 1—2 页。

② ［英］拉雷恩：《意识形态与文化身份：现代性和第三世界的在场》，戴从容译，上海教育出版社 2005 年版，第 194 页。

③ 同上。

的行为要求，一般而言，居于主流地位的、强势的团体及其个体是在文化认同问题、文化身份确认问题上是不存在困惑的，因为他们生活在稳定、自足的民族和家园中，他们的身份是有着安全、可靠的保障的，所以不必怀疑和质问自己的文化身份。只有居于弱势地位的团体及其个体才会不时对自己的文化身份进行求证。"① 郁达夫、郭沫若、张资平以及谢冰莹的自传中都表达了对民族身份的认同和困惑。

首先，在他们的自传中表达了一种强烈的异域漂泊感、失落感以及对祖国的怀恋。"处于流放状态的人，离开了自己的故土，离开了自己所归属的文化语境，被流放到一个陌生的环境中，他/她原来的'自我'因此无法再延续下去，不得不调整自己以适应新的环境，当新的环境很难融入，而旧的自我又无法延续时，他们就成了无根的漂泊者。"② 郁达夫、张资平等日本留学者经历了背井离乡，举目无亲，面对着经济的困顿，语言、文化和生活习俗的种种不适，感到了一种流落异域的飘零之感。郁达夫在其自传中写道："自从这一次的离去祖国以后，海外漂泊，前后约莫有十余年的光景，一直到现在为止，我在精神上，还觉得是一个无祖国无故乡的游民。"③ "改变了环境，改变了生活起居的方式，言语不适，经济行动，又受了监督没有自由，我到东京住下的两三个月里，觉得是入了一所没有枷锁的牢狱，静静儿的回想起来，方才感到了离家去国之悲，发生了不可遏止的怀乡之病。"④

其次，传主往往将在异域的种种不适归诸弱国的悲哀，并由此产生强烈的愤慨，强化了其民族认同感。民族"自我"在与强权的对抗中获得，族群身份与强势"他者"对照而产生。郭沫若、谢冰莹、郁达夫、张资平正是在这种弱势民族的屈辱中表达了强烈的民族认同感，以保持自身身份的合法性。这种民族认同既表现在日常的饮食起居，也表现在自我受难受辱时的归因。张资平在自传中表现出了对日本的不屑。他对日本的居住饮

① 吕红：《追索与建构——论海外华人文学的身份认同》，博士学位论文，华中师范大学，2009年。

② 任一鸣：《后殖民批评理论与文学》，外语教学与研究出版社2008年版，第131页。

③ 郁达夫：《郁达夫自传》，江苏文艺出版社2012年版，第45页。

④ 同上书，第46页。

食都感不满，对日本人的态度也甚为愤慨。而郭沫若和谢冰莹则是将其身在日本所受的一己的监视、关押和凌辱都被升华为整个中华民族的受难史。郭沫若的《我是中国人》回忆在日本被关押的经历表达了强烈的愤慨，并将这种愤慨上升到民族的对立，在写到日本宪兵对他的无理指责时他指出："我的脑袋快要炸裂了。他确实是在中国境内也可以横行的人；而我自己呢，连祖国都不能见容，我能把他怎么样呢？"① 个人的受难与耻辱与民族的灾难紧密联系在一起，弱势的环境反而激起了强烈的民族认同感。谢冰莹的《在日本狱中》也表达了强烈的民族认同，《在日本狱中·后记》中她指出："这是用我的生命和血泪换来的材料，也是我为国家民族而受到的打击和侮辱，累次多了，我没有一天忘记我那一段在日本狱中的生活；老实说，抗战以来，拖着一条有病的身子在各战场奔波的原因，完全是为了我要为自己复仇，为国家雪耻，我每逢脑袋胀痛，或者常常晕倒失掉知觉又醒转来的当儿，我立刻想到第一个摧残我健康，殴打我脑袋的敌人，那几张比豺狼还毒的狰狞面孔，是那么深刻地印在我的脑中，我永远忘记不了他们，也永远忘记不了他们施在我身上和我们每个中国同胞身上的仇恨；因此，不到完全把这般失掉人性的野兽杀尽，中华民族得到完全的解放与独立，真正实现人类的自由平等的时候，我心头的愤恨，是永远不会消除的。"② 在此个体成了民族贫弱屈辱的承担者，而对祖国民族的强烈归属感和认同感又强化了对异族凌辱的仇恨。

与郭沫若、谢冰莹身体上的羁押和摧残相比，郁达夫更多感受到的是心灵上的压迫和屈辱。作为中国留学生，郁达夫感到了一种绝对的威胁，"有知识的中上流日本国民，对中国留学生，原也在十分的笼络；但笑里藏刀，深感着'不及错觉'的我们这些神经过敏的青年，胸怀那里能够坦白到像现在当局的那些政治家一样；至于无智识的中下流——这一流当然是国民中的最大多数——大和民种，则老实不客气，在态度上言语上举动上处处都直叫出来在说：'你们这些劣等民族，亡国贱种，到我们这管理你们的大日本帝国来做什么？'简直是最有成绩的对于中国人使了解国家

① 郭沫若：《沫若自传》（下），求真出版社 2010 年版，第 580 页。
② 谢冰莹：《在日本狱中》，远东图书公司 1948 年版，第 153 页。

观念的高等教师了”①。而日本少女的冷落更激起了达夫的悲愤和隐痛。经济的困顿、言语的凌辱、心灵的压迫和性的苦闷被统统归结为民族的积贫积弱，并进一步强化了自我作为中国人的民族认同和对日本的强烈愤恨。在离开东京时，郁达夫心中充满了悲凉和诅咒，曾经的热望化作了绝望，并希望自己再也不要到东京来了。

最后，“哀其不幸，怒其不争”的认同困惑。尽管身在异域作为弱国子民反而会产生一种强烈的民族认同，但是作为出走者，在异族文明的熏染下，以异己者的眼光来看待老朽的国家，更易透视出中国民族的衰颓和劣根性，由此产生出一种认同的困惑。郭沫若就在自传《创造十年》中描述了中国人的“不幸和不争”。“我和仿吾都穿的是日本帝大的制服，他们大约把我们当成日本人去了，有的远远用眼睛来向我们示意。我的不值钱的眼泪，在这里又汹涌起来。我愤恨的自然是我们的贵同胞太不争气，同时是联想到中国的政局和国际上的形势：车中的情景便是这时局的一副缩写图。凡是自己不能够抱一个妓女在怀里的中国人，想来是谁都会痛哭流涕的罢。”② 庐隐在《庐隐自传》中也写道：“到了日本，第一使我感觉得憎恶的，便是那木屐的繁响和那些女人曲背弯腰的卑微的样子，可是日本人的招待我们的殷勤，周到，真令人佩服，一看就知道是政治清明的国家，无论什么地方都表现着秩序井然，负责有人，不像我们中国只有人拿钱，争权利，而没有人作事，因此我们一面仇恨他们的凶狠，但一面不能不钦佩他们的力求上进的精神。”③ 张资平则是感慨日本女性的自然美和日本女子教育的发达，感叹中国对女子身体的束缚使其失掉了自然美。郁达夫更是将其哀叹指向了整个中华民族的落后。虽然他在日本受到了屈辱，但也正是日本让他看清了中国的位置，明白了近代科学的重要性，也正是在日本让他领悟到中国革命的必要性。“民族文化究竟意味着什么，当它那层被西方文化强加上去的鄙夷的面纱被撩去后，作为殖民文化的抗争，它象征着尊严与辉煌，当它被本民族的人站在文化的历史前沿回望的时

① 郁达夫：《郁达夫自传》，江苏文艺出版社 2012 年版，第 48—49 页。

② 郭沫若：《沫若自传》（上），求真出版社 2010 年版，第 236 页。

③ 庐隐：《庐隐自传》，云南人民出版社 2011 年版，第 35 页。

候，它似乎又显得陈旧与苍老。如果说，文化永远是人类历史中运动着的、变化着的内在生命，那么，被苦苦留守的民族文化，或确切地说，语言、宗教与习俗，相映之下就成了一种惰性的被遗弃物的象征。这就是殖民地人民的文化困境，他们既不愿在殖民文化的冲击下丧失自己本民族的文化，但又难以恪守自己民族的文化，因为整个人类文明史的进步会使某一民族的古老文化成为凝固不变的僵化的习俗。”① 日本作为中华民族的他者对照物，映射出了古老民族的衰疲，正是在这种异域文明的侵入中，中华民族才最终被迫觉醒，重整乾坤。

## 三　认同危机中的身份焦虑

所谓的认同危机是指人的身份的丧失和混乱，由此产生的自我价值感的丧失和崩溃。人在认同的危机中会感到自我尊严、价值、意义的丧失，并进而产生自我的分裂和身份焦虑。这种身份焦虑既包括自我认同的分裂也包括民族认同的焦虑。

首先，身份焦虑是一种自我认同的分裂。身份是一种复杂的存在，他既可指一种自我的认知，即“我是谁”的问题，也可指一种他者对传主的定位。当自我的定位与他者或社会的定位相吻合时，人就处于一种认同的和谐状态，但当自我的定位与他者或社会的定位相龃龉时，便会产生自我认同的分裂。比如瞿秋白的《多余的话》，就是一篇自我认同分裂的文本。《多余的话》可以说是自传史上的特例，这主要是因为它作于瞿秋白同志就义之前，既是一篇自白书，又是一篇遗言，同时又是一篇自传。虽然有人认为它是伪作，但作为瞿秋白知己的丁玲在《我所认识的瞿秋白同志——回忆与随想》中说：“我第一次读到《多余的话》是在延安。……我读着文章仿佛看见了秋白本人，我完全相信这篇文章是他自己写的……那些语言，那种心情，我是多么地熟悉啊！我一下子就联想到他过去写给我的那一束谜似的信。在那些信里他也倾吐过他这种矛盾的心情，自然比这篇文章要

① 任一鸣：《在回望与挽留中脱钩的民族文化——评罗辛顿·米斯垂的〈费洛查·拜格的故事〉》，《外国文学》2001 年第 4 期。

轻微得多，也婉转得多。”[①]《多余的话》之所以被疑为伪作，并使瞿秋白饱受诟病，主要是因为瞿秋白在《多余的话》中的自我身份认定与其现实身份产生了巨大的分裂和矛盾。瞿秋白是党的领导人、政治局委员，是为党和革命事业做出突出贡献的领路人，按说其临死时的自白应如方志敏、夏明翰、叶挺等烈士的慷慨陈词，《多余的话》留给我们的却是一片充满了消极、倦怠、谜一般的九曲回肠式的自白。在《多余的话》中瞿秋白对自己的身份定位是“半吊子文人”、“读书的高等游民”、“戏子”，指出自己是具有二元化人格的人，并认为自己的政治生涯只是做戏，自己作为政治领袖只是“捉住了老鸦在树上做窠”。他不愿意别人将其“错”当成共产主义的烈士，他说：“严格的讲，不论我自由不自由，你们早就有权利认为我也是叛徒的一种。如果不幸而我没有机会告诉你们我的最坦白最真实的态度而骤然死了，那你们也许还把我当做一个共产主义的烈士。”[②]“因此，虽然我现在已经囚在监狱里，虽然我现在很容易装腔作势慷慨激昂而死，可是我不敢这样做。历史是不能够，也不应当欺骗的。我骗着我一个人的身后不要紧，叫革命同志误认叛徒为烈士却是大大不应该的。所以虽然反正是一死，同样是结束我的生命，而我决不愿意冒充烈士而死。”[③] 瞿秋白原本不必说这番“多余的话”，“多余的话”并无向国民党乞怜之意，此时瞿秋白对死已无所畏惧，他在1935年6月18日被杀害时，是唱着《国际歌》、《红军歌》走向刑场，高呼“中国共产党万岁！”从容就义。在《逸经》上刊登《多余的话》时所加的按语就说：“像瞿秋白这样历尽沧桑的人，到了如此地步，对生死还不能参透，是不会有的事。”没有“多余的话”，瞿秋白本可留得身后之名，但是瞿秋白一生都处在现实身份与自我认知的纠结之中，人之将死，其言也善，瞿秋白以一个真正的知识分子的真诚和坦率，审视了自我内心的分裂和身份认同的焦虑，也许瞿秋白《多余的话》有很多不想说和想说而不得的成分，但不可否认的是瞿秋白在面对死亡时终于跨越了现实身份的假面向我们剖白了其内在的

① 王中忱编：《丁玲作品新编》，人民文学出版社2010年版，第238—239页。
② 瞿秋白：《多余的话》，人民文学出版社1973年版，第32页。
③ 同上。

真实。

其次，身份焦虑还是一种缘于民族认同的文化身份危机。身份认同主要指某一文化主体在强势与弱势文化之间进行的集体身份选择，由此产生了强烈的思想震荡和巨大的精神磨难，其显著特征，可以概括为一种焦虑与希冀、痛苦与欣悦并存的主体体验。我们称此独特的身份认同状态为混合身份认同，这种身份认同也是后殖民、后现代文化批评关注的主要焦点。[①] 所谓文化身份危机就是指文化认同的不确定，即主体与他所属的社会文化传统失去了联系，失去了社会文化的方向定位，没有了文化的归属感，从而产生观念、心理和行为的冲突及焦虑体验。[②] 异质文化的碰撞，使得经验主体的身份处于一种悬搁状态，确定身份的丧失继之而来的则是一种认同的危机和身份的焦虑。以郭沫若为例，郭沫若的妻子是日本人，他的孩子的日本生活经验要远远大于其中国经验，这就使得郭沫若的民族身份具有了一种模糊性。“作为飘零个体，他孤悬于自身的民族和集体经验之外，而置身于异域，又面临着本土与异域、传统与现代、主流与边缘之间的文化身份冲突。”[③] 首先是对中国的复杂感情。“散居的族裔身在海外，生活在所居处的社会文化结构中，但是他们对其他时空依然残存着集体的记忆，在想像中创造出自己隶属的地方和精神的归宿，创造出‘想像的社群’。”[④] 郭沫若首先自认是非常爱国的，他对中国有一种强烈的依恋感和归属感。他曾经将“五四”以后的中国比喻成一位年轻的姑娘，《女神》中的《凤凰涅槃》、《炉中煤》、《晨安》等诗篇都是祖国的颂歌。然而由于自己娶了日本姑娘为妻，所以在他者的眼中其身份颇有“汉奸”的嫌疑，这就造成了其身份的尴尬和杂糅。在《创造十年》中郭沫若曾经赋诗一首表达了其微妙的感情：“除夕都门去国年，五年来事等轻烟。壶中未有神仙药，赢得妻儿作挂牵。寄身天地太朦胧，回首中原叹路穷。入世无才出未可，暗中谁见我眶红？到处随缘是我家，一篇秋水一杯茶。朔风

① 陶家俊：《身份认同导论》，《外国文学》2004 年第 2 期。

② 魏红珊：《论郭沫若文化身份的嬗变——从〈女神〉到〈屈原〉》，《现代中国文化与文学》2007 年第 1 期。

③ 同上。

④ 张京媛主编：《前言·后殖民理论与文化批评》，北京大学出版社 1999 年版。

欲打玻璃破，吹得炉燃亦可嘉。这些最足以表示我当时的心境——矛盾的心境。自己好像很超脱，但在事实上却很矜持。自己觉得是很热心的爱国志士，但又被人认为了‘汉奸’。在无可如何之中便只好得过且过，算好倒还没有落到自暴自弃的程度的，或者也怕是没有钱的关系。”① 郭沫若实际上具有了中国和日本的两栖身份，无论是哪一个民族和国家都会使郭沫若有一种在而不属于的感觉，因此这就注定了其对中国和日本都是一种爱恨交加的复杂情感，也注定了郭沫若对自我身份归属的焦虑。在其抛妻别子回到中国后，他感到的是一种隐隐的恐怖，离开了自己的妻儿，虽是故乡但也无异于异邦。虽然身在母国，但是由于其妻子和儿女的民族异质性，使他无法产生一种真正的归属感。而且除了漂泊的无归属感，对落后的母国也是一种既爱且恨的感觉。“船愈朝前进，水愈见浑浊，天空愈见昏朦起来。杨树浦一带的工厂中的作业声，煤烟，汽笛，起重机，香烟广告，接客先生，……中世纪的风景画，一转瞬间便改变成为未来派。假使那些工厂是中国人在主宰，那面未来派的画幅是中国人画出来的，再不然我自己不是生在中国的人，或许也未尝不可以陶醉一下摩登的风物。然而不幸的是我自己和那岸上活动着的和乞丐相差不远的苦力兄弟们是同属于黄帝子孙，神明之遗裔！那时候我还没有阶级意识，我只有民族意识。看见自己的同胞在异族的皮鞭之下呻吟着，除非是那些异族的走狗，谁也不能够再闭着眼睛做梦。美好的风景画被异族涂炭了！”② 但是虽然感觉到对民族颓败的不满，日本也非郭沫若心之所向。萨义德认为：“任何真正的流亡者都会证实，一旦离开自己的家园，不管最后落脚何方，都无法只是单纯地接受人生，只是成为新地方的另一个公民。”③ 在被迫去国离乡之前他反复诉说着自己的愁思，感到对祖国的不舍，妻儿的身份和子女语言的障碍使郭沫若只得选择流亡日本，然而这给他带来了巨大的精神隐痛，到日本对于安娜来说是回到故乡，然而对于郭沫若则是又一次流放。在《离

① 郭沫若：《沫若自传》（上），求真出版社2010年版，第222页。

② 同上书，第235页。

③ ［英］爱德华·W. 萨义德：《知识分子论》，单德兴译，生活·读书·新知三联书店2002年版，第55页。

沪之前》中郭沫若写道："定十一号走，心里涌出无限的烦恼。又要登上漂流的路，怎么也觉得不安。这一家六口真是够我拖缠。安娜很平淡，在她又不同，是回她自己的母国。她的平淡，反增加了我的反抗性的懊恼，脑子沉闷得难耐。"[①] 船票都已经买定了，决定明天走了，心里异常的不安。到日本去，安娜说可以得到自由，我是感觉着好像去进监狱。纵横好，在现在那还有自由的土地呢?[②] 郭沫若在中国和日本两个民族之间陷入了两难，他无法为自己界定一个合法的民族身份，无论是从现实还是从情感上他都是一种矛盾和碎片的状态，而在这种认同的危机中焦虑的产生也就成了一个必然。

## 第二节　现代中国作家传主身份预设与自传真实性

自传的真实性是自传研究中的一个基本问题，研究者往往以自传的真实与否作为评价自传优劣的重要准则，而作者通常也喜欢在自传中标榜其文的真实，如胡适在《〈南通张季直先生传记〉序》中就指出："传记的最重要条件是纪实传真。"[③] 谢冰莹也在《关于〈女兵自传〉》中强调自己的自传没有故意的夸张和雕饰，追求百分之百的忠实。但是尽管作家在其自传中信誓旦旦地标榜完全的真实，就人记忆的自然属性以及自传文类的特点来说，自传中的绝对真实是不存在的。莫洛亚曾经指出了自传"叙述不准确或产生谬误"的六个方面：遗忘、审美、自然潜意识的压抑、羞耻感、事实的理想化、不诚实。茨威格也指出："事实上，要求一个人在他的自我描述中绝对真实，就像是尘世间的绝对公正、自由和完善那样荒唐。"[④] 记忆本身已对传主的人生经历进行了第一次过滤：遗忘、淡化、加强、改写和有组织的编排。经过筛选的记忆是不可能完全复现另一个时空的真实。

抛开人遗忘的自然属性不说，单就自传文类的特点而言，要求自传的

① 郭沫若：《沫若自传》（下），求真出版社 2010 年版，第 545 页。

② 同上书，第 551 页。

③ 胡适：《胡适传记作品全编》（第 4 卷），耿云志、李国彤编，东方出版中心 1999 年版，第 203 页。

④ ［奥］斯蒂芬·茨威格：《自画像·引言》，袁克秀译，西苑出版社 1998 年版，第 9 页。

绝对真实也是不可能的。自传的作者“在写作之前就有对自己身份的认定，他就是依据这个身份来进行回忆，选择和使用传材，他会竭力把自己的形象同他的身份一致起来，他要说明自己身份的合理性和合法性，也要证明这一身份的表现和特征”①。事实在未经筛选之前，没有任何意义。身份正是作者筛选和编码事实的依据。因此自传不是一种自我再现，它是一种基于身份意识之上的自我重构。中国台湾学者朱崇仪指出：“自传如今被理解为一个过程，自传作者透过‘它’，替自我建构一个（或）数个‘身份’。所以自传主体并非经由经验所生产；换言之，必须利用前述自我呈现的过程，试图捕捉主体的复杂度，将主体性读入世界中。”② 所以从主观角度来讲自传所述是否真实取决于其是否有利于传主身份的建构。

## 一　传主身份预设与自传中的避讳

“所有的人，在他们作为人的能力范围内都有一个关于自我的独特概念，或者更准确地说一个‘自我身份’。”③ 自传的写作是起源于纪念自我的功能。因此自传写作者总是尽力维护传主自我身份的建构，使自我形象趋于美化，在自传中如何塑造自我取决于其对传主的身份预设，在自传中哪些事实会得到真实讲述，哪些需要避而不谈，哪些需要夸大其词，都与传主身份预设密不可分。不同的身份预设会决定自传事实的取舍。例如茅盾耄耋之年而作的回忆录《我走过的道路》，此时茅盾行将走至人生的终点，写作回忆录成为他暮年的精神寄托，按说此时的茅盾最有资格对其一生进行总结，而且也可以无所顾忌地向我们剖露一个真实的自我。而且其在《我走过的道路·序》中也一再表达自己“务求真实”的愿望。但就事实而言，茅盾在其回忆录中并没有和盘托出，如其所说的真诚，而是关键之处颇多避讳，这与茅盾写作回忆录时的身份预设不无关系。茅盾此时堪称文学泰斗，在文坛的地位仅次于鲁迅和郭沫若，位居第三，同时他还曾

① 杨正润：《现代传记学》，南京大学出版社 2009 年版，第 312 页。

② 朱崇仪：《女性自传：透过性别来重读/重塑文类?》，《中外文学（台湾）》1997 年第 4 期。

③ 梁庆标：《对话中的身份建构——君特·格拉斯〈剥洋葱〉的自传叙事》，《国外文学》2011 年第 1 期。

是共和国文化界领导人，因此文坛长者、文化名人的身份使他在叙述旧事时不得不“爱惜羽毛”，谨言慎行。其自传写作中的社会意识是非常强烈的，换句话说对自我身份的维护使得自传缺少了感情的真诚。茅盾在《我走过的道路》其避讳主要涉及两处：一为与秦德君的婚外恋情；二为1927年的脱党事件。而这两处恰是茅盾一生的隐痛。与秦德君的婚外恋情涉及自我的私德，茅盾身为文化名人，自不愿其私人生活为人诟病。而1927年的脱党事件关涉其政治品德，更是茅盾毕生之痛。因此这两个事件对作为文化名人的茅盾来说自然避讳颇多。但是避而不谈并不能掩饰历史事实的真实存在，这既使得茅盾自传自我的讲述颇多矛盾之处，也使得其与他人的讲述产生了抵触。

茅盾与秦德君的日本恋情可以说是一个公开的秘密，他在日本的小说《虹》的创作很大程度上得益于这段恋爱，但是茅盾在其八十万言的回忆录中却对这个在自己生命中起过重要作用的女人只字未提，当然这也造成了其回忆录的叙事间隙。如茅盾在写到自己由日本回到上海之后，没有住到自己的家里，却暂住在杨贤江的家中。茅盾写道：“一九三〇年四月五日，我回到上海，为了避人耳目，暂住法租界某路杨贤江家中。”“雪峰见我回来了，就表示要让出三楼，我说不必，暂时我还要住在杨贤江家里。”① 事实上避人耳目只是茅盾的托词，而对婚姻何去何从委决不下才是居留别人家里的真正原因，茅盾之所以暂居杨贤江家，正是与秦德君生活在一起。在《我与茅盾的一段情缘》中秦德君提到：“1930年4月初，我们回到了上海。先住了三天旅馆，后搬到早已回国的杨贤江家里。我们一起到景云里去看望了鲁迅，他让我俩都参加了‘左联’。”② 秦德君在其自传《火凤凰　秦德君和她的一个世纪》中也记载了这段经历：“1930年4月初，我们回到上海。先住了三天旅馆，后搬到杨贤江家里，住在他家的三层楼上。借来两张三屉旧条桌，两把木板桌子，一张摇摇晃晃的双人床。我和茅盾一起到景云里去看望鲁迅，他又帮助我和茅盾一起参加‘左联’。我们还看望了茅盾的母亲，茅盾的卢表叔，又到他的好友郑振

① 茅盾：《我走过的道路》（上），人民文学出版社1997年版，第434—435页。

② 秦德君口述：《我与茅盾的一段情缘》，刘淮整理，《百年潮》1997年第4期。

铎家里和商务印书馆的旧友欢聚。”[①] 另外在韦韬、陈小曼《我的父亲茅盾》中也提到：“父亲回上海后，暂住在杨贤江家，不久就与秦女士分手搬回了家中。”[②] 显然，茅盾在初回国时与秦德君同居的一段经历是不争的事实。

茅盾在回忆录《亡命生活》一章提到自己去日本的经历仿佛是独行，而秦德君则在其回忆录第三部《樱花盛开又悄悄落下》中详细记述了与茅盾同船到日本的经历以及两人在日本共同的生活。在关于其在日本创作长篇小说《虹》的记述中，两人也颇多矛盾之处。茅盾的小说《虹》描写到长江三峡的险境，而茅盾本人当时并未到过四川。在《我走过的道路》中茅盾指出自己描绘的三峡之险是得益于陈启修的讲述。而关于梅女士的原型来历茅盾也并无多述，只提到：“至于梅女士，我是从当时中央军事政治学校武汉分校女生队中一个胡姓的，取为部分的模型；此女士名中有一个兰字，此即梅女士之所以成为姓梅。”[③] 而在秦德君的《火凤凰　秦德君和她的一个世纪》中则指出《虹》的创作是缘于她的讲述，不但胡兰畦的故事、重庆的风貌是她讲给茅盾的，而且她还帮助茅盾抄稿并将人物语言改成四川话。显然，茅盾《我走过的道路》和秦德君《火凤凰　秦德君和她的一个世纪》在事实的书写上有着严重的出入和矛盾，这自然是缘于二人写作的身份的不同，茅盾出于对自我名誉的维护，他是要竭力避讳这段婚外之情的，而秦德君的回忆录正是针对茅盾的避讳要还自己一个公道。如果说这些细节的真实与否现在很难做论断，那么茅盾与秦德君的确有一段非同寻常的感情则是不容忽视的事实，他者的自传记述也可成为其互文性的旁证。在《胡风回忆录》中就多次提及了这段经历，《胡风回忆录》开始便指出自己在去东京的船上遇到了秦德君。而秦德君此时与茅盾已在京都同居。这次回国是为茅盾讨要版税。而船到长崎时，茅盾则从京都赶来接秦德君。在《在上海》一章中胡风指出：“后来，他（茅盾）又寄了

① 秦德君、刘淮：《火凤凰　秦德君和她的一个世纪》，中央编译出版社 1999 年版，第 75—76 页。

② 韦韬、陈小曼：《我的父亲茅盾》，辽宁人民出版社 2004 年版，第 190 页。

③ 茅盾：《我走过的道路》（上），人民文学出版社 1997 年版，第 424 页。

他的中篇小说《虹》来。我去东京前在上海遇见穆济波时，他告诉我，这小说是根据胡兰畦的经历写的。那当然是秦德君告诉他的（胡和秦同是四川人，老朋友）。……他和秦德君回上海后不久就决裂了，茅盾曾在信里说她是'暴君'。记不得是他还是她，寄来了他们分手时照的合影（这照片现在还在）。"[①] 胡风此处的记述显然验证了秦德君的说法，而照片则形成了事实的"物证"。另外胡风在《在东江，在桂林》则记述了自己与茅盾夫人孔德沚的玩笑，顺便解释自己为秦德君给茅盾转信的事，并安慰孔德沚："现在好了，你胜利了，你是真正的茅盾夫人。"[②] 暗示茅盾已离开秦德君回归家庭。从胡风的旁证可以看出茅盾与秦德君的恋情却是真实的存在，作为茅盾的子女，在《我的父亲茅盾》中韦韬和陈小曼也提到了茅盾这段婚外"不愉快的小插曲"。章克标曾说："茅盾在其回想录上，没有片言只语提及秦德君，不提及就是他表明的态度吧。想提起而不能提起乎？不想提及乎？不明白。善意地说起来，也许茅盾是除此以外把什么都倾泻，底细全倒了出来，而只把这件是他一生中顶顶充满快乐充满悲哀的事，不对任何人吐露，只愿意把深深的秘密埋藏在胸中。这个也正是他作品的特征，横溢着要抓住概括社会形象的散文精神，不过无论怎样把作品深入地读下去，读下去，却总不能追迹到他自己的自我的真姿实象。找不到真姿实象是他的作品共有的特征。"[③] 沈卫威在《死亡启示录——鲁迅、胡适、茅盾的相关死因阐释》中曾提到1945年，茅盾与秦德君在重庆相遇，此事触动了茅盾的情愫。并因此写了《偶闻》一诗，后改为《无题》，以寄情怀。并猜测茅盾在修改《虹》时昏厥亦与这段情缘有关。那么对这段至死难忘的感情茅盾为何要在自传中加以回避，这与其写作时的身份有着巨大的关系。茅盾在写作这部自传时已属暮年，可谓历尽沧桑，同时他在文坛和文化界都享有很高的声誉，因此其自传的写作难免带有为自己树碑立传之目的，因此凡是有损自己名誉和私德的历史都在其避讳之列。列夫·舍斯托夫认为："迄今没有任何一个人能直截

① 胡风：《胡风回忆录》，人民文学出版社1997年版，第20—21页。
② 同上书，第262页。
③ 章克标：《文苑草木》，上海书店1996年版，第200—201页。

了当地讲述自己的真话、甚至部分真话，对于奥古斯丁主教的《忏悔录》、卢梭的《忏悔录》、穆勒的《自传》、尼采的《日记》，都可以这样说。在这任何一本著作中都发现不了自己的最重要的隐私。”“我们大家都完全地属于社会，完全地为社会而活着，因为我们习惯于不仅说的而且想的都只能是社会要求的东西。如实地写自己的传记或诚实自白，也就是讲述自己的不是社会所希望的和所需要的东西，而是你实际所具有的东西，就是说，自愿地使自己——生前或死后，这差不多是一样的——声名狼藉。社会并不宽恕对其法则的违反，社会法庭是铁面心肠，毫不顾惜什么。我们大家都懂得这一点，甚至我们中间胆量最大的人也得适应社会的需要。”① 因此作者是否会讲出事实则取决于社会的需要和自我身份的预设和维护。同样是涉及婚恋和性爱，胡适、茅盾都对此讳莫如深，那是因为他们本身已将自己定位为名人，自然婚外恋的讲述不仅涉及道德羞耻，同时也极大地损伤了自己的社会身份，而郁达夫、张资平等人则不同。因为他们对自己的定位即为当时社会的叛逆者，因此对于自我的性爱描写反而可以突出自我的反抗性。郁达夫在自传《雪夜》一节毫无保留地暴露了自己嫖妓的经历，郭沫若也在自传《我的童年》中描写了自己的性觉醒和对嫂子的恋慕，这些通常看来有违习俗经历的描写，则恰恰反衬了其反抗旧礼俗的决心，加强了其反抗者的身份书写。因此传主身份的自我预设直接决定了自传中书写和避讳的内容。

## 二　传主身份预设与自传中的夸饰

刘勰在《文心雕龙·夸饰篇》中曾指出：“夸而有节，饰而不诬，亦可谓之懿也。”② 但是夸饰在自传中则通常意味着贬义的夸而无节，自我粉饰的溢美之词。华莱士·马丁指出：“自传作者们与其他人一样容易出错。他们经常从最好的角度描写自己。”③ 茨威格也提到：“每种真诚的自传都

① ［俄］列夫·舍斯托夫：《在约伯的天平上》，董友等译，生活·读书·新知三联书店1989年版，第110页。

② （南朝）刘勰：《文心雕龙》，戚良德注说，河南大学出版社2008年版，第274页。

③ ［美］华莱士·马丁：《当代叙事学》，伍晓明译，北京大学出版社1990年版，第82页。

要求一个前提，必须始终留神虚荣的侵入，而不是一种纯粹的漫不经心的叙述，要顽强地抵抗自身尘世天性不可阻挡的趋势”[①] 茨威格所指的“尘世天性”即人本性中渴求别人的认同和夸赞的心理需求。富兰克林也在其自传中指出自传的写作可以极大地满足传者的虚荣心，自我吹嘘在所难免。除了作者自负的因素，自传中的溢美夸饰与作者对传主的身份预设密切相关，作者“总是有意无意地把对自己的叙述尽量符合自我的身份认定和道德评价，把叙述纳入自己的价值体系和思维模式”[②]。凡是有利于传主身份建构的事实，作者总会将其夸张放大，以美化自我形象的塑造。如余秋雨在其自传《借我一生》和《我等不到了》对其文化大师、知识分子良心多重身份预设和自我拔高，就直接决定了其自我宣扬、表白夸饰之词在其自传中随处可见。在提到自己的学术成就时，余秋雨极力夸赞自己的“才华横溢”，他写道：“我作为最年轻的获奖者，代表全体活着和死了的获奖者致答谢词。因为提到了在艰难岁月中仍然坚持学术而终于亡故的那一代老人，我一度有点讲不下去。大会主持者杜高先生在引出我来致词的时候，称我为‘我国杰出的戏剧理论家’，我听了心中咯噔。因为虽然今天互相之间称这个家、那个家的比比皆是，但在当时，中国刚刚结束对‘成名成家道路’的连续几十年的批判，说谁是‘理论家’，还十分稀罕。”[③] 余秋雨在此一方面强调了自己是“最年轻的获奖者”的优越性，另一方面又借杜高先生之口将自我捧上了“我国杰出的戏剧理论家”的宝座，更以当时“理论家”的稀罕，抬高了自己身份的含金量。而在接待加拿大戏剧专家时，余秋雨则既表达了自己的自负，同时也隐含了自己未受到足够重视的微词，并稍带讥讽了不识“千里马”的学院领导。他指出学院领导文化程度不高，并且不知他已是“我国杰出的戏剧理论家”，通知他接待外宾，仅为了对专业概念能进行更准确的翻译。接着余秋雨又借加拿大戏剧学家之口进行了自我赞扬：“这位戏剧学家突然站住了：‘什么？你就是余先生？’他用最夸张的语言说：‘你的那部著作，贯通古今中外，

① ［奥］斯蒂芬·茨威格：《引言·自画像》，袁克秀译，西苑出版社 1998 年版，第 7 页。
② 杨正润：《现代传记学》，南京大学出版社 2009 年版，第 294 页。
③ 余秋雨：《借我一生》，作家出版社 2004 年版，第 314 页。

为了找你，我走了大半个地球！’然后他转身用英语对陆谷孙教授说，‘他居然还那么年轻，太让我吃惊了！’”[①] 余秋雨为了避免自我溢美之嫌，以院领导对他的忽视和加拿大戏剧学家对他的赞扬作比，夸赞了自我的年轻和知名度。为了进一步证明自己的著作影响深远，余秋雨又举两例：一是“这本书出版的十六年后，二〇〇二年十月一日北京的长假，中国现代文学馆希望我能在长假期的第一天为市民演讲。但由于通知匆忙，我无法准备，临时凭记忆讲了《艺术创造工程》第二章第五节中的有关内容，讲题为‘艺术创造中的未知结构’。这个讲演在中央电视台的‘百家讲坛’栏目播出，后来根据观众要求而重播的次数，破了这个栏目的记录”[②]。二是“很多艺术实践家也接受了它。据说，表演艺术家冯宪珍有一次在火车上与对面的男子随意闲聊，话题终于集中到我的这部学术著作，一直延续到火车的目的地。结果是，他们成了夫妻，新房里显目地放着这本书。我对此不太相信，后来见到了冯宪珍，才知道并非误传”[③]。能够进入“百家讲坛”的学者都为名人大家，而余秋雨未做准备的讲演竟然突破了“百家讲坛”的收视纪录，足见余秋雨“影响深远”。其在自我夸饰的同时无疑也贬斥了他人。而一本书竟成为艺术家冯宪珍的月老红娘，其对自我著作的谬赞之情溢于言表。

尽管余秋雨一再表白自己更倾心于布衣身份，但是却对自己在上海戏剧学院的院长生涯念念不忘，每提至此，踌躇满志，得意夸饰之词难以抑制。在《借我一生》中余秋雨用三次民意测验，四个月的坚决推辞证明了自己无意于官场，颇有自我牺牲拯救黎民苍生的君子之风。他借用自己与胡志宏的对话进行了自我的夸赞：“‘不要在乎上面’，胡志宏先生说，‘你不为苍天为黎民。’这话就很能打动我。他知道我历来不在乎官场伦理，却会重视民意测验加给我的责任。‘我不入地狱谁入地狱！’胡志宏先生又一锤打中了我，他知道我心中本有这种牺牲自己的豪气。这种豪气正可用来抹去一切艰辛，让你不好意思再说一个苦字。”[④] 接着余秋雨又通过贬损

① 余秋雨：《借我一生》，作家出版社2004年版，第316页。

② 同上书，第331页。

③ 同上书，第332页。

④ 同上书，第342页。

他人来肯定自己的威望，认为现在很多单位被选拔的官员都会成为众矢之的，会被检举告发，而自己坚辞四个月，却没有出现一个否定意见和替代的名字。惠小砚说："这年月，一个人让那么多人放心不容易。"[①] 余秋雨类似的虚饰夸赞可谓比比皆是，他或通过直截了当的自我赞扬，或假借别人之口的夸赞，或通过贬损他人抬高自己，极尽能事地标榜自我，维护自我文化大师的身份预设。

夸饰是很多自传的通病，对于有利于自己身份建构的事实，作者总愿意详尽地叙述甚至是炫耀和矫饰，但是夸饰原本是要验证传主的身份预设，就事实而言，过分的自我表白和美饰非但不能强化自我身份的建构，反而会使阅读者产生一种阅读的反感和抵触心理，并使读者对这种自我身份的确认产生怀疑。

### 三　传主身份预设与自我辩解

肖复兴在《触摸往事》中曾经写道："写自己是一桩危险的事，很容易美化或幻化，走形或变形；也很容易在关键部位欲言又止，或闪烁其辞，或只计一点，不计其余。心理学家早就说过：'无论什么样的自传，都不会不包含着自我辩护。'"[②] 作者为了利于自我身份的建构，会对部分涉及自我私德的事实避而不谈，但是还有一部分事实虽不利于作者身份建构，但是这部分事实往往与一些历史事件关系紧密或已产生一定的社会影响，对于这些即成的历史事实，作者往往很难采取完全避讳的态度，在此情形之下，作者则往往采取一种自我辩解的态度。川合康三认为自我辩明是中国自传与西欧自传的一大区别，他在《中国的自传文学》中指出："这种深恐今生不辩、后世难明的执着信念和强烈愿望，无疑是王充给《论衡》附加长篇《自纪》的主要的理由。而较之自我审视、更注重自我辩明的传统，不仅是王充，在以后的中国自传文学中也延绵不绝，成为与西欧近代自传迥异的一大特色。"[③] 虽然川合康三论述的是中国古代自传，

① 余秋雨：《借我一生》，作家出版社2004年版，第344页。

② 肖复兴：《自序·触摸往事》，吉林人民出版社1998年版，第1页。

③ ［日］川合康三：《中国的自传文学》，蔡毅译，中央编译出版社1999年版，第29页。

但是在现代中国自传中自我辩解仍然是作者难以逾越的鸿沟。如茅盾1927年的脱党事件，是茅盾毕生的隐痛，1927年大革命失败后，茅盾成为通缉的对象。茅盾原是要到南昌，但是当时南昌的火车不通了，于是他决定先到牯岭，再翻山下去就到南昌。在《我走过的道路》中茅盾指出自己没有到南昌的另一个原因则是突然腹泻，耽搁下来。对茅盾在《我走过的道路》中所提到的两个辩解的理由，余连祥在《逃墨馆主——茅盾传》中都作出了考证和驳斥。首先，余连祥在查阅了有关南昌起义的资料后，发现资料中“都没有提到董必武到九江参与了南昌起义前的组织工作”[①]。因此，茅盾所述的“董老看见是我，就说：‘你的目的地是南昌，但今天早晨听说去南昌火车不通了，铁路中间有一段被切断了。你现在先去买火车票，万一南昌去不了，你就回上海。我们也即将转移，你不必再来’”[②]。就只能存疑了。其次，茅盾在《我走过的道路》中提到不去南昌是因为火车不通，据茅盾回忆录所记，茅盾7月23日接到党的命令，当天乘日本轮船“襄阳丸”起程，第二天（7月24日）清早到了九江。据茅盾在自传中所述，他是到达九江后立即找到董必武，在接到董必武的指示后立即到火车站买票，发现去南昌的客车已不卖票，走出车站，被告知可以先到牯岭，从牯岭翻山下去再到南昌。茅盾并指出恽代英昨天（7月23日）从牯岭翻山下去了。在自传中茅盾并未明确写出恽代英何时离开九江到达南昌。据余连祥《逃墨馆主——茅盾传》的考证和笔者对“八一南昌起义”相关资料的查证，恽代英应该是7月29日夜离开九江，起程到南昌。而在茅盾自传中给人的错觉是7月23日恽代英即从牯岭去了南昌。那么从7月24日到29日这段时间中，茅盾仍有机会去南昌，因此余连祥指出“茅盾所说的第一个因素（不通车）并不是不可抗拒的”[③]。再次，茅盾指出了不能去南昌的另一个原因是突然腹泻，但是在茅盾二三十年代对这段经历的记述中却并未提到腹泻一事。在《几句旧话》和《从牯岭到东京》中只是提到了自己的神经衰弱和失眠。我们不能说茅盾彼时没有患过腹泻，但是不能

① 余连祥：《逃墨馆主——茅盾传》，浙江人民出版社2006年版，第104页。
② 茅盾：《我走过的道路》（上），人民文学出版社1997年版，第377页。
③ 余连祥：《逃墨馆主——茅盾传》，浙江人民出版社2006年版，第107页。

否认其列出的此项原因有一定的辩解成分。依据茅盾在《我走过的道路》中的记述，他腹泻好后仍是要到南昌的，只是因为从范志超口中听说8月1日南昌发生了暴动，而且汪精卫、于右任、张发奎、黄琪翔等人到山上开会，所以范志超劝茅盾不要出门走动。之后茅盾便与范志超一路回到上海。然而茅盾为何选择了与范志超一起回到上海，其间到底茅盾想了些什么，在《我走过的道路》中却语焉不详。茅盾进而为自己辩解道："我对于大革命失败后的形势感到迷惘，我需要时间思考、观察和分析。自从离开家庭进入社会以来，我逐渐养成了这样一种习惯，遇事好寻根究底，好独立思考，不愿意随声附和。这种习惯，其实在我那一辈人中间也是很平常的，它的好处，大家都明白，我也不多讲了；但是这个习惯在我的身上也有副作用，这就是当形势突变时，我往往停下来思考，而不像有些人那样紧紧跟上。一九二七年大革命的失败，使我痛心，也使我悲观，它迫使我停下来思索：革命究竟往何处去？共产主义的理论我深信不疑，苏联的榜样也无可非议，但是中国革命的道路该怎样走？在以前我自以为已经清楚了，然而，在一九二七年的夏季，我发现自己并没有弄清楚！在大革命中我看到了敌人的种种表演——从伪装极左面貌到对革命人民的血腥屠杀，也看到了自己阵营内的形形色色——右的从动摇、妥协到逃跑，左的从幼稚、狂热到盲动。在革命的核心我看到和听到的是无止休的争论，以及国际代表的权威，——我既钦佩他们对马列主义理论的熟悉，一开口就滔滔不绝，也怀疑他们对中国这样复杂的社会真能了如指掌。我震惊于声势浩大的两湖农民运动竟如此轻易地被白色恐怖所摧毁，也为南昌暴动的迅速失败而失望。在经历了如此激荡的生活之后，我需要停下来独自思考一番。曾有人把革命成功前的纷扰起伏，比之为产妇分娩前的阵痛。一个婴儿的诞生，尚且要经过几次阵痛，何况一个新社会？大革命是失败了，阵痛仍在继续。不过，当时乘革命高潮而起的弄潮儿，虽知低潮是暂时的，但对中国革命的正确道路，仍在摸索之中。我以为我这看法，是有普遍性的。"① 茅盾在1927年8月曾作了一首诗《留别云妹》，其中充满了难

① 茅盾：《我走过的道路》（上），人民文学出版社1981年版，第382—383页。

依难舍的依恋和欲说还休的悲哀。其时茅盾的心情可见一斑。茅盾在回到上海隐居期间，开始了其《蚀》三部曲的写作，在《从牯岭到东京》中茅盾写道："我是真实地去生活，经验了动乱中国的最复杂的人生的一幕，终于感得了幻灭的悲哀，人生的矛盾，在消沉的心情下，孤寂的生活中，而尚受生活执着的支配，想要以我的生命力的余烬从别方面在这迷乱灰色的人生内发一星微光，于是我就开始创作了。"① 《蚀》三部曲最初发表在《小说月报》上署名矛盾，后叶圣陶将其改为茅盾，由此笔名茅盾此时的心情不难想见。也许客观的"火车不通"和"身体的病痛"只是一个托词，茅盾内心的矛盾才是其回避南昌回到上海的真正原因。在《我走过的道路》茅盾始终不承认自己的脱党，在如何舍弃南昌回到上海之间也留下了大量的叙述空白。正如李洁非在《典型文案·寂寞茅盾》中所说："他不能面对的，是那样一个字眼：脱党。在所有的叙述中，我们没有在一处地方见到他使用过这个字眼。他努力回避它，而且似乎是在运用语言的组织把事情说成类似失去联系那样的意思。可是他无意中提到一件事，显示潜回上海后，他仍然能够跟党联系上，这就是那张'失掉的支票'，茅盾说自己'当时报告党组织'，而党组织则向银行'挂了失'。"② 脱党之后，茅盾曾于1931年和1940年两次请求恢复党籍，均未如愿，而其临终再次表达了这个愿望："亲爱的同志们，我自知病将不起，在这最后的时刻，我的心向着你们，为了共产主义的理想我追求和奋斗了一生，我请求中央在我死后，以党员的标准严格审查我一生的所作所为，功过是非，如蒙追认为光荣的共产党员，这将是我一生最大的荣耀。"③ 可见茅盾毕生对此事都无法释怀，而对于这个无法完全避而不谈的事实，茅盾也只能采取辩解的态度，以维护其自我身份的建构。

海登·怀特认为："没有任何随意记录下来的历史事件本身可以形成一个故事，对于历史学家来说，历史事件只是故事的因素。"④ 自传亦然，

① 茅盾：《严霜下的梦——茅盾散文》，傅光明选编，浙江文艺出版社2007年版，第252页。
② 李洁非：《典型文案》，人民文学出版社2010年版，第20页。
③ 《忆茅公》，文化艺术出版社1982年版，第5—6页。
④ 张京媛主编：《新历史主义与文学批评》，北京大学出版社1993年版，第178页。

“事实”是否进入文本和怎样进入文本都要取决于传主身份的预设。身份视角可以帮助我们深入传主复杂的内心世界，它是一条有效剖析自传真实性的新路径。

## 第三节　现代中国作家传主身份预设与读者阅读期待

“在文学阅读之先及阅读过程中，作为接受主体的读者，基于个人与社会的复杂原因，心理上往往会有即成的思维指向与观念结构。读者这种据以阅读文本的既定心理图式，叫作阅读经验期待视野，简称期待视野。”[①] 期待视野既存在于纪虚的文学文本之中，也存在于纪实的自传类文本之中。具体到自传文类而言，读者的文体阅读期待主要是一种对真实性的渴求和对传主形象塑造的预期。同样的细节刻画如果存在于小说中可能无须细究，但是存在于传记类作品中则往往会引起读者探究虚实的兴趣，在此意义上来说，有时自传阅读中的读者和作者是处于一种对立的地位的，作者出于建构身份的需要，扮演了“劝说者”的角色，努力劝说读者信任自己的讲述，认可自我形象的塑造。而读者则扮演了“质疑者”的角色，他们会以自我既有的认识来评判传主的形象建构，而作者的避讳美饰之处往往构成读者的阅读兴奋点。这是因为读者是一个自觉能动的主体，他是一个历史的存在，他的情感、知识、思维能力、世界观等会构成一定的“前见”，而此前见又会影响他对文本的理解。在自传中传主基于身份建构的讲述与读者的阅读期待大致有两种关系：一是传主所述与读者阅读期待存在分歧，此时往往是作者出于自我身份建构的需要，对不利于自己的史实有所避讳，或利于自己的史实有所夸大，而读者并非一无所知者，他们既有的认识和进一步的探究会与作者的讲述产生矛盾，此时读者会产生一种期待落空后的失望感，并进而失去对作者的信任，而自传本身就是一种建立在信任基础上的文体，这种不信任感会进而产生阅读的不满足感，摧毁读者和作者之间的诚信契约；二是传主所述契合或超越了读者的

① 童庆炳编：《文学理论教程》，高等教育出版社 2008 年版，第 324 页。

阅读期待，当传主所述契合了读者的阅读期待也即传主所述与读者的“前见”基本吻合，此时诚信契约得到维护，读者会大致认可这类自传；当传主所述超越了读者的阅读期待，也即传主在自传中所述的事实超出了读者的“前见”或者作者的忏悔反思超越了读者所能达到和想象的水平，此时读者即会对此类自传感到震撼和叹服，继而缩短了读者和传主之间的距离，强化了二者的诚信契约。由此可以看出，自传好坏的判断标准，并非在于现实的善恶，而是作者在其自传中的坦率程度，有时作者越是暴露自己曾经恶的一面，越会得到读者的认可，就像卢梭在《忏悔录》中所做的一样，而一味地隐恶扬善反而会造成阅读的不满足感。

## 一 传主所述<阅读期待

传者，传也。自传的起源即是纪念自我、为自我树碑立传，虽然近代的自传倾向于在文中表达自我的忏悔，但是最终还是表达今是昨非，达到宣扬当下之我的目的。一个不喜欢自己的人是不会起意为自我立传的。而立传的根本目的是要将自己欲让别人认可的身份和形象展示给读者。但是作为自传的读者，一般是对此传主已有所了解，如果对一个我们一无所知的人，我们是很难产生阅读兴趣的。而对读者熟知的传主，读者当然潜意识中希望作者能将自我的一切和盘托出，尤其是传主生平中产生争议的史实，更是读者阅读的兴趣所在。与其说读者的阅读是一种获得，不如说是一种求证。读者以他们既有的认识来验证作者所述是否属实。如果作者能够坦承自己的过错和隐私，并发出真诚的忏悔，其忏悔的程度直接关系到读者的同情度和认可度。换句话说自传是关涉情感和忏悔的文体。一部只是事件堆砌而毫无情感和忏悔介入的自传是很难得到读者认可的。而有意掩饰自我的过错欲将自我完美化的企图，往往会引起读者的阅读反感和追根究底的兴趣，尤其是对一些有争议的传主更是如此。

我们在读一部自传时主要的阅读兴奋点即是传主生平中的特殊身份或特殊经历。例如余秋雨的《借我一生》和《我等不到了》，虽然其自称是“记忆文学”，事实上也可看作是他的两部自传，在这两部自传中余秋雨对自己预设的身份是文化大师、知识分子的楷模和良心，历史的拷问者，道德完美主义者，这种种身份的预设使他注定在自传中极力使自己的形象完美化，对于有损其完美形象塑造的人事，极力将其丑角化，妖魔化，表现出强烈的排他性，而对于有利于其身份建构的人事则极尽夸饰。余秋雨在“文化大革命”中的经历曾经一度闹得沸沸扬扬，余秋雨写作《借我一生》和《我等不到了》一个重要的目的就是要为自己此段历史进行辩白，而读者阅读余秋雨自传时这段历史自然也会成为主要的关注点。最早涉及余秋雨此段历史的是何满子先生的《笔名谈屑》，在这篇文章中虽然以“石一歌”的“骁将”，“大谈美学”的“权威”指涉了余秋雨，但是并未明确指出他的名字，之后李国文在其《犹大之悔》中再次影射了余秋雨的这段历史，他指出：“君不见那些在文革中的大小笔杆，不是进写作班子，就是进野台班子，在那里摇尾乞怜，讨好卖弄者，二十年过去了，有谁站出来承认自己错过？NO！有谁哪怕表露一丝悔意？也是NO！而现如今，一个个在文坛，在学界，在文化圈子里，作学者状，作泰斗状，作指点迷津状，在镜头前作搔首弄姿状，就是没有一个敢回头去，审视一下那段‘不幸’成为小人的路。”[①] 沙叶新的《“书生”及“梁效”评议》虽也未点其名，但他在思考为何缺乏对梁效这类写作班子的个案研究时提到，“有些当事者在落水后或者悲观厌世，皈依佛门，不愿重提红尘往事；或者忙于云游，著书讲学，无暇打开历史黑箱”[②]。这就很容易让人联想到余秋雨。第一次明确点名提到余秋雨不愿正视历史的是谢泳的《正视自己的过去》，指出：“今年第三期《中华散文》上有余秋雨先生一篇散文《长者》，是写王元化先生的。其中有一个细节涉及余先生在文革中的经历。我不敢说余先生说的不是事实，但余先生的思路好像是不愿正视过去。前两年有许多人批评余先生，那种批评方式我不赞成，但那些批评之所以发生，我以为这和余先生不敢正视过去的态度有关。如果余先生能像邵燕祥先生一样，敢于说出自己在过去的岁月里那些经历，人们也就不苛求余先生了，可惜余先生没有这个勇气。”[③] 余开伟《余秋雨是否应该反思》和张育仁《灵

① 李国文：《江上数峰青》，作家出版社2006年版，第92页。
② 沙叶新：《“书生”及“梁效”评议》，《南方周末》1999年1月9日。
③ 愚士选编：《余秋雨现象批判》，湖南人民出版社1999年版，第198—199页。

魂拷问链条上的一个重要缺环》也对余秋雨在“文化大革命”的经历提出了质疑。但直到此时，质疑只是在小范围进行，余秋雨也并未对此作出明确回应，余杰的《余秋雨你为何不忏悔?》则将质疑的声音迅速尖锐化和扩大化，虽然其将余秋雨称作“文革余孽”有失偏颇，但是这种尖锐的质疑则逼迫余秋雨必须作出回应。余秋雨在《余秋雨的一封公开信——答余杰先生》中第一次正面回应自己与石一歌的关系，对余杰的批判做出了反驳。余秋雨的反驳引起了早年同为“石一歌”成员的孙光萱的不满，撰文《正视历史轻装前进》，以见证人的身份对余秋雨对待历史的态度提出了异议。之后争论进一步扩大，《南方周末》、《文学报》、《今日名流》、《新京报》、《深圳周刊》、《文论报》、《新民周刊》、《中国青年报》等众多媒体报刊纷纷转发争论性文章，争论双方各执一词，但总体来看贬多褒少，其中尤以余秋雨和古远清对簿公堂引人注目，“文化大革命”旧事仍然成为诉讼的关注点，之后，古远清编成一书为《庭外审判余秋雨》。之所以赘述这场争论，目的是指出在《借我一生》出版之前，关于余秋雨“文化大革命”经历的争论文章已经颇见规模，因此读者在阅读《借我一生》时是不可能对此毫无所知，一无“前见”的。读者阅读余秋雨的《借我一生》与其说是一种求知，不如说是一种求证。余秋雨曾经说：“有时候，想起来文革的痛苦，我都有号啕大哭的感觉，他们现在说这些话的人是无法想象当时我受了多少苦，有些年轻人认为我不大谈‘文革’，是因为不敢谈，而我倒是因为受苦实在太多，怕在反思中掺入太多个人的情绪，所以我计划稍稍等几年，再沉淀一阵，好好写一本回忆录。”① 2004 年，余秋雨自传《借我一生》的问世，使得几年来行将结束的争论再起风波。余秋雨在《借我一生》中用了 10 万字的篇幅讲述“文化大革命”经历，但是其中穿插了大量的爸爸、叔叔的故事以及他人的逸闻趣事，就其个人经历的描述，其披露的事实和表达的观点与之前论争中的表述并无二致，在《借我一生》中余秋雨的自我形象预设是冷然、傲然的抗争者和审视者，关于备受争议的余秋雨与石一歌的关系，他指出自己只是参加了一个鲁迅教材的

① 杨瑞春：《余秋雨郑重声明——我不是“文革”余孽》，《文学报》2000 年 11 月 27 日。

编写组，在这个教材编写组只是写了鲁迅在广州这一段半故事性的文字。而关于《朝霞》事件，按照余秋雨的讲述则是被人利用，是在《朝霞》受到“工总司”的威胁时，朱、王为尽快脱钩，而找了一个写作组之外的年轻人（余秋雨）。余秋雨说：“我遇到的，恰恰是工总司拿着尚方宝剑刺在它喉口的那几个最可怜的月份，它却很不仁义地把我的躯体塞在剑刃边上。当箭头稍稍松开，我就走了。”[①] 此处的深意是要表明自己并非写作组的成员，进入《朝霞》乃是受人利用，而且尽管如此，他在《朝霞》的时间，恰恰充当了“工总司”的对抗者。《朝霞》事件之后，余秋雨则因病过起了隐居生活。余秋雨的这段讲述显然是要维护“文化大革命”对抗者，知识分子良心的身份预设，但是余秋雨在“文化大革命”经历讲述中的或遮遮掩掩或语焉不详，则无法满足读者的阅读期待，并引起了读者进一步探究这段历史的需要。《南方周末》张英采写的《余秋雨片断：1963—1980》和《〈借我一生〉的两种记忆》对余秋雨的“文化大革命”经历做了比较详尽的调查和采访。余秋雨所谓的鲁迅的教材编写组，实为“《鲁迅传》写作小组”。在行政上，“《鲁迅传》写作小组”直接受“写作组”文艺组领导。《借我一生》对自己离开“《鲁迅传》写作小组”后的经历所述不详，在《我等不到了》中余秋雨也只含混地指出自己离开教材编写组后回到了市区。在《余秋雨片断：1963—1980》中指出：“1973 年 5 月 14 日，余秋雨调到了位于康平路 141 号的写作组文艺组。”“据原写作组的徐缉熙说，‘余秋雨是写作组惟一从下面正式上调，成为文艺组成员的。’”[②] 据《余秋雨“文革”年谱》和《余秋雨片断：1963—1980》的考证，余秋雨也并非只写过鲁迅在广州这一篇“浅薄的文字”而是撰写过多篇批判性文章，如署名“秋雨”发表在《学习与批判》1973 年第 3 期的《尊孔与卖国之间——从鲁迅对胡适的一场斗争谈起》；《胡适传（五四前后）》，以余秋雨名字发表在《学习与批判》1974 年第 1 期；余秋雨署名任犊的《贾府里的孔圣人——贾政》载《学习与批判》1974 年第 4 期；《读〈朝霞〉一年》在《学习与批判》1975 年第 1 期上发表；1975 年 3 月余秋雨

① 余秋雨：《借我一生》，作家出版社 2004 年版，第 255 页。

② 张英：《余秋雨片断：1963—1980》，《南方周末》2004 年 7 月 29 日。

以“任犊”笔名在《朝霞》上发表《走出“彼得堡”》;《读一篇新发现的鲁迅佚文》发表在《学习与批判》1976年第8期上;1975年10月余秋雨在《学习与批判》上发表《评胡适的〈水浒〉考证》。从以上提供的文章可以看出余秋雨并非如自己所说在“文化大革命”时期从未写过大批判的文章。另外在《借我一生》与《我等不到了》两部自传的叙述也时有龃龉,如关于《朝霞》事件,在《借我一生》中将自己描述成了不知情的“受愚弄者”,而在《我等不到了》中则成了“早想会会他们(工总司)”主动反抗工总司的“勇者”。事实上,余秋雨与《朝霞》的关系并非如此简单,《余秋雨片断:1963—1980》中指出:“据徐缉熙、高义龙证实,1974年年底,余秋雨写作署名任犊的《读〈朝霞〉一年》在《学习与批判》1975年第1期上发表。几年后的《清查报告》写道:‘此文结构开阖自如,行文流畅漂亮,在艺术性上堪称一流,但它的客观影响很坏,此篇长文把《朝霞》的政治观点、编辑方针、选题思想、主要毒草作品,以及所谓的筹稿和培训作者的方法等作了全面、系统的吹捧。这篇黑文还在香港刊物上转载,流毒海外。’”① 余秋雨“文化大革命”经历争论历时数年,虽然余秋雨时有反驳,并与古远清诉诸公堂,但是其“文化大革命”经历可以说越辩越乱,变得扑朔迷离,读者期待他能在其自传中有一个明确的阐释和回复。事实上,余秋雨在“文化大革命”中并非大奸大恶,但是他在自传中对其“文化大革命”经历的有意掩饰和回避则使读者的阅读期待落空,并产生了进一步求证的兴趣,读者最终关注的已不仅是其在“文化大革命”中做了什么,而是其对待“文化大革命”经历的态度,而余秋雨为了维护其文化大师、知识分子良心的身份预设,则不得不割裂“文化大革命”经历的叙述,使其变得虚虚实实、扑朔迷离,而其在两部自传中叙述的龃龉也就不难理解了。

## 二 传主所述≥读者阅读期待

如前所述,自传是一种基于身份建构的文体,无论是主观还是客观的制约,都决定了自传不可能达到绝对的真实,但是自传又不同于小说等纪

① 张英:《余秋雨片断:1963—1980》,《南方周末》2004年7月29日。

虚性文类，真实性是自传很难绕开的话题，读者在阅读自传时除了与小说等纪虚性文类同样获得求知和审美的愉悦之外，真实性仍然是判断自传优劣的一个重要准则。当作者所述契合了读者的阅读期待视野，则会使读者产生一种阅读的满足感，读者并会就此对作者产生信任，认可他的自我身份的建构。而进一步说，当作者所述超越了读者的阅读期待视野，或是讲出了读者所根本闻所未闻的秘闻趣事，或是超越了世俗道德的另类言说，或是走向历史纵深的深刻反思，这时读者不但会认同传主的自我身份建构，而且还会震撼和折服于作者的讲述，此时读者则会与作者达成一种亲密的好感和信任关系。

首先，作为见证人身份的揭秘者。与仅仅关注个体的成长史不同，这类传主往往更强调作为见证者的叙述人身份，他们在个人成长经历的建构中，融合了更多对他者、国家和民族的思考，以及一代知识分子的命运浮沉。由于他们的特殊经历和身份地位，他们在自传中提供了不同于正史人事的“真相”。如关于毛泽东和鲁迅的关系，毛泽东一直对鲁迅的评价是非常高的，在 1938 年陕北公学纪念鲁迅逝世一周年大会上，毛泽东称“鲁迅是新中国的圣人”。1940 年在《新民主主义论》中毛泽东认为：“而鲁迅，就是这个文化新军的最伟大和最英勇的旗手。鲁迅是中国文化革命的主将，他不但是伟大的文学家，而且是伟大的思想家和伟大的革命家。鲁迅的骨头是最硬的，他没有丝毫的奴颜媚骨，这是殖民地半殖民地人民最可宝贵的性格。鲁迅是在文化战线上，代表全民族的大多数，向着敌人冲锋陷阵的最正确、最勇敢、最坚决、最忠实、最热忱的空前的民族英雄。鲁迅的方向，就是中华民族新文化的方向。”[①] 毛泽东一生可以说在不同场合多次高度评价和赞扬过鲁迅，并多次指出“他与鲁迅的心是相通的”。但是牛汉在《我仍在苦苦跋涉》中通过当事人冯雪峰的感受却谈到了毛泽东与鲁迅关系的另一面：“‘文革’时期雪峰年过六十，白头发，很瘦。跟我杂七杂八地聊，聊瑞金，聊长征。说打下遵义，遵义会议后，毛泽东很高兴，送他两条烟，还送他茶叶。1938 年上海版的《鲁迅选集》，三本红皮的书，他特意送给

① 毛泽东：《新民主主义论》，人民出版社 1976 年版，第 48 页。

毛泽东，但毛泽东并不认真看。毛泽东1942年的‘讲话’不提鲁迅的人道主义、人权……毛泽东认为根据地思想已统一了，应以毛泽东的思想为主导。当时刘少奇已宣扬毛泽东思想，但国统区的文化人对共产党、毛泽东却不了解。为了政治需要，国统区要有一个众望所归，可以号召舆论的人，能团结大家的人，这才根据革命的需要选上了鲁迅，树立鲁迅。冯不是一次，而是多次和我谈到这个问题。他看得清楚，他有事实作依据。”① 也许冯雪峰的话不足为证，但是它毕竟为我们揭开了伟人关系隐含在历史背面的真实，李辉在《凝望雪峰——关于冯雪峰的随感》中透过冯雪峰的命运也透视了毛泽东与鲁迅的关系，他指出：“毛泽东是其中的佼佼者。他感激鲁迅，敬重鲁迅，但作为另一个历史伟人，他不会如同一般人那样仰望鲁迅，更不会像一些文人那样仅仅带着崇拜心情。不会。历史造就了另外一个更恢宏的他，在历史演进过程中，他已经超出了思想的、文化的、精神的意义，而成为伟大的政治操作者。这样一个伟人，决不可能让自己存在于别人影子的映照之下，即便鲁迅也不例外。”② 另外在关于胡风的讲述中，牛汉也为我们提供了历史背面的真实，胡风作为当代史上的受难者，一直为人们所尊崇和敬仰，并逐步完美化，甚至其性格中的某些弱点，也被升华为对真理的坚持，历史的真实存在被逐渐符号化，而牛汉则向我们讲述了一个更为真实的胡风，这个胡风不仅有思想者的伟岸、博大，受难者的孤独、坚韧，同时也是一个有着弱点的活生生的人。牛汉指出从东北回来后，他一个月至少去看胡风两三回，然而徐放告诉他，与胡风更亲近的人在别的时间还有约会。在一次聚会中，芦甸对胡风在文艺界的处境表示愤慨，并指出：“在我的心目中，胡先生的形象很伟大，我一生最敬佩的人就是马、恩、列、斯、毛、胡……”③ 而胡风却没阻拦，没表态。这引起了牛汉他们的不满和不欢而散。胡风并非我们神化的圣人，他也有自己的所求，若非亲历者的讲述，我们对此是难知其详的。任何真理的追求，历史的真实

① 牛汉：《我仍在苦苦跋涉》，何启治、李晋西编撰，生活·读书·新知三联书店2008年版，第163页。

② 李辉：《风雨中的雕像》，山东画报出版社1997年版，第148页。

③ 牛汉：《我仍在苦苦跋涉》，何启治、李晋西编撰，生活·读书·新知三联书店2008年版，第105页。

都难免泥沙俱下地夹杂着人事的纠纷和名利思想，当我们略去了这些人事和名利的细节使历史变得澄澈的同时，历史也将变得空洞无物。

其次，作为叛逆者的另类言说。性爱一直是西方自传言说的主题，通过爱情和性意识的描写可以达到对人性的深层透视，但是在中国性则一直是一个言说禁忌。伴随着个性解放和人的自我意识的觉醒，性爱在小说等纪虚文类中已达到了非常开放的程度。但是在纪实类的自传文本中，仍然是相当匮乏的。这与中国的传统道德强大制约作用有着密不可分的关系。尽管作家可以隐藏在小说的假面下诉说自己真实的性体验却不会将其写入自己真实的自传文本中。因此少数作家自传中对性爱叙述界限的突破反而冲击了读者的阅读视野，给读者的阅读带来了全新的感受，而这种不加粉饰的坦率非但不会引起读者道德性的批判，反而会因其真诚和坦率增强读者的信任和认同。如谢冰莹《一个女兵的自传》中所写到的与姓孙的同学之间的同性爱，潘柳黛《退职夫人自传》中与贞一的同性爱，《达夫自传》《资平自传》中少年达夫和资平的性苦闷，都给读者的阅读带来了震撼，冲击了读者的阅读视野。当然，在自传中对性爱叙述最为大胆的两个作家应该算是郭沫若和周国平。郭沫若在《我的童年》中详述了自己的性觉醒的过程。从最初暮春天气中，堂嫂“那粉红的柔嫩的手”所引发的联想，到通过攀援获得性快感，看奇书自慰，偷营以及和姓汪的少年的同性爱，郭沫若不吝笔墨地写出了自己成长中的性萌动。与郭沫若相比，周国平则更加真实地叙述了男孩子性觉醒的身体和心理体验。他写道：“男孩的生理发育是一个充满心理迷乱的过程。一开始，仿佛有一阵陌生的微风偶尔从远处吹来，带着从未闻到过的气息，掠过男孩的身体，激起一种轻微得莫名快乐。接着，那风吹得越来越频繁了，风力越来越大了，它渐渐靠近，突然现身为猛烈的风暴。这风暴把男孩的身体抓在自己的手掌之中，如同一个新的猎获物，颠簸它，撕扯它，玩弄它。这风暴从此在男孩的身体里定居，如同一个神秘而强大的入侵者，不由分说地成为男孩的主人，迫使他带着狂喜和惊慌俯首称臣。”① 他写出了自己十三岁自慰时的恐慌和

① 周国平：《岁月与性情：我的心灵自传》，人民文学出版社 2009 年版，第 42—43 页。

绝望："十三岁的一个深夜，我睁着眼躺在床上，欲望如同一颗滚烫的炸弹，漫无目标地挺向空中，它渴望爆炸，也真的爆炸了。这使我惶恐，但也给了我启发，我找到了自慰之道。然而，我心中仍然惶恐。没有人告诉我发生了什么，应该怎么办。我到书店里偷偷地翻看生理卫生常识一类的书，每一次离开时都带回了更深的懊悔和自责。按照那些书的说法，手淫不但是道德上的恶习，而且会产生生理上的严重后果，而遗精则是一种病。我陷入了两难困境，因为即使我暂时克制住了手淫，时间稍久，又必然会遗精。而且，越是对遗精怀着恐惧心理，遗精就越频繁。恶习和病，二者必居其一，事实上是二者都逃不脱。多年以后，我才明白那些狗屁生理卫生常识书上的说法纯属无稽之谈，从而调整了自己的心理。"① 在西方性的坦白也许从来不是一个问题，从奥古斯汀、卢梭到纪德，对性爱的言说都是非常自然的，但是对于一个有着强烈的道德规约和传统的社会来说，要克服羞耻心，突破禁忌，说出自我的性事，则需要百倍的勇气，因此我们有充足的理由对他们表示敬意。

另外一些走向历史纵深的反思性自传，如韦君宜《思痛录》、从维熙《走向混沌》、戴煌《九死一生——我的"右派"历程》、陈凯歌《我的青春回忆录》、钱理群的《我的精神自传》在对自我、他者和历史的反思上达到了一定的深度。韦君宜对自我异化的反思，从维熙对知识分子操守的反思，陈凯歌对群体的残忍暴力的反思，钱理群对知识分子的"酋长思想、二元思维定势、不尊重人的生命，尽量满足自我残贪本性"三大劣根性的反省，这些反思已经超越自我哀怨式的悲叹，喋喋不休的诉苦和对他人的指斥，因此更容易在感情上得到读者的认同，在理智上引发读者的反思。

因此，作者在作传时态度的真诚与否，是否敢直面自我袒露自我的隐私，是否敢直触自我的灵魂，进行深刻的自剖和反思，直接关系到这部自传能否得到读者的认同和赞赏。

① 周国平：《岁月与性情：我的心灵自传》，人民文学出版社2009年版，第44页。

# 第三章　现代中国作家自传叙事研究

自传类文本的写作在中国虽然源远流长，但是它却长期从属于史传文类，将自传作为一个独立的文类加以研究在中国不过是近百年的事情，即使自传已具有了独立的文类意识，但是在自传类领域中的研究却是最为保守而缺乏活力的。原因是自传总被看作对传主过往人生的一种再现，而其文本中往往采用的是最为老实本分的线性叙事，换句话说自传是一种不需要叙事技巧的文体，它只需要忠诚地再现过去即可。但是事实证明自传不可能是对传主自然生命事无巨细的描摹，“在利科看来，一个生命在他没有被解释的时候，是没有生物学现象的，尽管不能说这个生命不存在，但利科却把生命本身和人类经验称为‘前叙述性质’，是叙述方使这些存在过的生命潜质成形。因而保罗·利科断定没有独立的、自我本位的自我，只有叙述的‘自我’”[①]。这个叙述的自我正是作者对其过去经历有目的的选择和重构。沈从文为何要反复描写自己的逃学经历，而浩然则要宣扬自己的幼年苦读，谢冰莹为何要详述自己对母亲的反抗，而胡适则对母亲的包办婚姻只字不提？我们在阅读一本自传时，不仅要看他写了什么，还要看他为何如此来写？沈从文写自己的逃学经历，是要宣扬自然对他的陶养，结合他的作品来看，他一直崇尚的是一种“优美、健康、自然，而又不悖乎人性的人生形式”。而“子曰诗云”的知识在沈从文看来是打破原始、质朴人生形式使自我走向虚伪和人性阉割的源泉。因此逃离他所认定的虚伪而回归自然的逃学必然成为沈从文自传的书写重点。这当然与沈从

① 转引自李战子《跨文化自传与英语教学》，高等教育出版社2007年版，第24页。

文来到北京在知识阶层中所受的轻慢不无关系。对自然的亲近与对知识的鄙薄，与其说是一种自然的感受，不如说是沈从文的一种精神固守。据王嘉荣《〈从文自传〉新说》所记，沈从文在1982年回凤凰探望母校文昌阁小学时，曾回忆了其恩师田个石先生当年让沈从文罚跪，并教导他说："要记住；自轻必然自贱，自尊才能自贵。"[①] 这段话可以说对沈从文产生了重大的影响，从此发奋读书，谨慎言行。但是这段让沈从文几十年后仍然记忆犹新的经历，在其自传中却被避而不谈，这自然与沈从文30年代的地位、思想、写作信仰有着密不可分的关系。30年代的沈从文尚属文坛新人，他正以自己的"乡下人"身份构筑着自己独特的湘西世界而反抗着以金钱、知识和教化为基础的现代文明，因此其大谈逃学而规避自己发奋读书的经历也就不难理解了。同样对于浩然来说，他在自传讲述中要告诉我们的恰恰是一个仅读过几年书的穷苦孩子为何能成长为著名作家，除了运气和得到江青的赏识，浩然更要为自己辩白的是自己的努力，如果你能理解一个一年到头都吃不到肉的孩子，竟会把过年买肉的钱都买了书，你也就会理解一个只读过几年书的穷孩子何以会走上作家之路。一部自传的作者讲述什么规避什么除了与记忆有关，更重要的是他的自传讲述需要什么。谢冰莹要将自己反抗包办婚姻作为其自传书写的重点，主要是因为在写作自传时谢冰莹已认定自我的叛逆者身份，而言说对封建包办婚姻的反抗正是30年代尤其是女性作家书写的主题，因此谢冰莹才会详述自己四次逃婚的经历。而作为文学革命的提倡者的胡适，在其自传中要强调的则是一个"社会上做过一番事业的人"的成长经历。因此其《四十自述》虽然写到1910年考取官费留学，但其后却加了一章并无连贯叙事的《逼上梁山——文学革命的开始》，可见胡适认为发起文学革命是其生命经历中最为重要的事件，即使其叙事已止于1910年，他仍然要将七年之隔的"文学革命"纳入自传。但是对于发生在同年的与江冬秀的婚姻，胡适却无一字提起，作为思想解放先驱的胡适当然不满于这次"不般配"的婚姻，而且其在写作《四十自述》之前已经与曹诚英有过一段婚外的恋情，只因江

① 王嘉荣：《〈从文自传〉新说》，《吉首大学学报》1998年第1期。

冬秀以两个儿子作为胁迫，而告结束。也许这正是胡适的隐痛，而作为对其社会名流地位的维护，其婚姻生活也正是其要竭力隐讳的私事。由此可见自传并非是对自然过去的再现，自传所谓的过去，并非一种纯粹物理时间的过去，而是一种立足于现在而指向未来的意义化过去。也就是说自传是一种由果索因的回顾性意义化叙事。华莱士·马丁曾经指出："事出有因是任何一种现实主义叙事作品的基本特征。"① 作者之所以要叙述过去，正是为了证明自己何以会成为现在的我，过去是基于现在而被追寻和赋予意义的原因。现在是过去价值之所在。"被讲述的最早的事件仅仅是由于后来的事件才具有自己的意义，并成为后事的前因。绝大多数科学包含预言，而叙事则包含'后向预言'。是时间系列的结尾——事情最终演变的结果——决定着是哪一事件开始了它：我们是因为结尾而知道它是开端。如果一次偶然相遇或一个周密计划毫无结果，那它就不是一个开端，无论在小说还是在现实中。因此历史、小说、传记都基于一种逆向的因果关系。"② 所以说自传必然是"一个人从现在的视角来描写过去的经验对于个人的意义"③。应该说自传是一种重构的真实，是一种由果索因的回顾性意义化叙事，这构成了自传叙事的基本特征，事实上自传的不可靠叙述，对话性和故事性都是基于这个基本叙事特征而展开的。

## 第一节　现代中国作家自传的不可靠叙述

不可靠叙述是由韦恩·布斯在其《小说修辞学》中首次提出来的，这个概念的最初提出主要针对小说等虚构性的叙事文本，但在自传、回忆录等纪实类文本中同样存在不可靠叙述。作为虚构性文类的小说其不可靠叙述的探讨基本限制在文本内的考察，而作为纪实性文类的自传其不可靠叙述的研究则必然由文本内世界延伸到文本外的"真实世界"。因此将不可靠叙述应用到自传领域中就需要我们对其进行重新的界定："当同故事叙

① ［美］华莱士·马丁：《当代叙事学》，伍晓明译，北京大学出版社1990年版，第68页。
② 同上书，第80—81页。
③ 同上书，第82页。

述者所讲述的故事、人物、思想、事件等内容或者与文本规范（文本逻辑）有出入，导致前后矛盾（因此是在文本世界内的不可靠）或者与自传所指涉的文本外世界的事实不符（因而是在与“真实”世界比照时出现的不可靠）时，自传中的同故事叙述者是‘不可靠的’。”①

导致自传中出现不可靠叙述的原因主要有三个：一是记忆的不可靠性；二是主体认知情感的影响；三是建构自我身份的需要。首先是记忆的不可靠性。莫洛亚就曾经指出自传不准确的第一个原因就是遗忘。丹尼尔·夏克特在《找寻逝去的自我——大脑、心灵和往事的记忆》中也提到我们的记忆并非万无一失，我们在回顾一些特殊细节时也并不可信。除了遗忘之外，记忆还会有意无意地进行重构，时间与记忆是难以分开的，记忆既是对过去的回溯，同时又指向了未来。“如果我们不考察记忆随着时间的流逝会发生什么变化，以及我们如何将往事的经验残余转变成我们关于自己是谁的传记，那么我们就无法理解记忆力之脆弱。”② 任何记忆在形诸文字的同时已经经过了初始的过滤和筛选。“记忆本身就已经主动练习了所有的创作功能，就是这些：选出基本的、加强和淡化、有组织地编排。借助记忆这种创造性的想象力，每个描述者也就不由自主地在事实上成了他生活的创造者：我们新世界最明智的人，歌德，清楚这一点，他自传的题目，《诗与真》这个勇敢的标题适用于每一种自我表白。”③ 其次创作主体的感情认知也会影响自传叙述的可靠性。自传是一种关涉情感的文体。创作主体的不同情感取向会直接影响到自传文本叙述的可靠性。尤其是涉及对他人的叙述，亲疏好恶难免影响到作者的叙述态度和可靠性。对自己不太喜欢或者与自己在历史上有是非纠缠甚至是恩怨过结的人，作者在叙述时往往就难以保持真正的客观与公正。如茅盾《我走过的道路》中之于胡风的异议，《胡风回忆录》中之于茅盾的贬抑，夏衍《懒寻旧梦录》中之于胡风、冯雪峰的非议，萧乾《未带地图的旅人》之于郭沫若、张光年的

① 许德金：《自传叙事学》，《外国文学》2004 年第 3 期。

② ［美］丹尼尔·夏克特：《找寻逝去的自我——大脑、心灵和往事的记忆》，高申春译，吉林人民出版社 1998 年版，第 66 页。

③ ［奥］茨威格：《前言·自画像》，袁克秀译，西苑出版社 1998 年版，第 10 页。

谴责，都明显受到主体感情的制约，此种叙述不一而足。最后自传叙述的不可靠性还来自自我身份建构的需要。任何自传的书写都是一种自我身份的维护和重构，生命本身是无序的缺乏逻辑建构的，作者在自传选取生命中的哪些经历和如何来讲述这些经历都取决于作者为生命历程所赋予的意义和逻辑性，而这种意义和逻辑性的支撑者就是作者自我身份的建构。作者在建构身份的过程中会夸大某些事实，压制或隐讳另一些事实，甚或是制造和虚构一些"事实"，正是在这种身份的建构和维护中造成了自传叙述的不可靠。

自传叙述的不可靠性大致可以分为三种：一是文本内叙述间隙；二是文本间叙述歧义；三是自传文类的叙述间隙。

## 一　自传叙述的不可靠性之一：文本内叙述间隙

自传的文本内叙述间隙主要指的是自传中的明显史实错误和逻辑错误。这些史实错误有的是由于遗忘或者未加以考证所致。如茅盾的《我走过的道路》声称自己以真实为第一要义，对自己有所遗忘的事情，都要详加查考，唯求信实。但是茅盾研究专家沈卫威先生仍在其文章《茅盾〈我走过的道路〉错误略说》中指出了茅盾或因记忆之误，或因掩饰回避所造成的叙述的不可靠性。再如《王蒙自传》出版之后署名葛芸的作者就指出了《王蒙自传》的多处硬伤，而这些年代、人名及事实的史实误记事实上也是一种不可靠叙述的表现。除了上述明显的史实错误，还有一种就是作者在自传文本中所述含有明显的逻辑倒错或者在同一文本中的表述有明显的抵牾和冲突，此时作者的叙述也是不可靠的。如舒芜在《舒芜口述自传》诉说胡风的"不义"在先，认为胡风在40年代就表现出了两面性，在《舒芜口述自传》中舒芜写道："上述《论主观》是在胡风指导下写成的，他发表《论主观》并非为了批判，其实也只是事情的一个方面。而事情还有另外一个方面，就是1945年初《论主观》刚发表就受到批判时，胡风确实在周恩来面前声明他发表《论主观》是为了批判，而同时又一再写信要我着手迎战，督促我写反批判文章。事情的后一方面，我一直不知道，直到几十年后才知道。关于我在这个问题上一向只知其一、不知其二，我在《〈回归五四〉后序》中已详细写到过。”[①] 对此观点张业松在《关于舒芜先生的是非》（《书屋》2000 年第 11 期）中已有详细的批驳，兹不赘述。而仅就时间而言，舒芜初识此事是 1954 年听聂绀弩的转述，而其在此之前的《从头学习〈在延安文艺座谈会上的讲话〉》和《致路翎的公开信》中早已表现出了批判别人开脱自己的倾向。而舒芜真正确认胡风的“批判说”已迟至 1977 年胡风撰写的《关于乔冠华》（《新文学史料》1995 年第 2 期）。因此仅从时间逻辑上来说舒芜所谓的胡风“不义”在先，也不过是自己一种事后为自己所为的开脱。再比如余秋雨在其自传中关于他上小学的年龄，在同一本书中就出现了明显的冲突和矛盾。在《借我一生》中余秋雨指出自己上学时实足年龄只有 4 岁，而其后在同一本书中他又指出“一九五七年，为了我考中学，爸爸把全家搬回了上海”[②]。余秋雨生于 1946 年 8 月 23 日，我们据此推断余秋雨小学毕业的年龄应该是 11 岁，这也与余秋雨 1963 年考入上海戏剧学院的时间相符合。但是如果我们据此前推，余秋雨上学的年龄就应该是 5 岁，而不是其所说的实足 4 岁。无独有偶，在 6 年以后的自传《我等不到了》中，余秋雨再次提到他 4 岁上小学，并言之凿凿地指出“我读书早，九岁就毕业了”[③]。这次余秋雨只提到自己小学毕业到上海考中学，没有指明具体是哪一年，但是他接下去又说：“我到上海两年后，一九五九年，一场大饥荒突然降临。”[④] 那我们据此推断他小学毕业应该是在 1957 年，而他的年龄则应该是 11 岁而非 9 岁。显然余秋雨在他的自传关于其上学的年龄前后的表述是存在歧义的。而且在《借我一生》和《我等不到了》中对同一年龄的表述也存在矛盾，在《借我一生》中，余秋雨说：“益胜哥虽然比我大一岁，但比我低两级。”[⑤] 而《我等不到了》则变为：“益生哥虽然比我大，却是按照上海规定的年龄上学的，因此反而比我低一届。”[⑥] 为何在一本书中关于一个年龄

① 舒芜：《舒芜口述自传》，许福芦撰写，中国社会科学出版社 2002 年版，第 285—286 页。

② 余秋雨：《借我一生》，作家出版社 2004 年版，第 67 页。

③ 余秋雨：《我等不到了》，人民文学出版社 2010 年版，第 90 页。

④ 同上书，第 97 页。

⑤ 余秋雨：《借我一生》，作家出版社 2004 年版，第 70 页。

⑥ 余秋雨：《我等不到了》，人民文学出版社 2010 年版，第 90 页。

的表述会出现如此的歧义，显然不是余秋雨健忘到连自己上学的年龄都搞不清了，而是因为4岁上学原本就是余秋雨虚构的“天才”的神话，而其真实的上学年龄原本就是5岁而非实足的4岁。

## 二 自传叙述的不可靠性之二：文本间叙述歧义

与自传的文本内叙述的不可靠性相比，自传的文本间叙述歧义更为常见，文本间叙述歧义是自传不可靠叙述中最易证实的一种。自传文本不可能是一个孤立的存在，他者的叙述既可能是对某一自传文本的证实，同时也可能是对它的证伪，当某一自传的文本与他者的叙述产生歧义和矛盾时，此自传的叙述就有可能出现叙述的不可靠性。因此对不同的自传文本进行互文性阅读是发现自传文本不可靠性的最佳途径。如关于胡风参加中山文化教育馆一事，茅盾和胡风在各自的自传中的叙述就是截然对立的。胡风在其回忆录中指出自己参加中山文化教育馆是在书记处报告过的，而且茅盾周扬都主张他去。而在茅盾《我走过的道路》中则写道：“那是在一九三四年秋，我从陈望道、郑振铎那里得知（而他们又是从当时在南京政府做官的邵力子那里听来的），胡风在孙科办的‘中山文化教育馆’内领津贴，每月一百元。‘中山文化教育馆’是孙科的一个宣传机构，也是他借此拉拢人的一个机构，它搜罗一批懂外文的人，翻译一些国际政治经济资料，发表在他们办的刊物上。这些人工作很轻松，月薪却高达一百元。但孙科又怕左派人士打进去，故须有人担保，他才聘用。胡风是通过什么关系进去的，我不知道，但他把这件事对我们所有的人都保了密，却使人怀疑。”① 茅盾的叙述表达了两层意思：第一，胡风对其在中山文化教育馆任职是保密的，茅盾是从陈望道、郑振铎那里得知此事而非胡风本人。第二，中山文化教育馆是孙科拉拢人的一个机构，而且必须有人担保才能被聘用，并同时暗示了其与“左”派的对立。胡风与茅盾的叙述显然形成了明显的对立，对于茅盾对胡风任职一事是否知情我们确实无从查考，但是两者必有一者叙述是

① 茅盾：《我走过的道路》（下），人民文学出版社1997年版，第54页。

不可靠的。据千野拓政《胡风与〈时事类编〉》和高萍萍的《孙科创建中山文化教育馆》所论，“中山文化教育馆是有意识地从国民党分离出来单独设立的民间的文化教育机关”①。它对民国时期的文化建设起到了一定的推动作用。单就胡风参加的《时事类编》而言：“刊物内容始终以政治经济为中心，专载从外国杂志译介的时事性论文。”② 据千野拓政所说：“胡风翻译的几乎都是政治经济方面的时事论文，其内容选择似乎也并非全由着他自己。不过有些论文也许是胡风自己选择的，例如相当数量的以敲响当时世界性危机的警钟为论旨的文章，以及从涉及日中关系的由无产阶级科学研究所发行的《无产阶级科学》、《读书》、《文化集团》、《唯物论研究》等左翼系杂志上翻译的文章。”③ 这与胡风在回忆录中提到的尽可能选择进步和革命的文章来译是相吻合的。而且当时在中山文化教育馆供职的人除胡风外，“左”翼人士还有张仲实、潘蕙田、沈兹九等，因此在40多年后茅盾仍在回忆录中据此对胡风加以指斥不能不说是其对胡风的偏见影响了其评判的公正性。

有时虽然同为叙述“我”之形象，但是“自我眼中之我”和“他人眼中之我”却并不相同。如王蒙《半生多事》和从维熙《走向混沌》同时描述了他们在一担石沟的劳动生涯。但在这两个文本中读者所看到的王蒙却有很大差异。在《半生多事》中王蒙更多表现的是自己的通达和乐观，他说：“已经没有心软心疼的余地，谁倒霉至少暂时只能是谁扛着，王蒙能够做到也必须做到的是照顾好自身，争取不跌入更凶更险的深渊。何况与此同时是一日千里的大好形势，要过共产主义关了，要‘公社，我的一切都是你的，除了牙刷’（马雅可夫斯基）了。出版社追回《青春万岁》的预付稿费，我写信告诉芳，马上货币就要废除了，我们不必焦心。天行健，自强不息，不惜一切代价，跃进出一个最新最美的图画来，为了告慰先人先烈民族社会，我不能沉沦，我不能自戕，我不能胡来，我仍然相信

① ［日］千野拓政：《胡风与〈时事类编〉》，朱晓进译，《中国现代文学研究丛刊》1992年第1期。

② 同上。

③ 同上。

革命相信党，相信伟大的时代伟大的毛主席，想念有一只巨大的手仍然在保护着我，相信个人与国家早晚有更加美好的未来。”[①] 而在从维熙的《走向混沌》中却难见这种通达和乐观，更多的是一种近似冷酷地对事势的理性认知：“王蒙比我包裹得更严一些，好像他不苟言笑，真是到这大山里来大彻大悟，立地成佛似的。只有到晚上，他才流露出一点人的真情。”“他似乎什么都知道，又好像什么都不知道；他貌似在合眼睡觉，其实在睁眼看着四周，与其说他表现出不近人情的冷酷，不如说他对这个冷酷的世界有着相当的警觉。他话中的弦外之音，似在告诫我认识客观环境。说不定，他在当时已然发现了我潜藏着某种悲剧性的前兆呢?!”[②] 四十年后当儿子王山问及王蒙是否如从维熙《走向混沌》所写的那样，王蒙则潸然泪下。如果说从维熙的说法隐含了自我情绪的投射，那么王蒙的妻子崔瑞芳在其《凡生琐记——我与先生王蒙》中与王蒙的表述也不尽相同。王蒙在《半生多事》中提到瑞芳 1961 年 5 月 1 日，来三乐庄休假探亲，自己为她的到来激动流泪而又神经紧张，面红耳赤而又无地自容。而在崔瑞芳的记忆中王蒙则是“表情平平，没有一点儿喜悦的神色”[③]。而且他心事重重，当瑞芳提出要去看他的住处时，他也显得颇为犹豫而紧张，并叮嘱瑞芳不要太热情。当瑞芳要走时，王蒙也未显出所说的“激动流泪、面红耳赤”。瑞芳写道：“他勉强跟出来，说：‘你快走吧，我不送你了。’说完转身就回去了。”[④] 我们很难复原王蒙当时的表情，只是任何表述都是缘于现在的需要，所有的过去只是因为与现在发生了关系才变得有意义。王蒙在整个自传中的表述都是乐观而自信的，即使是在反右和“文化大革命”时期也是如此，我们无法否定王蒙这种超越于历史环境的轻松和乐观，然而显而易见的是王蒙在自传中的表述是基于当下成功者的心态，在乐观的叙述中夹杂着一丝洋洋自得，他显然滤掉了历史的苦难，规避了作为经验主体对苦难的感受，在王蒙的自传中我们很难看到灵魂深处的疼痛和挣扎，

---

① 王蒙：《半生多事》，花城出版社 2006 年版，第 183 页。

② 从维熙：《走向混沌》，花城出版社 2007 年版，第 41—42 页。

③ 方蕤：《凡生琐记——我与先生王蒙》，长江文艺出版社 2008 年版，第 31 页。

④ 同上书，第 32 页。

当下的幸福无意间置换了历史的苦难，作为经验主体的痛感也被一并置换了，个人已成为超越历史的自足体，仿佛历史的苦难无涉于自我内心的澄明和洒脱。然而，从维熙和方蕤的叙述却让我们窥见了一个他者眼中的王蒙，也许任何一个历史主体都不能脱离当时的历史环境而存在，所谓的澄明和洒脱，不过是一种事后的想象，而这种想象的代价则是削弱了自传叙述的可靠性。

## 三 自传叙述的不可靠性之三：自传文类叙述间隙

勒热讷认为："当某个人主要强调他的个人生活，尤其是他的个性的历史时，我们把这个人用散文体写成的回顾性叙事称作自传。"① 勒热讷强调了自传文类中作者、叙述者和主人公的统一，但他同时也指出自传是一种"信用"体裁。很多时候，仅仅依靠文本是无法辨别自传与小说的区别的，它们之间的区别只能依靠作者信誓旦旦的保证和声明，但是这种保证和声明却不总是可靠的，而且对于作家此种保证的过于依赖容易使自传文类陷入一种僵化。弗莱认为："自传是另外一种形式，它通过一系列不知不觉的过渡向小说靠拢。大多数自传是受了一种创作冲动，因而也是一种想像的冲动的启示，它促使作家从其过去的生活中只择取那些能够塑造一个有棱有角的模式的事件和经验。该模式可以是一种超越了作者个人、并且作者也不知不觉地与之认同的形象，或者它仅仅是作者一贯的自我和观点。"② 可见自传与小说尤其是与自传体小说是有着密切的亲缘关系的，"自传和自传体小说本为一对难解难分的兄弟。当我们捧读一部自传时，出于对其真实性的怀疑而捕捉其中的虚构，即不真实的一面；然而，当我们捧读一部小说时，又往往透过人物的故事来寻找作者及其生平的蛛丝马迹"③。很多时候自传体小说不过是借小说文类的虚构之名来掩盖自传的事实。这在女性自传类文本中表现得尤其明显。相对于小说来说，自传是一

① ［法］菲力浦·勒热讷：《自传契约》，杨国政译，生活·读书·新知三联书店2001年版，第3页。

② 同上书，第278—279页。

③ 杨国政、赵白生主编：《前言·传记文学研究》（欧美文学论丛第四辑），人民文学出版社2005年版，第9页。

种纪实文类，这就使读者在阅读态度上往往会对号入座，并固执地探究事实真相，甚至会加以道德评判。而人作为社会个体必须受制于现实和道德的禁忌，这就使自传不能得心应手地讲述所有的真相和事实。而小说则在虚构的遮羞布下可以讲出更多的真实。也许正如安德烈·纪德所说："也许只有小说才更接近真实。""虚构是一面保护屏或防火墙，可以过滤掉来自当事者的可能的责难和追究，又是一张通行证，可使作者逃避检查蒙混过关。"[①] 因此在很多自传类文本中尤其是承担着更多道德禁忌的女性自传类文本中往往都要自我声明为虚构文本，如关露《新旧时代》中就指出："这是一本关于我自己底生活的小说。小说中的事物不尽是我自身所经历的，然而在现在的我底回忆中，那些都是与我有着密切的关系；因此我把那些都收集起来，搁在这部生活小说底没有出现姓名的第一人底生活里，算是我自己底。"[②] 而苏青也曾声称自己的《结婚十年》不是自传，而是自传体小说。时隔几十年，林白也在访谈中拒绝读者将其《一个人的战争》当作自传来读。而陈衡哲在其早年的自传中也未署陈衡哲的名字而是用了笔名陈南华，虽然书中的所记之人之事是很容易为圈内人所辨识的。如果我们熟悉这些女性作家的生平之后就会发现，她们所谓的自传体小说与其自传无异，《一个人的战争》中林多米的生活环境、诗歌的抄袭事件、电影厂的工作经历都与林白的真实生活不谋而合，也许如林白所说真实是无法量化的，而讲述本身就不可能达到百分之百的真实，因此面对这些骑墙于自传和小说之间的文本，如果我们仅靠作者那点未必可靠的声明就将其摒弃于自传类文学的大门之外，必然会使自传文类逐渐僵化和萎缩。作家对其自传的非自传声明常常来源于一种现实的自尊和表达的焦虑，人总是希望将其美好和理性的一面示人，而对于自我幽暗的心理和燃烧的欲望则常常压抑于潜意识中，而现代作家越来越不甘于将自传变成一种平庸的文类，一种犹如编年体的乏味的文体。他（她）们更愿意在自传中叙述成长的创伤和焦虑，诉说人生经历中身体和心灵的独特体验，以求缓解成人后的精神焦虑。而在这种体验和诉说中身体的成长和焦虑是其不可或缺的一

① 杨国政：《从自传到自撰》，《世界文学》2004年第4期。

② 关露：《新旧时代》，海峡文艺出版社1985年版，第140页。

部分。但是，事实证明中国的自传在这方面是令人沮丧的，除了30年代郭沫若、谢冰莹、郁达夫和90年代的周国平等少数作家涉及性苦闷外，其他上百部自传中关于自我的性成长、性体验都是缺失的，这与西方自传形成了巨大的差异，卢梭在忏悔录中大胆暴露自己与华伦夫人的恋情，纪德在《假如种子不死》中则书写了自己的同性恋经验，性体验的书写可以说是西方自传的重要组成部分，而在中国自传的书写中却常常付之阙如。中国长期形成的性禁忌作家没有胆量在纪实类的自传中书写自我的性经验。而在被作家标榜于自传体小说的文本中，性则可以假借虚构的假面突破禁忌，获得更为真实的言说。这在90年代以后的女作家自传类文本中表现得尤为突出。陈染《私人生活》、林白《一个人的战争》、虹影《饥饿的女儿》，在这些优秀女作家的自传类文本中女性成长过程中的焦虑、创伤、性体验都得到了最大限度的言说。“对于女性写作中的自传体而言，其治疗作用在于使经受和饱含着焦虑与创伤性经验折磨的‘女性自我’，通过记忆书写缓解焦虑，或者在重新书写中平复创伤，以至忘却焦虑和创伤所带给她的心灵和道德上的沉重而永久的摧残和愧疚，从而使女性自我得到精神上的拯救。”① 事实上在这些纪实与纪虚的两栖类文本中，我们又何必斤斤计较于作者信誓旦旦的非自传的宣言，因为在这里传达的是优于平庸自传的心灵的真实，在此意义上自传依靠于外在的宣言来证明自身的可靠，其本身就是不可靠的。而且有时连作者自己也难以给这类两栖的文本一个准确的分类。如虹影的《饥饿的女儿》在虹影的心目中它既是一部自传也是一部小说。在《英籍女作家虹影：我喜欢说故事》中，当记者询问《饥饿的女儿》是自传还是自传的小说时，虹影的回答是：“百分百的自传。”② 在《专访：伦敦的重庆女孩虹影和她的〈饥饿的女儿〉》中，虹影则称“《饥饿的女儿》是一本100%的真实的自传体小说”③。也许在虹影心目中，自传和小说的区别并没有多么重要，当被问及“这本书称之为

① 王艳芳：《女性写作与自我认同》，中国社会科学出版社2006年版，第254—255页。

② 《英籍女作家虹影：我喜欢说故事》，http://www.oh100.com/art/wenxue/eye/accessing/200205/2007040702162.html。

③ 《专访：伦敦的重庆女孩虹影和她的〈饥饿的女儿〉》，http://edu.sina.com.cn/critique/2000-08-01/9175.shtml。

自传体小说，那么是自传的成分多还是小说的成分多?”虹影回答道：“这就是我的生活。当生活比小说还丰富的时候，小说就无法写出生活的全部。可以说我在书中没有虚构什么情节，连时间都一样，发生在我18岁生日前的事情至今历历在目。”① 也许这种真实不仅存在在虹影的自传类文本中，只因为虹影更为坦率罢了。因此仅仅依靠序言、后记、作者的声明来判定文本的文类归属，有时并不可靠，有时当我们完全相信了作者的非自传的表白时，也许正是陷入了作者的圈套，也许他（她）仅是需要写出真实，又必须在现实中与此种真实保持距离；相反，有时作者言之凿凿地称自己写出了百分之百真实的自传时，而恰恰是满纸的谎言。因此自传作为一种文类在真实与虚构之间也就留下了难以完全弥合的间隙。

## 第二节　现代中国作家自传的对话性

巴赫金说：“对话交际是语言的生命真正所在之处。”② “一切莫不都归结于对话，归结于对话式的对立，这是一切的中心。一切都是手段，对话才是目的。单一的声音，什么也结束不了，什么也解决不了。两个声音才是生命的最低条件，生存的最低条件。”③ 那么什么是对话呢？董小英在《再登巴比伦塔——巴赫金与对话理论》中指出：“我们在文本中称之为对话的。是引号内的话语，是在两个人以上人与人之间进行的交谈，当然不能包括用引号括起来的主人公的自言自语。”④ 而对话性则不必具有对话的直观形态，它是“对话向独白、向非对话形式渗透的现象，它使非对白的形式具有了对话的‘同意或反对关系、肯定和补充关系、问和答的关

① 《专访：伦敦的重庆女孩虹影和她的〈饥饿的女儿〉》，http：//edu. sina. com. cn/critique/2000－08－01/9175. shtml。

② ［苏］巴赫金《陀思妥耶夫斯基诗学问题》，白春仁、顾亚铃译，生活·读书·新知三联书店1992年版，第252页。

③ ［苏］巴赫金：《巴赫金全集》（第5卷），白春仁、顾亚铃译，河北教育出版社1998年版，第340页。

④ 董小英：《再登巴比伦塔——巴赫金与对话理论》，生活·新知·读书三联书店1994年版，第18页。

系。'""对话性是具有同等价值的不同意识之间相互作用的特殊形式。"①对话性保留了对话双向交流的本质，却摆脱了对话外在形式的束缚，从而进入了一种更加自由的状态，具体到自传文本中的对话性，它不仅包括了文本中自我与他者的显性对话，同时还包含了经验主体与叙事主体（过去之我与现在之我），以及言说主体与受众（作者与读者）之间的潜性对话。

## 一 自传中人物间的显在对话

"一个人不能基于他自身而是自我。只有在与某些对话者的关系中，我才是自我：一种方式是在与那些对我获得自我定义有本质作用的谈话伙伴的关系中；另一种是在与那些对我持续领会自我理解的语言目前具有关键作用的人的关系中。"② "在接近自己对象的所有道路上，所有方向上，言语总得遇上他人的言语，而且不能不与之产生紧张而积极的相互作用。"③ 从此意义上来说，"自传不是独白，文本中引入他者的声音构建了'我'的声音的社会文化语境，使'我'不再是一个孤立的个体，而是一个'关系的自我'"④。自传中人物间的显在对话，既包括传主（自我）与他者的对话，也包括他者间的对话。在对话中"自我"是相对于"他者"而存在的，它是"自我"和"他者"沟通的桥梁，它既能再现当时的情境，增加自传真实感，同时又可以借助对话的外在形式，传达传主内心不同思想意识的交流和碰撞，同时又有利于自我形象和身份的建构，而他者间的对话虽不直接参与传主形象建构，但在某种程度上可以增加自传的场景性，增加自传的真实度，因此也是自传中显在对话不可或缺的一部分。

从记忆的本质来说，虽然我们对过去发生的事情可能有一个大致的记忆，甚至对某些刻骨铭心的细节还可以精确地复现，但是要将发生在几十年前的对话原版复制，仍是难以想象的，因此自传中的对话在大部分情况

① 董小英：《再登巴比伦塔——巴赫金与对话理论》，生活·新知·读书三联书店 1994 年版，第 7 页。

② ［加］查尔斯·泰勒：《自我的根源：现代认同的形成》，韩震等译，译林出版社 2001 年版，第 50 页。

③ ［苏］巴赫金：《小说理论》，白春仁、晓河译，河北教育出版社 1998 年版，第 58 页。

④ 转引自李战子《跨文化自传与英语教学》，高等教育出版社 2007 年版，第 116 页。

下只是作者事后的一种重构或者说是一种叙事的需要。

首先，自传中的对话指向真实，再现当时的对话场景，增加自传的真实感。如前文所述，自传作为一种回顾性叙事，多数情况下对话只是作者根据故事叙述的需要的一种想象和重构，但是合理的想象非但不会破坏自传的真实性，反而会增加自传的真实感。如胡适《四十自述》第一篇叙述了《我的母亲的订婚》。对于母亲的订婚，胡适不可能是亲见者，而只能是别人话语的转述者，而胡适在这一章中却大量运用对话再现了当时的情境，增加了传主的在场感和自传叙事的真切感。如在写到母亲冯顺弟与其父三先生的婚事时，顺弟的母亲不愿女儿嫁与别人做填房，父亲则认为女儿年龄已大，而三先生又是好人，因此同意这门亲事。顺弟则希望通过自己的婚事帮助父母，使他们免受劳苦，同时也认为三先生是个好人，所以同意这门婚事。但是胡适没有直接叙述三者的意见，而是通过三者的对话将各自的心思表达出来。这其中既有顺弟父母的对话，也有顺弟与其母亲的对话，其间还穿插了顺弟的心理活动，让人有一种身临其境之感。将顺弟母亲的爱女心切，顺弟父亲的无可奈何，以及顺弟欲以自己的婚姻为父母分忧却不得母亲理解的羞急之态都描摹殆尽。虽然我们明知胡适不可能亲眼看到这个场景，而其能听他人将此场景转述如此详尽的可能性也微乎其微，但是我们仍感到这种揣度当时情境的合理想象和对话重构增加了自传的真实可感性。

其次，自我和他者的对话代表了自我不同意识之间的对话。在自传中有时表层的自我和他者的对话，事实上反映了自我中两个或多个不同意识之间的争鸣和碰撞。如《走向混沌》中在从维熙为妻子张沪送眼镜时两人的对话："我说：'我还会好起来的，你也一样。'她说：'你又在说梦话吧？'我告诉她我在汉沽看见的那张小字报。她说，那很遥远。我说，在希望中生活，比在绝望中生活要好。她神情忧郁地说：'你总是爱做梦。最近我想了想，这倒也好，两个人如果都是一种类型，我可能更绝望了。'"① 此段对话看自出于从维熙和张沪两人之口，但从回顾性的视角来

① 从维熙：《走向混沌》，花城出版社 2007 年版，第 213—214 页。

看，它同时也代表了从维熙内心的两极，感性的自我和理性的自我。作为一个感情充沛的作家和理想主义者，从维熙从汉沽的小报看到了民心和希望，他也希冀着“文化大革命”的迅速结束。但是作为历经沧桑，有过右派、劳教经历的从维熙来说，他又能理性地感到深处荒谬年代美梦的渺茫。事实上从维熙感性和理性分裂的自我，正代表了美梦的希冀者和冷眼的洞察者。从此意义上，张沪和从维熙的对话，实际上也就是从维熙内心两种意识的交锋和对话。

另外，自传作者在传主与他者的言语遇合思想碰撞中完成了自我形象和身份的建构。

## 二　叙事主体与经验主体的对话

自传的作者和传主虽然为同一自然人，但是具体到自传叙事学中二者又不能完全等同。勒热讷在《自传契约》中指出：“任何第一人称叙事，即使他讲述的是人物的一些久远的遭遇，它也意味着人物同时也是当前产生叙述行为的人，陈述内容主体是双重的，因为它与陈述行为主体密不可分；只有当叙述者谈论自己当前的叙述行为时，它才重新变得单一；反之则不然，它永远也不能指一个脱离任何当前叙述者的人物。”① 自传的叙事主体与经验主体（现在之我与过去之我）的人生阅历、思想情感以及人生观、价值观都可能已发生变化，因此其对人事的看取以及价值的判断会大异其趣。正是由于二者的间离性，当叙事主体对经验主体进行评价和审视时，二者的潜性对话由此产生。申丹在《叙述学与小说文体学研究》中就曾指出：“在第一人称回顾往事的叙述中，可以有两种不同的叙事眼光。一为叙述者‘我’目前追忆往事的眼光，另一被追忆的‘我’过去正在经历事件时的眼光。这两种眼光可体现出‘我’在不同时期对事件的不同看法或对事件的不同认识程度，它们之间的对比常常是成熟与幼稚、了解事情的真相与被蒙在鼓里之间的对比。如果叙述者采用的是其目前的眼光，则没有必要区分叙述声音与叙事眼光，因为这两者统一于作为叙述者的目

① ［法］菲力浦·勒热讷：《自传契约》，杨国政译，生活·读书·新知三联书店2001年版，第238页。

前的‘我’。但倘若叙述者放弃现在的眼光，而转用以前经历事件时的眼光来叙事，那么就有必要区分叙述声音与叙事眼光，因为两者来自于两个不同时期的‘我’。”① 当这两种叙事眼光交替使用时，叙事主体与经验主体的认知差异就会形成一种张力，两者之间就会构成一种对话，“自传作者要回忆和思考那些重要的事件和人物，他要询问过去的自我，当时处在怎样的境遇之中，为什么要这样做？他要对那时我的言行进行评价，看一看它们带来了怎样的后果。自我是一个漫长的发展，经历过许多阶段，有过不同的心理和价值观。而在写作自传的时候，无论过去怎样做、怎样想，自传者总是用现在的我去衡量、判别和评价过去的我，予以肯定或否定、感到满意或遗憾，现在的自我在回顾、总结和解释过去的自我。”② 如果说过去之我的叙述更多展现的是亲历时的真切感受，那么现在之我的叙述则更多了一份历尽沧桑的冷静和洞若观火的清明，拉开了叙事距离的现在之我对过去更多了一份审视和反思。正是在叙事主体和经验主体的对话张力中，展示了自我成长的艰难历程，彰显了自我不断正视过去反思历史的勇气，这也正是自传书写的价值所在。

首先，叙事主体与经验主体的对话是对经验主体当时认识的否定和质询。世事沧桑，在荆棘丛生的人生百途中多的是穷途和歧路，走在人生十字路口，面对歧路的一次次偶然的选择，就会影响甚至改变人的一生。然而人面对歧路时，是没有机会将歧路各走一遭的，而自我的选择或对或错又岂是当时能窥破天机的？作为经验主体的过去之我，正是这难以窥破天机的茫茫然无所适从者，而叙事主体则随着时间的流逝已经明了选择的利害结果，因此他更有权利去否定和质询当时的选择。经历了 20 年浩劫和沧桑的萧乾，回望自己 1949 年的选择，不禁感慨自己当初的无知，将“安家”想得太轻易了。当从维熙等右派分子计算着苦熬三年即可从另册公民成为真正的公民时，作为叙事主体的从维熙在历经了整个反右乃至“文化大革命”之后，自然有了更为深刻的认识，他指出：“这真是对当时中国社会的无知，在这块土地上劳作的人们一经有了‘前科’，就别做再想回

① 申丹：《叙述学与小说文体学研究》，北京大学出版社 1998 年版，第 187 页。

② 杨正润：《现代传记学》，南京大学出版社 2009 年版，第 308—309 页。

到伊甸园的梦，那‘一抓就灵’的阶级斗争，将永远把‘另册’人员打入地狱。”① 当1962年，右派们满怀希望地奔向团河农场时，三十年后的从维熙不禁喟叹当初这些知识分子的痴情和幼稚，完全一厢情愿地做着黄粱美梦。从维熙的“后见之明”则是以其二十年的痛苦经历为代价的。徐光耀四十年前收到的警示信，当时不甚明了，并遭人嘲笑，“忽忽四十多年过去了，今天再看此信，猛觉写信人实在是一位贤明，在那网罗四张、钓饵遍垂的年月，他能一展大慈大悲之心，给我这位盲人瞎马一个提示，该有怎样一副救人济世的古道热肠啊！可惜的是，还从哪里去寻这位恩人呢？他是不是仍活在世上？他还记得这件事吗？天可怜见，信主虽然难找，信却成了我最堪珍藏的一件文物，若把它视之为抵制‘阳谋’的义举，那价值就更高了”②。当作为经验主体的王蒙满心欢喜，倍感光荣和骄傲的革命、胜利、高奏凯歌时，经历了半个世纪另六年后写作自传时的王蒙则对此发出了质疑：“对于我来说，革命是不是太轻易了呢？轻易的胜利里边，是不是酝藏着什么危险，什么后患呢？”③ 曾经的王蒙在读到巴甫连柯的《幸福》时，感到一种终极的感动和体悟，但在得知巴甫连柯制造个人迷信，善打报告，害人致死之后，那种曾经真挚的感动与体悟又将情归何处？虽然人生不可重来，但是人在经历后，总会设想，如果我当初没有这样选择会怎样？自传中的现在之我也常常会以此假设质询过去之我。王蒙在《半生多事》中写道：“……我现在常想一件事，如果不是这样的结果而是另一样呢？如果吴小武与萧殷是把我的初稿干净利落地否定了呢？我还有勇气继续努力吗？多么脆弱的青春、才华、激情和创造的冲动呀！除了感激这些恩师，我能从中得出点什么更多的体悟来呢？”④ 是福是祸，也许这点微妙难以言传之情都包含在王蒙的体悟之中了。

其次，叙事主体与经验主体的对话是对经验主体的评价。历史是在对过去的评价中指向未来。自传亦然，回顾往事，评价自我正意味着自我的

① 从维熙：《走向混沌》，花城出版社2007年版，第99页。
② 徐光耀：《昨夜西风凋碧树》，十月文艺出版社2001年版，第111页。
③ 王蒙：《半生多事》，花城出版社2006年版，第69页。
④ 同上书，第132页。

成熟和成长，也是对未来的一种警醒和借鉴。知人者智自知者明，人只有认识自己，才能认识他人和社会。自传对自我的剖析和评价就构成了叙事主体和经验主体对话的重要一环。如王蒙在《半生多事》中写道："这是没有办法的事，我从小活得很政治，很社会，后来很文学，很组织也很历史，而且很人五人六。我与大多数同行在这一点上是不同的，我无法变成遗老遗少，书斋兰菊，胡同串子，麻将斗士，半隐贤人，学问昆仑，不管上述色彩是否正在行时。我觉得我活该过若干时间，至少应该是几年普通百姓的生活。如果不是这样，如果我一辈子就是写作再写作，发表再发表，干部再干部，头衔再头衔，出人头地再出人头地……那才是世无天理，那对于我也未必是好事——我可能遭遇的是更大的霉头。"① 而在《大块文章》中王蒙则将自己定位为一块界碑，"前后左右全都占了，前后左右都觉得王蒙通吃通赢或通'通'，或统统不完全如榫，统统不完全合铆合扣合辙，统统都可能遇险、可能找麻烦"。王蒙指出比胡乔木周扬"多了一厘米的艺术气质与包容肚量，还有务实的、基层工作人员多半会有的随和"。比同行作家"多了一厘米政治上的考量或者冒一点讲是成熟"。王蒙作为一块界碑，既使他"左右逢源，前后通透"，又使他"左右夹攻，腹背受敌，难以理解，孤家寡人，屡遭'暗算'"②。王蒙对自己处境的暧昧和尴尬有着清醒的认识和评价。

最后，叙事主体与经验主体的对话是对经验主体的反思。与对自我的整体认识和评价不同，反思更多的是针对具体的人事展开的自我审视和拷问。在《半生多事》中王蒙记述了自己被划作右派的经历。他在 W 的启发下不断交代自己的错误思想，在当时王蒙的确虔诚地认为自己只有接受批判才能达到灵魂的洗涤。然而时过境迁，王蒙最终得知在划与不划的关键时刻，正是由于 W 提出一系列王蒙自己交代的错误思想，才使得周扬最终决定将其化为右派。因此王蒙反思道："现在一切明白，如果我与她一样，如果我没有那么多离奇的文学式的自责忏悔，如果我没有一套实为极'左'的观念，习惯于思维定势，如果不是我自己见竿就爬，疯狂检讨，

① 王蒙：《半生多事》，花城出版社 2006 年版，第 309 页。
② 王蒙：《大块文章》，花城出版社 2007 年版，第 175 页。

东拉西扯，啥都认下来，根本绝不可能把我打成右派。我的这种事实上的极‘左’与愚蠢也辜负了那么多其实想保护我的领导同志。归根结底，当然是当时的形势与做法决定了许多人的命运，但最后一根压垮驴子的稻草，是王蒙自己添加上去的。在这个意义上，说是王蒙自己把自己打成右派，毫不过分。”① 王蒙在这里所要反思的正是虽说大势所趋，小人当道，但是自我若能坚持自己的人格操守，没有传统知识分子内心深处对体制的依附，也就不会最终落入进退失据之境。从维熙在《走向混沌》中也表达了对自我乃至整个知识分子阶层的反思。劳改队的知识分子既感觉到自己的冤屈，同时又对劳动表现出极大的虔诚，希望早日走出大墙，获得公民权利。从维熙写到自己的脚受伤无法劳动，却仍缠上绷带，坚持劳动，即使曹队长逼其回宿舍休息，但其仍然坚持。这种坚持不是缘于对劳动的热爱，而是在自我近于受虐的惩罚中获得精神的解脱。在事隔多年之后，从维熙写道：“几十年后回首当年的这种现象，既有50年代革命英雄主义教育的潜影，更有几千年知识分子流传下来的奴性思想基因的影响，总是想通过‘逆来顺受’，而最终达到解脱痛苦的目的。”②

## 三　作者与读者的对话

刘易斯·莱昂在把一般写作与自传对比的时候，认为“写作不是对话而是独白，至少没有一个真实的人不时在作者面前出现，用面部表情或语言表达来暗示他、怂恿他……而自传作者不得不一直在讲，单单通过他所说的话来操纵听众的注意力。为此他必须想象出一个听众，去回应他的问题和需求，最后写作不再是独白，变成了与作家头脑中他者的对话”③。勒热讷指出：“由于‘我’意味着‘你’的存在，这种叙事模仿一种与叙事的听者之间的交流：在自传研究中，重要的一点就是确定谁是叙事所针对的这一（虚构的）对话者，叙述者和他保持的是何种关系（从取悦到挑衅）；这将促使人们分析话语和语气的类型并提出自传话语在作者个性的

① 王蒙：《半生多事》，花城出版社2006年版，第173页。

② 从维熙：《走向混沌》，花城出版社2007年版，第97页。

③ 王军：《论自传中的他者因素》，《连云港师范高等专科学校学报》2010年第12期。

塑造过程中的功能问题。”① 华莱士·马丁也指出：“我们的语言知识与书页上的文字之间的相互作用还产生其他对话。尽管我们并不回答作者，但我们通常都觉得他（她）是在向我们说话，而我们则通过提出和回答（即使是无意识的）有关我们所读到的东西的问题而使一个故事获得生命。”② 读者虽然不现实在场，但他却具有与作者平等对话的权利，作者是在想象中完成了与“隐含读者”的特殊对话，他在文中说些什么，如何来说，某种程度上则受制于他对“隐含读者”接受视域的想象，作者与读者对话的存在，隐在地限制了作者不着边际的自我吹嘘和避讳。自传中的对话既有一般写作共有的作者与读者的互动关系，但同时自传作者又需要通过对话使读者相信他叙述的真实并完成自我形象的建构。

自传写作的一个重要目的就是要自述生平经历，建构自我形象，而人都有自我美化的倾向，按说作者完全可以只选择对自己有利的经历进行讲述，但事实却并非如此，即使作者真如此做了，其自传也必然归于失败。究其原因，就是自传的写作必须受到读者的制约，作者自我形象的建构只有得到读者的认同才变得有意义。卢梭为何要自暴说谎、偷窃等不光彩的行为，这是因为他自信在自传中自我的真诚可以击败道德的审判，当你说出真实时，即使是不堪的真实，你也很容易得到读者的谅解，读者甚至会因为你的勇气表示赞许，此时作者和读者将是一场讲述和首肯的愉快对话。反之，自我的隐瞒和避讳，只会引发读者的质疑，你为何隐瞒，你为何避重就轻，此时作者和读者将是一场敌对者间的不愉快的对话。为避免此种结局的出现，自传者在自我讲述时，就显得小心翼翼，他们不可能完全规避不利于己的事实，而对于别人的误解和污蔑则要不断做出辩诬，希望得到读者的理解和认同。

首先，作者会直接想象读者参与到其文本的创作中，模拟读者发问。一些读者在讲述的过程中，会变换身份和视点，以读者的身份进行发问，然后再回归传主的身份来作答。这种叙述往往会召唤现实读者参与其文本

① ［法］菲力浦·勒热讷：《自传契约》，杨国政译，生活·读书·新知三联书店2001年版，第13页。

② ［美］华莱士·马丁：《当代叙事学》，伍晓明译，北京大学出版社1990年版，第189页。

的建构，拉近作者和读者的关系。如徐光耀《昨夜西风凋碧树》中谈到自己与丁玲的交往时，他提到自己一共去过丁玲家四次，接着徐光耀变换了视角，他写道："细心的读者会问，'去过她家四次'，有无实在内容呢？问得好，本来这也是斗争会上的重点，且让我把'坦白交代'底稿上的有关部分，原文照抄如下：（略）。"① 徐光耀在文中以问答的形式叙述了自己与丁玲的四次交往，既对当时的事实进行了基本的陈述，同时又揣读者之意拉近了读者与作者的关系。同样蓝翎在《龙卷风》中也运用了同样的方法。他在详述了与邓拓的见面后，接着自问一句："我为什么如此详说？"② 虽然表面上这是一种自问，但是我们很容易将其置换为读者的发问，你为何详说与邓拓的见面，目的何在？可见蓝翎的发问，还是揣测了读者可能的质疑。

其次，对自我的行为或经历向读者做出解释。除了模拟读者进行发问之外，作者还会对自我的某些行为或经历向读者做出解释，信誓旦旦地证明自己所述的真实，希望得到读者的认可。如蓝翎在其自传中颇为耿耿于怀的一件事是关于《红楼梦简论》的著作权问题，因为蓝翎在反右运动中被打成右派，所以很长一段时间文章作者的署名由两个变为了李希凡一个，对此蓝翎颇为不满，因此蓝翎在《龙卷风》中引述了毛泽东的信为自己的历史身份做出了正名，而他的倾诉对象则定位在读者身上，读者在这里不仅充当了倾听者的角色，同时还扮演了裁决事实真相的角色。蓝翎写道："为了便于读者了解历史真相，也为了笔者按照历史的本来面目叙述事实，请允许我先把毛泽东主席的这封信的全文转引如下（信略）。"③ 作者在此不仅要叙事实，同时还需要读者理解事实，并为其作出公正的裁判。蓝翎在《龙卷风》中写到刘甲在反右运动中对自己的批判，并全文照录了刘甲发在《文艺报》上的批判文章《"政治与业务"中的政治》。在这篇文章中，刘甲抄录了蓝翎自我检查多种的材料，蓝翎在多年之后写作自传时对此仍颇为愤慨，因此他向读者解释道："读者看了文章开头所说的'先抄下这点材料'，不一定明白作者是从何处'抄'来的，如何

① 徐光耀：《昨夜西风凋碧树》，北京十月文艺出版社 2001 年版，第 133—134 页。
② 蓝翎：《龙卷风》，上海远东出版社 2004 年版，第 10 页。
③ 同上书，第 2 页。

‘抄’的。我可以明确奉告读者，那是‘抄’自我写给报社整风领导小组的《思想检查》，是交给刘甲往上转送的。”[①] 蓝翎显然是将读者置于评判者的角色，他的解释使读者明白了刘甲越权摘抄了蓝翎本属人事档案范围的个人思想检查材料，因此对刘甲本身的霸道、不怀好意会产生更多的恶感，而对蓝翎的遭遇则寄予了更多的同情。

当然，并不是所有的自传都直接将读者明确写入，更多情况下读者只是一个隐蔽的存在，但是虽然作者并未明确写出读者，但是读者仍然无处不在，作者的诉说、辩解都是指向读者的。可以说没有读者的潜在制约自传的面貌将会发生很大的改变。

## 第三节　现代中国作家自传的故事性

故事就是对一些按时间顺序排列的事件的叙述。[②] 肯尼思·伯克说：“故事是生活的设备。”人类的求知心和好奇心使故事对他们有一种天然的吸引力，人总是希冀着知道接下来会发生什么。“《一千零一夜》中那位美丽而聪明的小公主用故事征服了死神的传说向我们表明，在人类爱听故事的本能中其实包含着一种特殊的审美需求，这就是对客观世界的认识和把握。”[③] “故事艺术已经成为人性的首要灵感源泉，因为故事在不断地设法整治人生的混乱，挖掘人生的真谛。我们对故事的嗜好反映了人类对捕捉人生模式的深层要求，这不仅仅是一种纯粹的知识实践，而是一种非常个人化的、非常情感化的体验。”[④] 通常人们会将故事与小说结缘，认为故事是虚构性文类所特有的。许多叙事理论家在谈到故事性时往往都以小说为例。事实上故事的本意即指业已发生的事。司马迁：“余所谓述故事，整齐其世传，非所谓作也。”[⑤] 可见故事一词本意是指向真实的。因此在纪实

---

① 蓝翎：《龙卷风》，上海远东出版社 2004 年版，第 157 页。

② ［英］福斯特：《小说面面观》，苏炳文译，花城出版社 1984 年版，第 24 页。

③ 徐岱：《小说叙事学》，中国社会科学出版社 1992 年版，第 154 页。

④ ［美］罗伯特·麦基：《故事—材质、结构、风格和银幕剧作的原理》，周铁东译，中国电影出版社 2001 年版，第 14 页。

⑤ 韩兆琦：《太史公自序·史记选注汇评》，中州古籍出版社 1990 年版，第 627 页。

类的自传文学中故事性依然存在而且发挥着重要的作用。不过纪实类的自传与纪虚类的小说中故事的生成略有不同。自传中的故事是指实有其事，只不过将偶然无序的事件加以铺排点染使其连贯有序，而小说则可以不必考虑故事的外在的真实性。正如金圣叹所说："《史记》是以文运事，《水浒》是因文生事。以文运事，是先有事生成如此如此，却要算计出一篇文字来，虽是史公高才，也毕竟是吃苦事，因文生事却不然，只是顺着笔性去，削高补低都由我。"① 虽然一个是以文运事，一个是因文生事，但是故事性是两种文类共有的不可或缺的因素。中国古代自传之所以不发达，与它缺乏故事性是有密切关系的，中国古代自传大都篇幅短小，只注重横向静态地描摹传主的人格，而缺乏动态的人格故事的叙述，因此其发展受到极大的限制，中国现代自传受到西方自传叙事传统的影响，逐渐接受了自传故事的建构。杨正润就曾指出："自传中的叙事策略也越来越指向一种目标：故事化。""故事常常构成了现代自传的核心内容。"② 王成军也指出："用故事的叙述来营造自传文学的结构是极为重要的，这是自传作为文学的首要因素。"③ 加之现代中国作家自传的传主以小说家居多，自然对故事的讲述得心应手。读了《达夫自传》的读者，大概不会忘记"达夫与母亲买皮鞋的故事"，读了《四十自述》的人也难忘"母亲为胡适舔眼翳的故事"。正是这些挥之不去的故事，凸显了传主自我的形象建构，并大大增加了自传的趣味性和可读性，使得自传不再是流水账一般乏味的文类。自传中的故事大致可分为两类：一是关于自我的故事；二是关于他者的故事。

## 一　关于自我的故事

麦克亚当斯认为："人们从少年时期和成年早期开始就会面临一个重大的挑战，即要去建构一个能赋予自身生活一贯性、目的性和意义性的自我。"④ "同一性是一个人生故事，一个内化的不断发展的有关自我的叙

① 金圣叹：《读第五才子书法·金圣叹全集》，江苏古籍出版社1985年版，第18页。
② 杨正润：《现代传记学》，南京大学出版社2009年版，第302、304页。
③ 王成军：《中西传记诗学研究》，北京出版社2011年版，第92页。
④ 马一波、钟华：《叙事心理学》，上海教育出版社2006年版，第34页。

事。”“正是同一性/人生故事将自我的不同方面紧密地联系起来，使生活具有一贯性、目的性和意义性。”[①] 众多理论学家都认为：“能够将人生有目的地、一致地讲述出来的唯一可能的形式就是故事。人们建构了那些连贯的、生动的人生故事，使得个人能够以生成的方式融入社会中来。人生故事赋予了个体一个有关自我的历史，解释了昨天的我是如何成为今天的我，今天的我又是怎样成为明天期盼的我的。故事临摹生活并展示内部现实于外部世界。我们通过我们所说的故事了解和发现自己，并把自己向他人展示。”[②] 故事是传主对自我的一种叙述和理解，“生命的整体就是被讲述的故事的整体”。作者通过故事的书写，借以感知已逝时间的存在，并借以完成自我形象的塑造。

首先，自我故事的讲述能使传主借以感知已逝时间的存在。加西亚·马尔克斯的《百年孤独》中马孔多人患上了失眠症，这种失眠症不仅使他们不能入睡，而且会使其失忆。这种失忆使他们失去了对自我和时间的感知，而被迫进入了一种时间失语的尴尬处境。自传作为对自我已逝生命流程的一种回顾性叙事正是对这种时间失语的解救。在自传产生之前，当我们没有对这段过往的生命历程进行回顾，并将其诉诸文字时，虽然这段生命历程依然处于自在的存在状态，但是我们却无法感知它的存在，我们只有通过讲述才能感知已逝时间的存在，只有通过讲述过去才被赋予了生命和意义。曹文轩认为：“如果人们突然感觉到他目前的时间，是完全的孤立的片断，而没有它的过去和未来，人们将觉得这个世界会失去基础，失去他们可以安心存在的逻辑性。因此人们总是顽强地想知道流逝岁月的情景，想通过深邃的历史隧道，重现往日。也因此人们喜欢上了故事。”[③] 故事将人的过去、现在和未来整合于自传的叙述中。“当人们感觉自己的生命若有若无时，当一个人觉得自己的生活变得破碎不堪时，当我们的生活想象遭到挫折时，叙事让人重新找回自己的生命感觉，重返自己的生活想象的空间，甚至重新拾回被生活中的无常抹去的自我。”[④] 可以说叙述故事

---

① 马一波、钟华：《叙事心理学》，上海教育出版社 2006 年版，第 35 页。

② 同上书，第 37 页。

③ 曹文轩：《20 世纪末中国文学现象研究》，北京大学出版社 2002 年版，第 82 页。

④ 刘小枫：《沉重的肉身：现代性伦理的叙事纬语》，上海人民出版社 1999 年版，第 3 页。

就是将时间从零碎的时刻与个人无关的消逝向一种模式、情节、神话转变，从而将时间人格化。[①] 所以自传作者总是留恋于童年的叙事，借以将流逝的时间定格，使破碎的时间达到永恒，彰显偶然生命之境中的规律和必然。在《从文自传》中沈从文不厌其烦地讲述他幼年逃学的故事，舔着大黑肚皮的皮匠、小腰白齿头包花帕的苗妇人、看杀牛、看打铁、斗蛐蛐无一不能引起小从文的兴趣。甚至逃学被发现后跪打的惩罚也因时间的间隔而少了几分痛苦，多了几分意趣。沈从文正是借着对童年故事点点滴滴的捡拾，而寻找逝去的岁月，而读者也正是在传主的童真童趣中，穿越时间的束缚，而达到一种内心的共鸣。浩然则不无辛酸地向我们讲述了自己童年买书的故事。浩然幼时与姐姐相依为命，卖了猪，只为割二斤肉，过个好年，浩然却终禁不住书的诱惑，将钱全部买了书，当看到穿着红棉袄，脸蛋冻得通红的姐姐，站在村口大榆树下，眼巴巴地等着自己时，才发现自己做了“蠢事”。童年的“蠢事”在现在的浩然看来辛酸中也夹杂了一丝自豪之感，也许正是童年对读书的执着，才使他最终摆脱了农民的命运，而走上了作家之路。随着时间的流逝，残留在记忆中的一个个人生故事变得更加透明和澄澈，原来的悲伤、忧思和甜蜜，则因记忆闸门的打开变得再次清晰，只是其中不免掺杂了此时此刻的心境，已逝的时间也因作者的讲述而回归，并与现在交织在一起完成了对传主生命历程的重构。当“我回过头来，望了望我生活了19年的棣花山水，眼里掉下了一颗泪子。这一去，结束了我的童年和少年，结束了我的农民生涯。我满怀着从此踏入幸福之门的心情要到陌生的城市去。但20年后我才明白，忧伤和烦恼在我离开棣花的那一时起就伴随我了，我没有摆脱掉苦难。人生的苦难是永远和生命相关的，而回想起在乡下的日子，日子变得是那么透明和快乐”[②]。“25年里每每想了那5年的岁月莫不是咬牙切齿地诅咒，而现在却变得那样的亲切和珍贵。漫漫的长途上，竟然有一片林子，林子里有野花和荆棘的草坪，有划动着蜉蝣的水池，该坐下来嚼嚼身上口袋里已经风干的馍饼了。”[③] 当贾平

① ［爱尔兰］理查德·卡尼：《故事离真实有多远》，王广州译，广西师范大学出版社2007年版，第13页。

② 贾平凹：《我是农民》，中国社会出版社2006年版，第185页。

③ 同上书，第8页。

凹写下这段话时，曾经的满怀憧憬与现在的无限留恋交织在一起，构成了一个复杂的存在。过去正是由于现在而存在，而现在又与未来相交织，自传的叙述正是穿越在过去、现在和未来之间，并将其杂糅整合在我们的生命之中。

其次，自我故事的讲述能够帮助传主完成自我身份的塑造。自传写作的一个重要目的就是要完成传主自我身份或者说自我形象的塑造。马克·柯里认为，“身份不在自我内部，而是存在于叙事之中，也就是说通过讲述自己的故事，选择能表现我们特性的事件，并按叙事的方式将它们组织起来，以这种方式将自我外化，从而展现自我，当然也包括通过叙述别人的故事展示我们怎样看待自我”①。因此自传不可能事无巨细地讲述所有发生的事情，自传必须摒弃流水账式的叙述，而选择能够利于传主自我形象塑造的人生故事。作者会依据自己的现状和对未来的希望来选择对过去的回忆。因此托马斯·曼说：“讲述即搁置一旁，既挑选又排斥。”“回顾过去，作者发现一些事件具有当时不曾料到的后果，另一些事件则是在作者写作之际思考它们时才显示出意义。即使是那些最少自我反思的自传作者也记录自我从童年到青年到壮年的变化。当回顾往事时，观点的彻底改变，如某种改宗经验或政治信仰的改变，甚至可以全盘改变被回顾的事件的意义。在某些情况下，自传作者并不打算描写一个他或她已经知道的自我，而是去探索另一个自我。这个自我尽管有所变化，却是从一开始就内在于作者自身，等待着一次自我发现，这一发现将会在现在的‘我’中把过去的一切汇聚起来。”② 作者正是要根据传主自我形象塑造的需要去选择、重构往事使这些人生故事变得符合传主的人生发展轨迹。在《女兵自传》中谢冰莹为我们讲述的是她如何反抗缠脚，如何四次逃婚的故事，而这些故事的讲述恰恰帮助塑造了谢冰莹家庭叛逆者的形象。

## 二　关于他者的故事

除了对自我故事的讲述外，作者在自传中还常常会书写他者的故事。

① 转引自李战子《跨文化自传与英语教学》，高等教育出版社 2007 年版，第 261 页。

② ［美］华莱士·马丁：《当代叙事学》，北京大学出版社 1990 年版，第 82—83 页。

"我必须通过他人以获得某种关于我的真理，他人对我的存在是必不可少的，对我认识自我自己也同样是必不可少的。"① "自我本身就是由'他者'加'我'混合组成的综合体。'人'（既包括内在的也包括外在的）存在乃是一种深刻的交流，是交流的手段……是赞同他者、通过他者、支撑自我的手段。人没有内在的自主领域；他全部而且总是处于边界；他在他者的眼中或是通过他者的眼睛来检视自我……在他者那里发现自我，在我身上（在互相反省和感知中）发现他者。"② 他者是自我主体发现、感知和完善自我的一面镜子，他者的故事可能会成为传主自我生命历程中的重要组成部分，成为传主自我人格建构和自我审视的重要参照，也可能是自我潜在人格的映像或参与建构"我们"的群体映像。

首先，他者是传主某一生命历程的重要组成部分，并或隐或显地参与了传主自我人格的建构。自我"只能是与他者关系中的自我，除此之外，根本不存在纯粹独立存在着的自我。自我借助于他者而诞生、而存在，这就是自我对他者的依赖性"③。如周国平在他的《岁月与性情——我的心灵自传》第二部《北大岁月》中大篇幅地讲述了郭世英的故事。从某种意义上说，郭世英的存在点亮了周国平的大学时代。没有郭世英，周国平的北大岁月将变得暗淡无光。在《我判决自己诚实》中周国平指出："第二部在全书中所占比重最大，其中较多篇幅回忆了郭世英，因为他是影响了我一生的人，我一生的精神追求方向正是在他的影响下奠定的。"④ 而且在《北大岁月》中周国平也不止一次地提到了郭世英对其人格的影响。他指出："对于我来说，在一定的意义上，郭世英就意味着我的大学时代，而'文革'就意味着郭世英之死。因此，我在这一部分中不免要经常谈到郭世英，不过将限于主要谈他对我的影响。"⑤ 郭世英在方方面面影响了周国平，可以说没有郭世英，周国平大学时代可能将是另一番面貌，郭世英的

① ［法］洛朗·加涅宾：《认识萨特》，顾嘉琛译，生活·读书·新知三联书店1988年版，第63页。

② 乐黛云、［法］李比雄主编：《跨文化对话》（7），上海文化出版社2001年版，第73页。

③ 黄汉平：《拉康与后现代文化批评》，中国社会科学出版社2006年版，第45页。

④ 周国平：《岁月与性情——我的心灵自传》，人民文学出版社2009年版，第4页。

⑤ 同上书，第73页。

存在可以说是改写了周国平的人生，因此郭世英的故事在周国平的自传中是不可或缺的。戴厚英的《性格命运——我的故事》中，闻捷的故事是重要的组成部分，戴厚英与闻捷原本是审查者和被审查者的对立身份，但是两人在接触的过程中逐渐互相了解，由同情到爱情，戴厚英认为闻捷的死不仅是其在"文化大革命"中命运的根本转折，也是其整个生命的转折。正是闻捷的死让她看到了"政治斗争的残忍，人性的阴暗，自己的脆弱"①。促使其对自我、对历史的质疑，戴厚英认为虽然自己在上海市委写作组的直接领导下工作了三年，也存在一些错误。而自己始终没有为了自我的利益失却良心，正是闻捷的死带给了她震撼和觉醒。可见与闻捷的交往对其日后的反思和人格建构产生了巨大的作用。再比如胡适在《四十自述》中讲述了母亲因为胡适的轻薄言语而责罚他，胡适由于用手擦眼泪而害了眼翳病。母亲听说眼翳可以用舌头舔去，就真用舌头舔胡适的病眼。胡适的母亲是寡妇兼后母，胡适说："这种生活的痛苦，我的笨笔写不出一万分之一二。"② 但是母亲待人温和，从不恶语伤人，每逢大嫂、二嫂闹气时，她总是忍耐，忍到无可忍时，就轻轻地哭一场，她不去骂人，只哭自己命苦，这一哭往往换来一两个月的清净日子。母亲的人格可以说对胡适影响巨大。胡适说："我在我母亲的教训之下住了九年，受了她的极大深刻的影响。我 14 岁（其实只有 12 岁零两三个月）就离开她了，在这广漠的人海里独自混了 20 多年，没有一个人管束过我。如果我学得了一丝一毫的好脾气，如果我学得了一点点待人接物的和气，如果我能宽恕人，体谅人，——我都得感谢我的慈母。"③

其次，他者是自我人格的一种映象。"自我的构成离不开想像的他者的存在，自我是主体透过诸多表现者而投射出来的一个形象，所以，自我只有通过他者或他者的眼光才能确证其意义与价值。"④ "主体是通过他者的形象而达到自己身份的辨认与确定的，正是在镜子中窥到他者的形象

① 戴厚英：《性格命运——我的故事》，太白文艺出版社 1994 年版，第 148 页。

② 胡适：《四十自述》，中国华侨出版社 1994 年版，第 33 页。

③ 同上书，第 35 页。

④ 许正林：《欧洲传播思想史》，上海三联书店 2005 年版，第 433 页。

(镜中主体自己的身体)的时候，主体才感知到他者的存在，这个被感知的他者被主体看作其类似者和同类。”[①] 余秋雨在《借我一生》和《我等不到了》中详述了祖母和叔叔的故事。从祖母早年的卖房还债到晚年的独自回乡，祖母的坚韧和刚强不仅是整个余家的精神支撑，同时也是余秋雨等晚生后辈的精神导向。同样，叔叔也构成了余家气节的象征，叔叔的死是与荒谬年代的对抗，是“质本洁来还洁去”的信念的坚守。作为他者的祖母和叔叔的故事，正构成了余秋雨自我人格的外化，在余秋雨看来祖母、叔叔坚韧、执着、刚强的性格是余秋雨自我形象的一种投射，他者经历的讲述最终被归结为自我价值的确认。但是在他者故事与自我的关系中，还存在另一种情况，他者的人格恰恰是传主所力避在自我身上显现的，如王蒙的《半生多事》中，父亲王锦第的故事是这部书的重要组成部分和看点，如果结合其小说《活动变人形》中的倪吾诚来读，就会发现王蒙对其父的故事是如何刻骨铭心，甚至有些“深恶痛绝”。王蒙在其自传中的审父甚至达到了残酷的地步，父亲拿过期的图章对母亲的欺骗、夜宿日本暗娼家的记述、父亲与三个女人(母亲、姨妈与外婆)令人胆战心惊的吵闹、与母亲的离婚却又迅速进入另一场灾难性婚姻。王蒙对其父亲的评价是“谈境界，他的境界高耸入云。如果谈实务，他的实务永远一塌糊涂”[②]。他没有给过别人幸福，他自己也并不幸福，他认为自己总有潜力没有发挥，事实上他是否有潜力却不得而知，只不过聊做自我安慰。正是因为王蒙看到了其父身上的种种弱点，他者性格的缺陷可以说构成了对传主人格生成的警示，因此王蒙指出：“我得到一个教训，一个男人，尽量不要诉苦，不要把自己的罪过压力一代一代传递下去，不要搞痛苦与负担的接力传送，转嫁旁人尤其不要把自己的日子过不好告诉自己的孩子。一个男人一定要咬得紧牙关，不论什么处境，自己起码要扛得住自己。”[③] 然而王蒙对王锦第人格的超越只是一种表层的规避，在心灵身份上两者却又何其相似。正如马春花在《〈王蒙自传〉：我说故我在》所论：“不知道王蒙

① 许正林：《欧洲传播思想史》，上海三联书店 2005 年版，第 433—434 页。

② 王蒙：《半生多事》，花城出版社 2006 年版，第 10 页。

③ 同上书，第 98 页。

在写到自己有用的爱好、爱带孩子下馆子的习惯、讲求营养的教条、对多国语言的敏感、外访时的机智幽默这些生活的细节的时候，有没有内心颤动一下，那正是王锦第的爱好、习惯、追求。而王蒙的‘不完全入榫’、‘冒傻气’、‘屡屡失言失手’、‘书生气’、‘软弱’、‘迷恋想象与修辞’、‘缺少杀伐决断的狠心和韧性’，甚至是‘我是个写小说的’作家身份的认同，难道不是王锦第的一面？王蒙实际上就是一个成功的王锦第。”[①] 这时他者的故事和人格虽然表面上遭到了传主的质疑和批判，但他同时又构成了对传主潜在人格的一种投射。

还有一种情况，他者的故事并不直接参与传主的人格建构，但是却是传主所述群体的一种人格映像，是历史真实的一种再现。他既可能是历史苦难的承受者，人格良心的坚守者，也可能是历史中的愚弱者和被戏弄者。在贾植芳的《我的人生档案—贾植芳回忆录》和牛汉的《我仍在苦苦跋涉》中都提到了受难者路翎的故事，路翎是一个非常有才气的作家，他的《饥饿的郭素娥》、《财主底儿女们》、《洼地上的战役》都很有影响力。胡风对其有非常高的评价。路翎原本是个性格非常开朗的人。牛汉在《我仍在苦苦跋涉》中写道：“路翎很会编故事，有声有色，大家聊得很愉快。路翎机灵，开朗。”[②] 牛汉和贾植芳都不约而同地提到路翎年轻时大而明亮的眼睛。然而历史的灾难却完全改变了路翎，长期的监禁和劳改不仅改变了其命运，而且摧毁了路翎的精神。呆滞的神情、失去了锐气的眼睛、冷漠的失语和绝望的号叫，再难寻到当年神采飞扬的路翎的面影了。路翎的故事是历史的故事，路翎的悲剧则是时代的悲剧，他事实上只是一代受难者极致的代表，在其背后我们可以写下一串长长的名单，所以说路翎的故事只是一个群体受难者的缩影。除了受难者的形象外，在一代作家的自传中还常常会出现知识分子中良心的坚守者，在从维熙的《走向混沌》中书写了众多坚守者的故事：固守“士为知己者死”的戚学毅的故事，坚信“士可杀不可辱”的

① 温奉桥主编：《理论与实践——〈王蒙自传〉研究》，中国海洋大学出版社 2009 年版，第 81 页。

② 牛汉：《我仍在苦苦跋涉》，何启志、李晋西编，生活·读书·新知三联书店 2008 年版，第 144 页。

林澄的故事，困顿中仍能坚守自我人格的逃号张志华的故事，荒谬年代誓死捍卫自我人格尊严的陈野的故事……正是他们的坚守为荒谬的年代平添了一抹亮色，也为中国的知识者描摹了铮铮铁骨的群像。当然并非所有的知识分子均为铮铮铁骨的硬汉，在荒谬的年代中某些知识分子的愚忠、奴性、自我贬损、相互倾轧、人格退化也暴露无遗。邓友梅能言善辩，慷慨激昂，在对刘绍棠违心地大加批判后，却发现自己也被划为右派。在反右派中团市委的W小火慢攻，启发诱导最终将王蒙限于自设的尴尬之境。

无论是自我的故事还是他者的故事都是现代自传写作中不可或缺的部分，但是当代西方的一些自传作家却将自传看作是反故事的。他们认为自传的书写依靠的是记忆，而记忆是不可靠的，而且它留给我们的往往是纷繁复杂、不连续、无意义的碎片式的片段，记忆是充满空白和断裂，并缺乏明晰的线索的，当我们将其按照现在的需要重新过滤、选择、编排成连续的、富有逻辑的故事时，记忆已经面目全非。像娜塔丽·萨洛特的《童年》就反对将自我的人生连缀成连贯化、意义化的故事。“萨洛特以其对童年往事的杂乱、不成系统的叙述表现了她对自传指涉现实人生、承载意义的怀疑。她既不想借自传表达自己对人生和世界的理解，也无意为后人留下一个真实、客观的自我画像。她只是将记忆提供给她的过去呈现出来，剥落传统自传赋予她的教谕外衣。”① 但是任何记忆一旦形诸文字就已经改变了它的原貌，因此试图用文字将记忆还原只不过是一种徒劳。所谓的将人生中的杂乱、琐碎表现为文字，事实上还是另一层面对记忆的重构，从此意义上试图以此否定将人生逻辑化、秩序化的故事性不过是五十步笑百步而已。而过往的人生虽然不可能是一种明晰有序的故事链条，但是我们在回叙往事时，会根据我们对人生价值意义的理解和身份建构的需要，按图索骥来捡拾我们认为重要的事件和经验，这也是过去形诸文字的一个必然的过程。蒲安迪指出：“说到底，叙事就是作者通过讲故事的方式把人生经验的本质和意义传示给他人。”② 因此从实践的层面来说摒弃自传的故事化是没有必要也是不可能的。

---

① 杨国政：《怀疑时代的自传》，《外国文学评论》2002年第2期。

② ［美］蒲安迪：《中国叙事学》，北京大学出版社1996年版，第5页。

# 第四章　现代中国作家自传主题研究

自传主题既可以指自传中所书写的传主生命经历中的基本问题，也可以指自传中所体现的主要的思想和观念。它是作家以特定的思想立场、人生态度、审美情趣对生活事件加以倾向性的介入之后产生的。自传既是面向他者的文本，同时又是面向自我的文本。面向他者则主要是书写自我的励志和奋斗的过程，展示自我何以成为现在之我，对自我的成功作出详致的诠释。面向自我则无外乎回顾自我生命历程，对已逝生命的纪念和反思。虽然自传通常不能记述传主完整的一生，但是作为对自我生命历程的回顾与反省，他能够直接传达传主内心的所思所想，在内在反思忏悔的主题建构中，它具有他传不可比拟的优越性。他传虽然在对传主生命历程的记述上更为完整，表述更为客观，但是他传对传主的内心刻画，灵魂剖析只能建构在作者的猜测之上。所以说，相较他传而言，自传在自我灵魂剖析，对已逝生命的忏悔反思主题的书写中具有得天独厚的优越性。自传永远是他传不可或缺的参考。而对于自传和他传共同书写的主题，两者也存在一定的差异性。自传缘于对自我的热爱，它只能是传主从某一特定身份对自我进行的重构，尽管传主会忏悔会反思，但是毋庸讳言传主也总是会隐瞒会避讳。哪怕是卢梭宣称自己彻底的坦白，他仍会对自己不肯抚育子女做出辩解。而爱情婚恋历来是传记中的敏感话题，它是我们透视传主人格内心的一个极为重要的方面。自传和他传中都会讲爱情婚恋作为传记讲述的重要组成部分，但是自传中的爱情婚恋主题总是尽量展现自己爱情婚姻的美满，即使是悲剧的爱情，不幸的婚姻传主也总会尽力维护自我的形象，在他者沉默的情态中推诿自我的责任，而对于不利于己的婚外恋情更是极力避讳以免破坏自我形象的建构。而他传虽然也会由于现实、社会的禁忌维护传主的形象，但是它的表述较之自传而言总会相对客观。尤其是在不需关涉传主政治品格的婚恋主题上，传者通常会采取比较公正的书写。这就使得自传和他传在爱情婚恋主题上构成了一种相互参照的阅读效果。

## 第一节　现代中国作家自传的婚恋主题

阿里斯托芬认为人最初分为三种：男人、女人和男女两性的合体。那时人是球形的，四只手，四只脚，一个脑袋上有两张方向相反的脸，其他的器官也是成双的。这种人非常强壮，欲与天神宙斯一决高下，因此宙斯将其劈成了两半，使其虚弱。人被分为两半，变得不再完整，于是在人的自然本性中就渴望寻找自己的另一半——这就是原初爱情的产生。“爱神在诸神中是最古老。最尊严的，而且对于人类，无论是生前还是死后，他也是最能引起德行和幸福的。”① 爱情是人类基本的生命体验，透过爱情婚姻我们能够体悟生命的快乐和忧伤，人性的复杂和深广，透过爱情婚姻我们能够看出世风的消长和社会的风尚。因此爱情婚姻是人类古老而永恒的话题，它也构成了自传文学主题的重要一翼。在现代中国作家自传中爱情婚姻的描写或详或略，或是甜蜜的夸饰或是苦涩的回避。男性作家和女性作家在爱情婚姻的叙述上表现出了明显的差异，体现了鲜明的性别意识。

### 一　历史的中间物——现代中国男性作家自传的婚恋

“五四”是一个个性解放的时代，五四时期的爱情婚姻已经不再是一个单纯的个人情感和个体家庭的问题，而是被赋予了强烈的时代意义，反抗封建包办婚姻，争取个性解放和自由权利几乎成为这一时期爱情婚姻的代名词。胡适、鲁迅、郭沫若、茅盾、郁达夫等作为五四思想解放的急先锋，婚姻自由的倡导者，他们在文学创作中极力宣扬爱情自主，婚姻自

① 柏拉图：《柏拉图文艺对话集》，朱光潜译，人民文学出版社1963年版，第224页。

由，但在他们的现实婚姻中他们却无一例外地屈从了一段旧式婚姻，这实在是一个耐人寻味的话题。

首先，旧式婚姻中母亲的作用。胡适、鲁迅、郭沫若、茅盾和郁达夫的旧式婚姻无不出自其母亲的包办。这其中除了郭沫若之外，其余四位作家都是父亲早逝，存在着父亲的缺失，事实上母亲是以女性之身行使着父亲的权力。谢泳将此概括为寡母抚孤现象确实颇有道理。这几位作家对旧式婚姻的屈从可以说与其对母亲的感情有密切的联系。谢泳在《中国传统文化中的寡母抚孤现象》中指出："这种现象中出现的母亲形象一般都具备中国妇女的优秀品格，如善良、开明、勤俭、能吃苦、富于忍耐精神。但同时，她们身上又相对集中地体现了中国文化的深重影响，恪守三从四德的封建礼教，她们当中的许多人在失去丈夫以后，很少有选择改嫁这一条路的，她们多数人把唯一的希望寄托在孤子身上。一般来说，失去父亲的孩子是不幸的，但失去父亲所带来的一个直接后果却是能够更多地得到母爱。年轻守寡的母亲，在丈夫死后，唯一的希望就是孩子，尤其是男孩，特别是长子。寡母对男孩的细心照料，比较明显地体现了三纲五常中的'夫死从子'的文化精神，同时也是'从一而终'思想对女性束缚的必然结果。另外，代代相应，这种现象中孤子的学有成就也无形中起到了一种楷模作用，使古墓最终的希望永不破灭，虽然已有很大的不幸，但多数孤子的学有所成和恪守孝道，也未尝不是一种安慰，中国民间对孟母择邻教子的极端推崇，也证明这种传统的无形力量。"① 与寡母抚孤相伴的是孝子的产生。谢泳说："少年失怙者，差不多都成为清一色的孝子。孝成为孤子品格中的第一修养。"② 这种孝的产生除了一种情感的相依，还伴有对含辛茹苦的母亲的一种强烈的报恩感，甚至是一种负罪感。因此其在做任何事情的时候，总会首先考虑其母亲的感受。胡适不仅认可了母亲为其选定的与江冬秀的旧式婚姻，同时也不愿令其母觉察他的不满。胡适父亲死时尚不足 4 岁，其母时年 23 岁，可以说胡适母亲一生是比较凄惨的，既是寡居，又为后母，既要忍受寂寞，又要受气。母亲将其全部的希望都寄托

① 谢泳：《旧人旧事》，上海人民出版社 1996 年版，第 117 页。
② 同上书，第 118 页。

在胡适身上。母亲希望为胡适争取读书的权利，但是财权都在二哥的手里，受到三哥的反对后，即使生气也只有回了房里才敢流泪。而作为寡居的后母，不但要为不成器的大哥打发银钱，还要夹在大嫂和二嫂妯娌之间生气，而母亲只好忍气，虽然胡适说其母亲气量大，性子好，但其中有多少的不得已恐怕只有胡适的母亲自己知道。胡适一生好脾气正是受到了其母的影响。母亲所受的苦楚，以及母亲的训导和表率影响了胡适的一生。胡适在经历了一段放荡的生活后正是因为想起了慈母遂决定重新振作起来。而在人生头等大事的婚姻上，母亲可以说对胡适和江冬秀的婚姻起了决定的作用。胡适订婚时只有 13 岁，因为此事是母亲做主，虽然胡适并不遂意，但是却不忍伤及母亲的心。只是随着年龄的增长，胡适却一再拖延婚事，胡适在 1908 年 7 月 31 日致母亲的信中，以自己的学业，家中的负担细述不宜此时完婚的理由，同时痛表决心："男断不敢不娶妻，以慰大人之期望。即儿将来有机会可以出洋，亦断不敢背吾母私出外洋不来归娶。"① 胡适思虑周全，指出江氏处自作书解释。同时他知其母爱之深，因此以自己为此消息消瘦憔悴而感化其母，并以照片为证。胡适在留学期间与韦莲司女士有着非同一般的感情。而母亲也正是听闻了家乡的传言，几次催胡适回乡完婚。胡适在家书中一方面向母亲诉苦并以学业为托词拖延与江氏的婚事，另一方面则对其母和江冬秀加以宽慰，即使对冬秀偶露微词，亦怕引起其母的不快和猜疑，而详加解释："儿于第三号书中所言冬秀之教育各节，乃儿一时感触而发之言，并无责备冬秀之意，尤不敢归咎吾母。儿对于此事从无一毫怨望之心。盖儿深知吾母对于儿之婚事，实已尽心竭力，为儿谋一美满家庭。儿如有一毫怨望之心，则真成不明时势，不通人情，不识好歹之妄人矣。"② 除了对母亲的解释，胡适对江冬秀也颇有抚慰使其安心之意，同时也有对冬秀照顾其母真诚的感激。从胡适的家书中我们可以看出虽然胡适不愿就此婚姻，但最终还是为了母亲屈从了这段旧式婚姻。虽然胡适在婚后表现了闺房之乐，1918 年 4 月胡适在《新青

① 耿云志、欧阳哲生编：《胡适书信集（1907—1933）》（上），北京大学出版社 1996 年版，第 6 页。

② 同上书，第 60 页。

年》上发表了《婚后杂诗》五首，如第一首：十三年没见面的相思，于今完结。/把一桩桩伤心旧事，从头细说。/你莫说你对不住我，/我也不说我对不住你，——/且牢牢记取这十二月三十夜的中天明月！第五首：十几年的相思，刚才完结，/没满月的夫妻，又匆匆分别。/昨夜灯前絮语，全不管天上月圆月缺。/今宵别后，更觉得窗前明月，/格外清圆，格外亲切！/你该笑我，饱尝了作客情怀，别离滋味，/还逃不了这个时节！诗中自然表现了新婚燕尔的甜蜜以及即将离别的相思。然而在 1918 年 5 月 2 日给其叔胡近仁的信中胡适写道："吾之就此婚事，全为吾母起见，故从不曾挑剔为难。（吾不为此，吾决不就此婚，此意但可为足下道，不足为外人言也。）今既婚矣，吾力求迁就，以博吾母欢心。吾之所以极力表示闺房之爱者，亦正欲令吾母欢喜耳，岂意反此以令堂上介意乎！"[①] 而且胡适的《四十自述》从出生写至 1910 年留学美国为止，胡适与江冬秀订婚是在 1904 年，但是自传中对其订婚却只字未提，这事实上也是胡适对这场婚姻隐秘心理的一种透露。但是在 1921 年 8 月 30 日的日记中胡适写道："他（指高梦旦）谈起我的婚事，他说许多旧人都恭维我不背婚约，是一件最可佩服的事。他说他的敬重我，这也是一个原因。我问他，这一件事有什么难能可贵之处？他说，这是一件大牺牲。我说，我生平做的事，没有一件比这件事最讨便宜的了，有什么大牺牲？他问我何以最讨便宜，我说，当初我并不曾准备什么牺牲，我不过心里不忍伤几个人的心罢了。假如我那里忍心毁约，使这几个人终身痛苦，我的良心上的责备必然比什么痛苦都难受。其实我家庭里并没有什么大过不去的地方，这已是占便宜了。最占便宜的，是社会上对于此事的过分赞许，这种精神上的反应，真是意外的便宜。我是不怕人骂的，也不曾求人赞许，我不过行吾心之所安罢了。而竟得这种意外的过分报酬，岂不是最便宜的事吗？据此事可算牺牲，谁不肯牺牲呢？"[②] 胡适在给其至亲胡近仁的信中和与高梦旦的谈话中对其婚

① 耿云志、欧阳哲生编：《胡适书信集（1907—1933）》（上），北京大学出版社 1996 年版，第 156 页。

② 胡适：《胡适的日记》，中国社会科学院近代史研究所中华民国史研究室编，中华书局 1983 年版，第 199—200 页。

姻的表述是颇为矛盾的，从中也可以看出胡适对待与江冬秀婚姻的矛盾态度，他不仅尊其母意勉强就此婚姻，甚至不愿让其母亲和外人看出其对这段婚姻的不满，也只有在对近亲的私信中才会有些微的不满，但是仍嘱托胡近仁“足下阅此书后，乞拉烧之，亦望勿为外人道，切盼！切盼！”① 可见母亲在胡适心中的地位是至关重要的，虽然母亲为其安排了一场自己不甚满意的婚姻，但是胡适却连微词亦不愿发，以免伤其母心。这与鲁迅婚后对朱安的冷淡和对这场旧式婚姻沉默的反抗相比，胡适作为独子孤子对其母的感情确实可见一斑。与胡适的母亲相比，茅盾的母亲有其开明的一面，沈孔两家原为世交，五岁时即在祖父和孔繁林的谈话中定了亲，而茅盾的父亲亦因为自己曾与孔繁林的女儿定亲，只因八字不合未成，导致此女郁郁而终，这笔良心债使得茅盾的父亲极力撮合这门亲事，茅盾的母亲也不好再争。虽然沈家希望孔家令女识字，放脚，但孔家并不理睬他们的意见。茅盾的母亲在结婚前曾征求茅盾的意见：“从前我料想你出了学校后，不过当个小学教员至多中学教员，一个不识字的老婆也还相配；现在你进商务印书馆编译所不过半年，就受重视，今后大概一帆风顺，还要做许多事，这样，一个不识字的老婆就不相称了。所以要问你，你如果一定不要，我只好托媒人去退亲，不过对方未必允许，说不定要打官司，那我就为难了。”② 这段话虽然表面是征求茅盾的意思，但从母亲的语气中也可听出她并不赞成茅盾退婚，而作为性格相对优柔，又有孝子之称的茅盾，当然不忍使其母亲为难，另外此时茅盾更多地将精力贯注在事业上，认为婚后仍可识字，因此并不拒绝这场婚姻。但尽管如此，茅盾在自传中还是隐隐表达了对岳家的不满，而且婚后半月不顾“空房则不吉”的忌讳，不过半月即离家回上海了，而直到三年后才在母亲的催促下将孔德沚和母亲接到了上海同住，这不能不说隐含了对这场婚姻的微词。鲁迅、胡适、茅盾都是五四新文化运动的代表，胡适的《终身大事》即叙述了主人公田亚梅勇敢地反抗封建的陈规陋俗，争取自己的婚姻自主。而鲁迅《伤逝》中

① 耿云志、欧阳哲生编：《胡适书信集（1907—1933）》（上），北京大学出版社 1996 年版，第 156 页。

② 茅盾：《我走过的道路》，人民文学出版社 1997 年版，第 156—157 页。

的子君也喊出了："我是我自己的，他们谁也没有干涉我的权利！"然而在自我的婚姻中他们却无一例外地选择了听从母命，这实在令人慨叹。理性的决绝和感性的不舍，胡适在《"容忍迁就"与"各行其是"》中指出："吾于家庭之事，则从东方人，于社会国家政治之见解，则从西方人。"①寡母抚孤既给予了孤子难得的母爱，同时也造成了孤子一生的桎梏，纵观鲁迅、胡适、茅盾一生难以走出对母亲的歉疚和负罪，即使牺牲一世之幸福也难报母亲养教之恩，正是在这种近于畸形的爱、尊、歉、罪的复杂感情中，"五四"的闯将们一个个进入了至亲亲设的牢笼。

其次是传主的历史中间物意识。历史中间物是汪晖在论及鲁迅时首先提出来的。鲁迅首次提及中间物是在《写在〈坟〉后面》，他指出："大半也因为懒惰罢，往往自己宽解，以为一切事物，在转变中，是总有多少中间物的。动植之间，无脊椎和脊椎动物之间，都有中间物；或者简直可以说，在进化的链子上，一切都是中间物。"② 鲁迅的《我之节烈观》、《娜拉走后怎样》都是探讨女性争取个性解放和婚姻自由的力作，与此同时，鲁迅却承受着无爱无性的婚姻将近20年。他在致好友许寿裳的信中写道："仆荒落殆尽，手不触书，惟搜采植物，不殊曩日，又翻类书，荟集古逸书数种，此非求学，以代醇酒妇人者也。"③ 随感录四十最能表达鲁迅内心的无奈和悲凉："但在女性一方面，本来也没有罪，现在是做了旧习惯的牺牲。我们既然自觉着人类的道德，良心上不肯犯他们少的老的的罪，又不能责备异性，也只好陪着做一世牺牲，完结了四千年的旧账。做一世牺牲，是万分可怕的事；但血液究竟干净，声音究竟醒而且真。我们能够大叫，是黄莺便黄莺般叫；是鸱鸮便鸱鸮般叫。我们不必学那才从私窝子里跨出脚，便说'中国道德第一'的人的声音。我们还要叫出没有爱的悲哀，叫出无所可爱的悲哀……我们要叫到旧账勾消的时候。旧账如何勾消？我说，'完全解放了我们的孩子！'"④ 胡适和茅盾也表现出了同样的中

---

① 胡适：《胡适全集》（第27卷），安徽教育出版社2003年版，第539页。
② 鲁迅：《坟》，人民文学出版社1980年版，第279页。
③ 许寿裳：《鲁迅传》，国际文化出版公司2010年版，第184页。
④ 鲁迅：《热风》，人民文学出版社1980年版，第28—29页。

间物意识。胡适一方面在感情上屈就旧式婚姻，在家书中表示对旧式婚姻的认同："今之少年往往提倡自由结婚之说，有时竟破坏已定之婚约，致家庭之中龃龉不睦。有时其影响所及，害及数家。此儿所不取。自由结婚固有好处，亦有坏处。正如吾国婚制由父母媒妁而定，亦有好处有坏处也。女子能读书识字固是好事，即不能，亦未必即是大缺陷。书中之学问，纸上之学问，不过人品百行之一，吾见有能读书作文而不能为良妻贤母者多矣，吾安敢妄为责备求全之念乎？"① 但是另一方面胡适却在1918年6月的《新青年》杂志专刊《易卜生号》上发表了与罗家伦合译的易卜生的《娜拉》，并创作了独幕剧《终身大事》，号召男女青年走出家庭，争取婚姻自由，在公开的言论中他是坚决抨击旧式的包办婚姻的，他在《婚姻篇》中指出："中国男女的终身，一误于父母之初心；二误于媒妁；三误于算命先生；四误于土偶木头。随随便便，便把中国四万万人，合成许许多多的怨偶，造成了无数不和睦的家庭。……那可怪不得那些青年男女要说家庭革命了。"② 在《论贞操问题——答蓝志先》中胡适指出："夫妇的关系所以和别的关系（如兄弟姊妹朋友）不同，正为有一点异性的恋爱在内。若没有一种真挚专一的异性恋爱，那么共同生活变成了不可终日的痛苦，名分观念便成了虚伪的招牌，儿女的牵系便也和猪狗的母子关系没有大分别了。我们现在且不要悬空高谈理想的夫妇关系，且仔细观察最大多数人的实际夫妇关系究竟是什么样子。我以为我们若从事实上的观察作根据，一定可以得到这个断语：夫妇之间的正当关系应该以异性的恋爱为主要元素，异性的恋爱专注在一个目的，情愿自己制裁性欲的自由，情愿永久和他所专注的目的共同生活，这便是正当的夫妇关系。人格的爱，不是别的，就是这种正当的异性恋爱加上一种自觉心。"③ "没有爱情的夫妇关系，都不是正当的夫妇关系，只可说是异性的强迫同居！"④ 胡适自相矛盾的言论，恰恰体现了他作为历史中间物的尴尬，沈卫威指出："胡适作为传统中国向现代中国发展过程的中间物，继

① 耿云志、欧阳哲生编：《胡适书信集（1907—1933）》（上），北京大学出版社1996年版，第60页。

② 胡适：《胡适全集》（第21卷），安徽教育出版社2003年版，第26—28页。

③ 胡适：《胡适全集》（第1卷），安徽教育出版社2003年版，第644页。

④ 同上书，第645页。

往开来的启蒙师，他的婚恋的心路历程，本身就是一段蕴含着丰富、复杂内容的历史，是一个‘新文化中旧道德的楷模，旧伦理中新思想的师表’的独特、典型的矛盾体。展示这一矛盾体，得见的不仅是一代文化名人、启蒙思想家的人的本体，更重要的是他置身的那个历史时代及其文化基质。”① 与胡适相似，茅盾在其文章中对旧式婚姻也表现出了极其矛盾的态度。他在《“一个问题”的商榷·其一》中说：“我是不信有纯粹的恋爱，也不信纯粹的恋爱的永久性。父母前定的婚，除特种情形（如确知女性情乖戾或伊父母不良或因其他主见上之歧异等等）外，皆可以勉强不毁。为什么呢？因为既不涉及恋爱，在男子一方自无人格问题。既不涉及恋爱，在男子精神上当然也无痛苦。至于女子呢，我可以说中国大多数不出闺门的女子，心地空空洞洞没有恋爱的影子，那么自然也无损于人格，也没有精神上的痛苦可言了。再进一步想，我们解了父母定的婚约了，在男子固然可以另想法；但是女子如何？我不要伊，别人要伊么？伊从前不出来社交，现在一旦就‘能’出来，父母也就一旦‘许’他出来么？恐怕有些固执的女子，反要误会意思，弄出性命交关的事来呢！这岂不是为好反成恶么？所以我们要进一层想，该女子不社交无知识，是个可怜虫，我娶了他来，便可以引伊到社会上，使伊有知识，解放了伊，做个‘人’！这岂不是比单单解约，独善其身好得多么？”在《其二》中他进一步宣扬了他的利他主义：“诸君是以自由恋爱看得很重，我是以利他主义看得很重。诸君仿佛以破坏的手段改革，我是愿以建设的手段改革。所以我上次说‘伊没有知识，我娶了来之后给他知识，伊不社交，我引伊到社会上……’”② “茅盾晚年在谈及恽代英当年被认为是不般配的婚姻时，对恽代英主张的‘我们革命者是为了要使一切的人都有幸福，要是为了什么自私的恋爱而使你最亲近的人受到痛苦，要是连那为了你而牺牲自我的人都不能使她幸福，那我们还干什么革命’的婚恋观依然表示赞赏，其出发点也是人道主义思想。”③

① 沈卫威：《无地自由：胡适传》，安徽教育出版社2005年版，第79—80页。

② 茅盾：《茅盾全集》（第14卷），人民文学出版社1987年版，第58—59页。

③ 翟耀：《错位：在两种婚恋观念的冲突中——茅盾早期婚恋观的文化心理透视》，《山东社会科学》1997年第4期。

然而茅盾并非一以贯之地鼓吹利他主义，有时他也会对旧式婚姻颇露微词，在《虚伪的人道主义》中茅盾疾呼：“我们赞美言行一致的举动，又赞成不宜遏制人性的自然，所以要在现时主张离婚!”① 在《恋爱与贞洁》中茅盾说：“我或者可以简单说一句，两性结合而以恋爱为基的，那就是合于道德的行为，反之，就是不合于道德的；所以我说：恋爱男女间的一种关系底说明。”② 如果说茅盾大谈利他主义带有自我安慰之意的话，那么他强调自由恋爱的道德性，则是基于自我婚姻的有感而发。作为历史中间物的众作家，他们既能洞穿旧式婚姻的悲剧和凄凉，同时又甘当了清醒的牺牲者，甚至还有一种“我不入地狱谁入地狱”的济世的悲壮，然而这种牺牲和悲壮在多大程度上可以坚守却殊不可知。只是同样作为牺牲品的另一半的女性确是牺牲得更为彻底，就如那蜗牛一般努力爬行的朱安，就如那以柔顺换薄情的孙荃，就如那一生战战兢兢生怕失掉胡适的江冬秀，就如那以温柔挽回出轨丈夫之心的孔德沚，就如那孤苦无依的张琼华。作为这些历史的沉默者又有谁会了解她们内心的怨怼与悲凉?

尽管在传统和情感的作用下，这些作家无一例外地选择了旧式婚姻，然而他们在对待婚姻的态度上又因自我的个性的差异而表现出了明显的不同。鲁迅的个性是执拗而决绝的，虽然他不得已接受了母亲的“礼物”，但是他却用冷漠的方式表示了对母亲的抗争和不满。他与朱安几十年有名无实的婚姻，即使陪着做一世的牺牲，他也不愿稍作迁就和屈从，他甚至都不愿试着去了解朱安。他与朱安的婚姻，实际上同时制造了三个人的不幸。鲁迅对自己可以说是极尽虐待，唯求速死，母亲虽然完成了自己的心愿，但是内心对这场不幸的婚姻也是充满了歉疚和负罪感。而最可怜的则是朱安，虽然她始终在努力，但是却始终得不到鲁迅的接纳，当她得知鲁迅与许广平结婚的消息时，她彻底失望了，她说：“过去大先生和我不好，我想好好服侍他，一切顺着他，将来总会好的。好比是一只蜗牛，从墙底一点一点往上爬，爬得虽慢，总有一天会爬到墙顶的。可是现在我没有办

① 茅盾：《茅盾全集》（第14卷），人民文学出版社1987年版，第273页。

② 傅光明选编：《茅盾散文》，浙江文艺出版社1999年版，第247页。

法了，我没有力气爬了。我待他再好，也是无用了。”[①] 人们总会关注鲁迅在旧式婚姻中的悲剧，可是谁又能真正理解失语者朱安的悲凉。相对于朱安来说，孔德沚和江冬秀或可称得上幸运，这或许是因为胡适和茅盾的性格所致，他们不像鲁迅那样极端而决绝，他们总会在限度之内选择妥协。尽管他们也有不满，但他们都选择了对旧式女性的改造。胡适在家书中不断鼓励冬秀放足、识字、写信。虽然胡适在给胡近仁的信中说与江冬秀的闺阁之乐乃是做给他母亲看的，但是我们也不能否认胡适和江冬秀在几十年的婚姻中还是有感情的，而且江冬秀既不逼迫胡适做官，对胡适的生活起居照顾得更是无微不至，在1940年5月25日给江冬秀的信中，胡适写道："今天有点凉，我把你寄来的红绛色便袄穿上。我觉得右边袋里有什么东西，伸手进去一摸，摸出了一个小纸包。打开一看，里面是七副象牙挖耳。我看了，心里真有点说不出的感情。我想，只有冬秀想得到这件小东西！”[②] 江冬秀的细心和体贴由此可见一斑。而胡适在信中也总是对江冬秀非常体贴地询问其身体和家事，逢到结婚纪念日，他也要对冬秀表达一下想念之情。在1918年3月17日的信中胡适写道："今夜是三月十七夜，是我们结婚的第四个满月之期，你记得么？我不知你此时心中想什么。你知道我此时心中想的是什么？窗上的月亮照着我，可惜你不在这里。”[③] 在结婚二十年的纪念日，胡适也在信中表达了对江冬秀的想念。如果说最初结婚是为了母亲，那么几十年的夫妻相依毕竟也会生出一点真的情致。同样茅盾也是抱着改良的心态接受了旧式的婚姻，他希望通过自己的努力使孔德沚变为新女性，而孔德沚通过识字、读书、参加社会活动也确实在不断地改变着自己，而最终成为茅盾并肩战斗的同志，只是过多的社会活动又使她忽略家庭的义务，引起了茅盾的不满，这种不满从其小说《创造》中可见一斑。五四时期的思想者总在强调婚姻的社会性，事实上个例的婚姻与个人的秉性也有着不可分割的联系。决绝的鲁迅对于自己不爱的人是

① 倪墨炎、陈九英：《鲁迅与许广平》，上海书店出版社2001年版，第133页。

② 耿云志、欧阳哲生编：《胡适书信集（1934—1949）》（中），北京大学出版社1996年版，第812页。

③ 耿云志、欧阳哲生编：《胡适书信集（1907—1933）》（上），北京大学出版社1996年版，第140—141页。

坚决拒绝，甚至让人感到近似冷酷，然而一旦被人唤醒沉睡的爱，认为自己还可以爱时，他又会排除万难，与自己的爱人结合。而胡适和茅盾虽然可以妥协、改良接受包办的婚姻，但是齐眉举案到底意难平，在旧式婚姻之外他们也在寻找着自己的真爱，以弥补内心的缺憾，曹诚英之于胡适，秦德君之于茅盾，但是二人最终还是为俗世所累，回归到自己的家庭，依胡适、茅盾的性格这种回归实属必然。

## 二　出走的决绝和回归的无奈——现代中国女性作家自传的婚恋

由于男女两性在主体思维、情感感知以及受压迫程度的不同，使得他们对待旧式婚姻的态度也有所不同。与男性作家的屈从和妥协相比较，女性作家面对包办婚姻的反抗表现得更为彻底和决绝。如上所述，胡适、鲁迅、郭沫若、茅盾、郁达夫众多男性作家尽管也有对包办婚姻的抗争，但又无一例外地选择了妥协，这既与传主与母亲的复杂感情以及传主自我的历史中间物意识密切相关，同时毋庸讳言也与男性的侥幸心理有一定关系。郭沫若曾将旧式婚姻称作隔着口袋买猫。郭沫若之所以结婚后匆匆离去，以此抗婚，固然与此婚姻为封建包办有关，但与张琼华的相貌也有很大关系，因为尽管有所遗憾，在婚前他对这段婚姻还是抱着朦胧美好的幻想的。同样，鲁迅在婚前虽也反对母亲包办的婚姻，但并不坚拒，其最终的决绝不能说与朱安的相貌和小脚毫无关系。比较幸运的是郁达夫，他的婚姻虽也是母亲包办，他虽然同样对孙荃的容貌不甚满意，但是他对未婚妻的才学却是颇为赏识的。因此两人在鸿雁传书和诗文唱和中感情日渐融洽，郁达夫亲自为其未婚妻改名为孙荃。可见，男性在对待旧式婚姻时，固然针对的是一种制度，但也同时指向具体的对象，当旧式婚姻的对象尚可（容貌才学）时，男性也会愿意屈从其就与之培养感情。而与男性改良的态度相比，女性更多表现出了革命性的决绝。这自然与几千年封建文化，父权和夫权的双重压迫下她们的悲惨遭际有关。几千年的沉默一旦爆发，使得她们的反抗性也表现得更为炽烈。而且她们的反叛有时并不指向具体的对象，而仅仅是与一种制度的抗衡。她们的反抗更多具有一种理想化的色彩，即对自由和个人权利的争取。在她们的行为逻辑中自由爱情必然会走向幸福，而包办婚姻则注定走向痛苦。冯沅君在《隔绝》中写道："身命可以牺牲，意志自由不可以牺牲，不得自由我宁死。人们要不知道争恋爱自由，则所有的一切都不必提了。"① "爱情已经成为新道德的一个总的象征，很容易地取代了传统的那种礼法，传统的那种规规矩矩的礼法现在只能去束缚那些尊奉它的人。在这场解放的大潮里，爱情与自由具有同等意义，在这个意义上，通过恋爱和宣泄情感、力量，个人就能够真正成为一个充实、自由的男人或女人。恋爱也被看作是一种反抗和真挚的行为，它抛弃虚伪社会的一切人为的限制，为了去发现自己真实自我并且把它向自己的爱人敞开。"②

决绝的出走成为现代女性作家自传爱情婚姻主题的重要一翼。在家从父，出嫁从夫，夫死从子。父权成为压抑女性的第一环，也是女性主体性丧失的始作俑者。因此，走出父权的家庭就成了女性迈向自由的第一步。当然这里的父权不仅仅是指实际父亲角色的担当者，其间往往还包括母性角色的担当者。如白薇最初的悲剧正是母亲在主人一碗鸡蛋汤的款待中敲定的。而谢冰莹包办婚姻的主宰者也是视其如宝的母亲。关露的姨母，庐隐的母亲，这些女性虽然是以母性的角色出现的，但她们行使的却是父性角色的权力。因此在现代女性作家的自传中，其与母亲的对抗要远远大于与母亲的一致。谢冰莹的母亲虽然非常爱她，但是在缠足、婚姻等关乎礼教习俗的问题上母亲的态度却是非常坚决的，她认为父母之命大于天，礼教是绝对不能反抗的。而谢冰莹则宁愿牺牲生命，也不愿意屈服于旧式礼教。自杀、四次出逃，最终逃出了萧家，与萧明解除了婚约。陈衡哲则以独身主义对抗父亲为其选择的贵婿，而陈衡哲之所以选择独身主义既有对于婚姻的恐惧，害怕婚后失去自由，同时也是对于包办婚姻的拒绝却又无法彻底解放自己，接受自由恋爱。她的独身主义事实上是对旧式婚姻的逃避。父亲的逼迫和恼怒使得陈衡哲当场晕倒，由此这场逼婚匆匆告终。虽然父母答应再不逼迫于她，但是强大的心理压力还是逼迫着陈衡哲毅然走

① 冯沅君：《冯沅君创作译文集》，袁世硕、严蓉仙编，山东人民出版社1983年版，第4页。
② 李欧梵：《现代性的追求》，生活·读书·新知三联书店2000年版，第208页。

出了家庭。与陈衡哲的幸运相比，白薇的经历则是无比惨烈的。母亲一面喝着鸡蛋汤一面为白薇许定了终身。她十六岁被逼嫁到婆家冲喜，婆家寡母独子的畸形结构，使得白薇在婆家备受摧残，一次在反抗中被婆婆咬断了脚筋，她赤身露体挣脱出去，逃到河沟藏身。深夜逃回娘家，但是父亲为了他“礼教名家”的声誉，却又将白薇再次推向了火坑。白薇不堪虐待，最终忍无可忍，砸了婆家的锅灶，逃出了李家。在读师范即将毕业时，父亲再次强迫其回到婆家，自传《跳关记》即是书写了此段经历，白薇最终在妹妹和同学的帮助下，逃离了父亲的家。这对于白薇来说无异于跳出了鬼门关。关露、陈学昭、庐隐等都选择了逃离，只有离开父亲的家，才能真正摆脱父权的控制。她们的离开是决绝的，就像胡适《玩偶之家》中的娜拉，《终身大事》中的田亚梅，在她们眼中走出父亲的家庭，摆脱包办的婚姻，即是自由的获得和主体意识的显现。然而，走出父亲的家庭后会有怎样的结局，她们却来不及有过多的思考。

出走后的尴尬和回归是现代女性作家自传婚姻爱情主题的又一表现。出走之后究竟会怎样呢？胡适《终身大事》以田亚梅的出走作为结局，至于之后她的选择和今后的生活，胡适却没有写，之所以未写既是与独幕剧的篇幅有关，更是因为胡适事实上无法预断田亚梅出走后是否会走向幸福。对此鲁迅的思考则又前进了一步，子君曾经无畏地喊出：“我是我自己的，他们谁也没有干涉我的权利!”勇敢地走出了叔父的家庭，摆脱了父权的控制，与涓生自由地结合，然而结合短暂的幸福后接踵而来的则是沉沦和空虚，沉重的经济负担和人本性中的喜新厌旧都使得原来振聋发聩的自由爱情变得不堪一击。子君在自由结合的家庭中仍然只能担当传统的贤妻良母的角色，而侃侃而谈的涓生也只能承担传统男性养家糊口的重责。当他们都无法胜任自己的角色时，所有的勇敢和浪漫一化而为空洞。鲁迅在《娜拉走后怎样》中指出娜拉走后有时不免要堕落或回来。沈敦忠在《自由爱情的价值追求——20世纪文学中爱情描写的文化研究》中指出：“自由爱情的目的在自由爱情本身，或者更确切一点说，自由爱情的目的在自由爱情的形式。至于自由爱情的现代文化内涵，自由爱情相对传统的父母之命、媒妁之言的婚姻而言，它是否应有新的行为规范，自由爱情组成新的家庭之后，男女角色的家庭定位等等，当时很少深入的思考，甚至还来不及思考。自由爱情在当时最迫切的任务是争得自己自由言说和正常存在的权利。”[①] 事实上“文化由观念形态沉淀到风俗层面成为日常行为规范，是一个十分漫长的过程。这种沉淀由于不可能是在某一维度上的静态积累，更增加了日常生活中呈现形态的复杂性。”[②] 首先是一种理想的幻灭和心态的失落。庐隐经历了一次订婚，两次婚姻，她与林君最初的订婚就不是基于爱情，而是出于对母亲的反抗，这种外界的压力，反而坚定了庐隐对抗的决心，事实上这种对自由爱情的追求，指向的仅是反抗，而不关涉具体恋爱的对象，因此一旦威压消除，这种基于对抗的爱情也随之消逝，两人最终的退婚固然由于思想的分歧，但与爱情最初的动机也不无关系。庐隐与郭梦良的爱情可以说是纯粹的自由恋爱，但是不幸的是郭梦良是有妇之夫，两人的爱情受到亲友的嘲笑和反对，虽然两者真挚的爱情使其终于跨越了道德和舆论的障碍，虽然庐隐勇敢喊出了：“只要我们有爱情，你有妻子也不要紧。”[③] 但是一旦结合后，随之而来的则是痛苦胜于欢乐。庐隐在《胜利之后》中写道：“当我们和家庭奋斗，一定要为爱情牺牲一切的时候，是何等气概？至今总算都得到了胜利，而胜利以后原来依旧是苦的多乐的少，而且可希冀的事情更少了，可借以自慰的念头一打消，人生还有什么趣味？从前以为只要得一个有爱情的伴侣，便可以度我们理想的生活。现在尝试的结果，一切都不能避免事实的支配，超越人间的乐趣，只有在星月皎洁的深夜，偶尔与花魂相聚，觉得自己徜徉四空，优游于天地之间。”[④] 理想并不能等同于现实，浪漫的爱情之后必然是繁杂而琐屑的婚姻生活，如何的爱情能抵得住日常琐碎的磨砺，郭梦良在婚后忙于社会活动无暇顾及庐隐，与郭的母亲和前妻同居一室，错综复杂的关系使庐隐陷入了深深的失望。庐隐在其自传中写道：“在我的处女作《海滨故人》出版以后，我因为生活发生了变化，在这种变化中，我的心情是

① 沈敦忠：《自由爱情的价值追求——20世纪文学中爱情描写的文化研究》，湖南人民出版社2006年版，第41页。

② 同上。

③ 转引自肖凤《庐隐传》，北京师范大学出版社1982年版，第41页。

④ 庐隐：《灵海潮汐》，开明出版社1996年版，第54页。

复杂的，一方面我是满足了，——就是在种种的困难中，我已和郭君结了婚，而一方面我是失望了——就是我理想的结婚生活，和我实际的结婚生活完全相反。在这种心情中，又加着家庭的琐事，我几乎搁笔半年不会写文章。半年以后，我又继续的努力我的著作生涯，这时节所作的有《胜利以后》、《何处是归程》、《父亲》、《秦教授的失败》等短篇，又经过半年我便遭人生的大不幸，郭君竟一病而逝。在这时节我心里当然充满了绝望哀感，在我送他的灵柩回故乡安葬，我便在故乡的女师范教了半年书，在这半年中，我所过的生活，所谓极人生之黯淡生活。"[①] 其次是自由爱情之伤。梅仪慈指出："如此猛烈地粉碎文学权威和社会权威，摧毁支配她们生活的那种旧的秩序和价值观念，……一下子把她们自己的情感或是尚未定形的新关系落实到自我身上，而那种新关系也还是依赖于细腻的情感。最后获得的这种自我肯定的权利原来不过是一种靠不住的东西，为驾驭她们的生活而依赖爱情和情感，这只能使一个女人在遭遇到其他不幸时反而变得更脆弱。"[②] 自由爱情＝一生幸福，包办婚姻＝一生痛苦。但是自由之恋是否必然会有幸福的婚姻，众多女作家的爱情婚姻已为此作出了最好的注脚。白薇为了逃离包办的婚姻可谓历尽磨难，然而自由的恋爱却将她引向了另一个深渊。白薇在杨骚失恋自杀的情况下与之相识相爱，并用自己的爱情和生命重新点燃了杨骚的希望之光。然而杨骚回报给白薇的则是不断的伤害，他总是在白薇最困难和无助的时候弃之而去，而在自己备受伤害之时则回到白薇身边疗伤。他不仅给白薇带来了精神之痛，同时还将性病传染给白薇，带给了白薇致命性的打击。作为牺牲和受难者的白薇，她以地母之怀一次次接纳浪子杨骚，但是贫病的现实和爱人的无情最终摧毁了白薇的幻想。当她得知杨骚在其重病时肆意删改两人的情书集《昨夜》时，白薇彻底绝望了。虽然杨骚一度忏悔欲与白薇重修旧好，但是破碎的心灵终难复原，虽然她还会为杨骚心动、心痛，但是两人的结合却绝无可能了。同样，作为20世纪30年代追求自由和爱情的女兵谢冰莹也经历了自由爱情之痛，虽然不及白薇那样惨烈，但是也成了谢冰莹的终生之痛。

① 庐隐：《庐隐自传》，云南人民出版社2011年版，第39页。

② 转引自李欧梵《现代性的追求》，生活·读书·新知三联书店2000年版，第209页。

谢冰莹对包办婚姻的反抗是炽烈而决绝的，她在被父母“关押”期间，常与“鸣妹”鸿雁传书，而这个鸣妹正是谢冰莹的第一个爱人符浩，在《女兵自传》中谢冰莹将其化名为奇。在《亭子间的悲剧》和《爱与恨的斗争》中谢冰莹详述了两人的相爱和决裂。两人因爱而结合，但是精神的裂痕和生活的矛盾却致使了两人最终的决裂。奇因为冰莹初恋鸿的出现而引发了误会，但两人的精神裂痕却难以弥平。女儿的出生缓解了两人的精神之伤，但同时却加重了经济负担。经济的困顿，奇对打牌的贪恋，日常生活的痛苦，消磨了浪漫的爱情，而奇的入狱则无异于雪上加霜。两人最终选择了分手，而其女符冰的悲剧也由此埋下。另外如关露、陈学昭、潘柳黛他们的自由之恋都给她们带来了不同程度的伤害。包办婚姻固然会引向婚姻的不幸，但是自由爱情也并不意味着一生的幸福。再次是一种新瓶装旧酒的畸形婚姻。李小江在《解读女人》中写道：“从来的爱情故事总在‘良缘’之后戛然而止，将婚姻之后‘幸福的’家庭生活想当然地与爱情连为一体。新的婚姻形式遮盖了仍然是旧时的家庭性质，给女人继续做梦留出了想象的空间，为男人世袭的特权封存了最后的‘保留地’。接下来的，难免是女人的破梦。”① 女人历尽艰辛走出了父权的掌控，却又重新落入了夫权的魔掌。如前所述，谢冰莹堪称反封建时代女性的代表，然而最具反讽意味的是谢冰莹最终的归宿是因爱结合却嫁与了颇具“大男子主义”和“大权”色彩的贾伊箴，重新陷入了夫权的重压下，他们到台湾以后，学生找谢冰莹，问是否是谢教授家，贾伊箴都会指出这是贾公馆，这里只有贾太太而无谢教授。贾伊箴在姓氏上的较真，妇随夫姓正是体现了封建传统中女性对夫家的人身依附关系，它是夫权的一个表现。贾伊箴在事业上成就不如谢冰莹，但是他不愿成为妻子的影子，他屡次让谢冰莹及其朋友遭受尴尬，固然与其执拗的脾气有关，但更重要的则是他以强烈的自尊遮蔽了其内心的孱弱以期保护其男性的尊严和丈夫的权力。谢冰莹是一个具有极强个性的女性，她一生反对封建，追求自由，但其最终的归宿仍然是落入了夫权的压抑之中。石楠在《中国第一女兵　谢冰莹全传》中

① 李小江：《解读女人》，江苏人民出版社 1999 年版，第 154 页。

道出了冰莹的无奈："最后她遇到了贾伊箴，她以为她找到了她心目中的爱人，他们在漂泊和离乱中相依为命，她认为这就是她幸福的归宿，她在把爱献给祖国和文化教育事业的同时，也把爱全部给了他和儿女。可她却失望了，她没有收获到她预期中的幸福，而是绵绵无尽的痛苦。可她已不再年轻，对子女承担着爱和培育的责任，不能让某些人再说她是个对待恋爱婚姻随便的人。她生活的地方本来就是块封建沃土，一回想起她奋争的旅程就有种恐惧，她已遍体鳞伤，疲惫不堪了，她对她爱的信念动摇了，对真爱的希望绝望了，再也无力去继续与封建意识抗争了。她也不想为了个人的解放，让她心爱的儿女忍受痛苦的分离和心灵上的伤痛，她只能默默忍受着，把所有的委屈和懊丧吞到肚子里。"① 谢冰莹晚年皈依佛教，正是对这种内心苦闷的派遣。同样遭遇夫权尴尬的还有苏青，苏青与其夫李钦后的婚姻虽为媒妁之言，事实上他们是一种新旧合璧的婚姻，介于新旧之间，他们在通信中逐渐产生了感情。两人婚后真正的矛盾则恰恰不是发生在大家庭中，而是两人到上海组建小家庭之后。丈夫自尊心很强，不愿依赖父母，因此家庭经济拮据，每当苏青向李钦后要钱时，总要看他脸色，《结婚十年》中详述了夫妻的争吵。苏青希望为自己争一口气，也为了减轻家里的负担，开始写作投稿，然而她的成功非但没有得到丈夫的欣赏，反而换来的是丈夫的冷漠和蔑视。尽管李钦后对养家之责颇为反感，但是他又希冀妻子对他的经济和精神的双重依附。在婚姻内部，他奉行的仍是"女子无才便是德"，苏青的学问他只希望用来帮助他抄笔记，改试卷，而绝不是自我的实现。经济的补偿和男性的尊严相比较，男性宁愿选择放弃经济而选择男性在家中的绝对话语权。苏青在《结婚十年·后记》中写道："我知道男人是不怕太太庸俗，不怕太太无聊，不怕太太会花钱，甚至太太丑陋些也可以忍耐，就怕太太能干而且较他为强。"② 男性希望女性在婚前是勇敢的个性解放者，希望她们勇敢走出父亲的家庭，追求自由的爱情，但是一旦婚姻成为事实，他们便希望女性能回归家庭，退守到贤妻良母、相夫教子的角色，这对为追求自由付出巨大牺牲的女性来说，不

① 石楠：《中国第一女兵　谢冰莹全传》，江苏文艺出版社 2008 年版，第 406 页。
② 苏青：《后记·结婚十年》，国际文化出版公司 2005 年版，第 133 页。

能不是一种悲哀。自由结合的新式婚姻下掩藏的却是旧式婚姻两性关系的实质，只是它以爱的名义使一切变得更为合理而已。因此陈衡哲、庐隐都曾探索独身主义，陈衡哲认为："一个女子的天才，若是逸出了家庭范围之外，则她的唯一出路只有独身主义。不幸独身主义亦是一种违反人情的制度，可作为例外，不可作为常态。"① 陈衡哲在其小说《洛绮思的问题》中也谈到了独身主义。瓦德和洛绮思相爱三年，邻近结婚时，洛绮思惧怕婚后的家事会妨碍其事业的发展，便提出悔婚。瓦德与其解除了婚约。十年后，洛绮思功成名就，此时她却做了一个梦，梦见自己已经与瓦德结婚并已是两个可爱孩子的母亲，这实际上正泄露了其内心的缺憾。女子在婚姻上的选择，绝不是自由与否那么简单，曾经抱定独身主义的陈衡哲最终还是与任永叔结为秦晋之好，她最终没有选择洛绮思的路，而是在二女一子的天伦之乐中做起了相夫教子的贤妻良母。

尽管男女两性传主在面对婚姻爱情时表现诸多不同，但是爱情婚姻永远是现代自传书写不可或缺的主题。

## 第二节　现代中国作家自传的反思主题

自传是对自我成长经历的一种回顾性叙事。它是对自我过去经历的一种校正性干预叙事，是基于对现在的思考和未来预期之上的对过去的审视和重构，而这种重构的思想来源则是对自我的不断反思，一部优秀的自传必然是具有反思意识的自传。反思是一种回溯式的思考，它是人生体验的一种理性的再现形式，是人在认识上的一种飞跃，是认识真理的一种比较高级的方式，同时也是人不断成长和自我认同过程的必经之途，深入的反思可以体现反思者的深层价值取向和理想追求。《荀子·劝学》语云："君子博学而日参省乎己，则知明而行无过矣。"这是指古人通过自我的反思达到自我的道德修养之目的。卡希尔在《人论》中也指出："人被宣称为应当是不断探究他自身的存在物——一个在他生存的每时每刻都必须查问

① 陈衡哲：《译者前言·陈衡哲早年自传》，冯进译，安徽教育出版社 2006 年版，第 33 页。

和审视他的生存状况的存在物。人类生活的真正价值，恰恰就存在于这种审视中，存在于这种对人类生活的批判态度中。在《申辩篇》中苏格拉底说：‘一种未经审视的生活还不如没有的好’。”① 人的反思是一个相当痛苦的过程，它通常意味着对过去的否定质疑和对过失责任的担当，自我只有经过这种灵魂的撕裂和炼狱的涅槃，才能获得彻底的重生。因此摩罗在《耻辱者手记——一个民间思想者的生命体验》中指出：“一个人真正深刻的反思，只能从幻灭感和绝望感中产生，而一个没有足够的文化理想和价值指向的人，是永远也不会幻灭和绝望的。他只能以自嘲的姿态来表达自己浅薄的不满，而不可能从苦难和耻辱中崛起伟大的个性和批判的力量。”② 自传是最适于反思的文体，一个人在回顾自己一生的经历书写中，必然包含着对自我、他人、群体乃至整个历史的质疑和反思，而作为最具有反思精神的知识分子一翼的作家群体，反思必然是其自传书写主题的重要组成部分。

## 一 指向个体的反思

反思首先是指向每一个个体存在的，它是人的感性体验的理性升华，主体只有经过对自我和他人的质疑和反思，才能跨越表象进入实质，才能使过去的追忆变成一种真正的思考，反思的过程是痛苦的，但是通过反思可以唤起人的主体意识和尊严意识，摆脱人的愚昧和盲从，重获人的独立思考的能力，同时在反思和忏悔中，还可以卸下历史和道德的重负，缓解负罪引起的精神焦虑。因此反思应该是自传写作者首先具备的一种意识和能力。在中国现代作家自传中的反思既是指向自我同时也是指向他人的。

首先是一种纠缠于具体人事的他者之思。在这类反思中，传主往往是以受难者的形象出现的，其反思的矛头则指向施难的他者，在或哀怨或愤怒的叙述中建立了善恶忠奸的二元对立模式，完成了施虐者和受虐者相互

① ［德］恩斯特·卡希尔：《人论》，甘阳译，西苑出版社2003年版，第10—11页。

② 摩罗：《耻辱者手记——一个民间思想者的生命体验》，内蒙古教育出版社1998年版，第319页。

参照的苦难史的叙述。刘再复在《论新时期文学的主潮》中曾经指出："无论在政治性反思还是文化性反思中，我们的作家主要的身份还是受害者、受屈者和审判者，因此，主要态度还是谴责和揭露。但是，从总体上说，在成功中也包含着一个目前作家还未普遍意识到的弱点，这就是谴责有余，而自审不足。谴责的必要性与正确性是无可怀疑的。但是谴责者在对历史事件的批判中基本上还是站在历史法官的局外人的位置，即使是站在局内人的位置上，也只是受害者的角色。他们还未能意识到自己就在事件之中，就是历史事件的一种内容，即未充分意识到自己在民族浩劫中，作为民族的一员，也有一份责任，自己不仅是被'罪犯'所迫害、所摧残，而且自己在某种意义上也是一个'犯人'，至少是一个缺乏勇气和力量的怯懦者。"[①] 萧乾认为自己之所以会被打成右派，完全是因为误入了张光年的"圈套"，自己被打成右派，张光年则成了"引蛇出洞"的英雄。在萧乾看来张光年是造成自己悲惨命运的决定性因素。同样，在王蒙的自传叙述中，他被打成右派与负责人 W 有着直接的关系。王蒙是在 W 的"归谬法"和"小火慢攻，启发诱导"中交代出了自己的"错误思想"，而这恰恰构成了王蒙命运的转折，正是王蒙自己的交代，使得周扬最终拍板将其划为右派。在王蒙的叙述中，W 是王蒙被划成右派的关节点，如果换成一个仁慈的领导，王蒙认为自己可能就会逃脱厄运。王蒙和萧乾的这种思维模式并非个案，几乎在每一部受难者的自传中我们都能找到这样一个"奸臣当道"的小人，从维熙《走向混沌》中的右派头人是将从维熙和其妻张沪送进大墙的罪魁祸首，而没有李甲的诱骗，并将其草稿本公开，蓝翎可能就会逃脱右派的厄运，季羡林"文化大革命"中的受难，则是因为参加了井冈山派，站错了队，得罪了"老佛爷"聂元梓……在这些作家的笔下，自己之所以会遭到劫难，仿佛只是因为他者从中作梗，设下圈套，有意陷害。历史必然之祸在这些自传文本中被置换成了偶然的圈套，个人的力量成为历史的决定性因素，这就使原本深刻的反思最终归结到了具体人事的纠缠，而削弱了对体制和历史的拷问。汪民安认为："记忆有

① 刘再复：《论中国文学》，作家出版社 1988 年版，第 265—266 页。

时候会产生怨恨。怨恨的效应是报复，是复仇的种子的逐渐萌芽。有多少灾难和伤害是奠基在记忆之上的！同时，对伤痛的记忆有时会摧毁记忆者本人。”[①] 因此这种对他者的指斥虽然也有一定的反思成分，但更多的是形而下的指责和泄愤，其文本中往往充斥着一种酸气、怨气和怒气，这也会影响到作者对人对己做出理智的判断，往往是苛于人而宽于己。“人人都愿意把自己说成是受害者，也几乎是人人都有理由把自己说成是受害者。人是这样一种动物：他们善于有选择地记忆和有意识地遗忘。很多人并没有从原则是拒绝忏悔，只不过认为需要忏悔的是别人，不是自己。”[②] 如萧乾对曾经伤害自己的郭沫若、张光年、刘白羽、康濯、钟惦棐可以说是耿耿于怀，但是对于自己的爱打小报告对别人的伤害却只字不提。牛汉在《我仍在苦苦跋涉》中提到：“‘文革’前，我与萧乾同在人文社编译所。他爱打小报告，复写四五份：造反派群众组织两份，人事处一份，楼适夷一份，自己留一份。‘文革’中人事档案公开，他的小报告展现在大家面前，大家都气得不行。”“关于我有十四处，尽是胡说。根据聊天材料瞎编的。给胡乔木也打小报告。编译所开了次批斗会，是自发的，要他交代、检查、道歉。他说：‘我是老记者，技痒，不写不成哪……’”[③] 同样季羡林在自传中对他的两个“及门弟子”对自己的背叛颇为愤慨，认为他们是为了自己的利益，落井下石，有意陷害，对后来出国的“高足”愤而贬为小国的洋奴，可见其在作传之时，愤慨之情仍然不能释怀。然而在写到自己参与对陆平的批判时，作者却没有从人心人性去进行反思，而是将其归咎为自己的水平低，他说：“我的水平奇低，也中了极‘左’思想的毒，全心全意地参加到运动中来。越揭发越觉得可怕，认为北大已经完全烂掉了。我是以十分虔诚的心情来干这些蠢事的，幻想这样来保卫所谓的革命路线。我是幼稚的，但是诚实的，确实没有存在着什么个人考虑，个人打算。”[④] 季羡林仅仅用水平低和幼稚来概括其对别人的伤害，未免有些避重

① 王炎、黄晓晨整理：《历史与文化记忆》，《外国文学》2007年第4期。

② 徐友渔：《不懈的精神追求》，天津人民文学出版社2002年版，第136页。

③ 牛汉：《我仍在苦苦跋涉：牛汉自述》，何启治、李晋西编撰，生活·读书·新知三联书店2008年版，第159页。

④ 季羡林：《季羡林自传》，武汉出版社2011年版，第212页。

就轻。对别人是痛心疾首地指斥和质问，而自己的反思则如蜻蜓点水般的一笔带过，这种对人对己的双重标准显然使我们感到主体反思意识的匮乏。这种指向他人的反思和质问中充斥的是怨恨缺失的是悲悯。丁东在《容忍比自由更重要》中指出："即使并非所有的人都干过罗织罪名、党同伐异、屈从权贵、卖友求荣的恶行，然而，经历过浩劫的人，至少都学会了说谎，都懂得了求生之术，都知道如何对一种荒谬的思想与逻辑表现出顺从甚至忠诚的姿态——包括某一个历史阶段中的受害者，也无一幸免地加入荒谬的合唱。"① 每一个走过荒谬历史的人在被食的同时也在食人，在控诉别人的同时，自己早已成为历史的同谋。因此以对他人的质问和反思来证明自我的清白之身，正体现了反思者正视自我的勇气的匮乏和历史担当的缺失。

其次是一种指向忏悔的自我反思。反思是传主正视自我的第一步，而忏悔则是反思后对自我过错的担当，如果说反思需要一种能力，那么忏悔更需要极大的勇气。卢梭曾经骄傲地向世人宣告："我现在要做一项既无先例、将来也不会有人仿效的艰巨工作。我要把一个人的真实面目赤裸裸地揭露在世人面前。这个人就是我。""不管末日审判的号角什么时候吹响，我都敢拿着这本书走到至高无上的审判者面前，果敢地大声说：'请看！'这就是我所做过的，这就是我所想过的，我当时就是那样的人。不论善和恶，我都同样坦率地写了出来。我既没有隐瞒丝毫坏事，也没有增添任何好事；假如在某些地方作了一些无关紧要的修饰，那也只是用来填补我记性不好而留下的空白。其中可能把自己以为是真的东西当真的说了，但决没有把明知是假的硬说成真的。当时我是什么样的人，我就写成什么样的人：当时我是卑鄙龌龊的，就写我的卑鄙龌龊；当时我是善良忠厚、道德高尚的，就写我的善良忠厚和道德高尚。万能的上帝啊！我的内心完全暴露出来了，和你亲自看到的完全一样，请你把那无数的众生叫到我跟前来！让他们听听我的忏悔，让他们为我的种种堕落而叹息，让他们为我的种种恶行而羞愧。"② 虽然莫洛亚、保罗·德曼等对卢梭的忏悔颇有

① 丁东：《容忍比自由更重要》，《博览群书》2001 年第 3 期。

② ［法］卢梭：《忏悔录》，黎星译，人民文学出版社 1992 年版，第 1—2 页。

微词，认为忏悔是以真理的名义克服内疚和羞耻，但事实上忏悔最终指向的并非仅仅是对内疚和羞耻的克服，而是自我否定后的新生。“有生命力的更深切的懊悔行动的这种神秘之处在于：在懊悔行动中，在其连续的运动过程中，一种更高的理想主义的生存作为一种个体可能的生存出现在眼前：精神生命的层次有可能获得一种建立在聚集之上的提高，以致个体现在发现整个过去的自我状态远不及现在。”① 一个人能有勇气否定自我殊其不易，“对一个人来说，自我否定，无疑是最困难的事情之一。但人通过自我否定，能够获得自己的新生。新生了的自己，经过了变化了的自己，正是‘自传’产生的源泉”②。虽然与西方的罪感文化、忏悔传统相比，中国文化中更为注重的是隐讳文化和自我辩明，但是进入20世纪以来，受到奥古斯汀、卢梭等西方自传作家的影响，中国作家也逐渐将反思忏悔纳入了自己的自传之中。尤其是20世纪80年代以后，由于经历了反右、“文化大革命”等历史创痛，有良知的作家开始了对自我和历史的反思和质疑，并进而忏悔自己在历史中所扮演的不光彩的角色，以求抚慰内心的裂伤，找回真我，重获新生。他们在自传中的反思性忏悔主要集中在两个方面：首先是忏悔自我以革命的名义对人情包括亲情、爱情、友情的漠视践踏。张抗抗在母亲最需要自己的时候却不辞而别，这对体力精神不堪重负的母亲无异于雪上加霜。陈凯歌在其自传《我的青春回忆录》中记述了自己参与批斗父亲的场面：“我也喊了，自己听见了自己的声音，很大。我已经记不清我说了些什么，只记得父亲看了我一眼，我就用手在他的肩上推了一下，我弄不清我推得有多重，大约不很重，但我毕竟推了我的父亲。我一直记得手放在他肩上那一瞬间的感觉，他似乎躲了一下，终于没躲开，腰越发弯了下去。四周都是热辣辣快意的眼睛，我无法回避，只是声嘶力竭地说着什么，我突然觉得我在此刻很爱这个陌生人，我是在试着推倒他的时候发现这个威严强大的父亲原来是很弱的一个，似乎在这时他变成了真正的父亲。如果我更大一点，或许会悟到这件事是可以当一场戏一样来

① ［德］舍勒：《懊悔与重生·舍勒选集》（上），林克译，刘小枫选编，生活·读书·新知三联书店1999年版，第705页。

② ［日］川合康三：《中国的自传文学》，蔡毅译，中央编译出版社1999年版，第201页。

演的，那样，我会好受得多，可我只有十四岁。但是，在十四岁时，我已经学会了背叛自己的父亲，这是怎么回事？我强忍着的泪水流进喉咙，很咸，它是从哪儿来？它想证明什么？我也很奇怪，当一个孩子当众把自己和父亲一点一点撕碎，听到的仍然是笑声，这是一群什么样的人民呢？”① 钱理群在《我的精神自传》中也对自己在“文化大革命”时烧毁父亲的照片以及对别人的伤害进行了忏悔。在压力之下，为了摆脱自我的困境，而编造的谎言对朋友的伤害无疑越过了钱先生的做人底线，以至于数十年后面对沧桑的老友仍感愧悔不已。钱理群先生指出：“我回顾自己的一生，这是一种充满苦难与屈辱的记忆，最不堪的记忆还不在外在的压力，而在于自己内心的动摇、屈服，以至叛变，自我人性的扭曲、丑恶，以至变态。这样一些惨不忍睹的记录，我的一生太多了，特别是前半生。太多的动摇、屈辱、背叛、扭曲、变态……我无法抹去这一切，它梦魇般地压在我的心头，像一座座坟……”② 韦君宜也在《思痛录》中记述了自己和杨述对被冤枉的表兄杨肆的冷漠。革命是推动历史发展的重要动力，但它同时也会成为残酷和冷血的借口。作家在此忏悔的恰恰是革命迷乱中对人伦关系的肆意践踏。“父慈子孝，兄友弟恭”的人伦之爱，被当成了革命的绊脚石，人们在革命的名义下，轻而易举地跨越了灭亲的心理障碍，消除了毁灭亲情、爱情、友情所带来的罪恶感，反而由此产生一种自我崇高化带来的幻觉，人正是在这种幻觉中丧失了理性，一切罪恶都不再成为罪恶，而变为伟大的正义。反思之后则是忏悔自我在历史中曾经扮演的不光彩角色。充满创痛的历史翻开了崭新的一页，但是充满裂伤的灵魂却备受着良心的折磨，狂人震惊的不仅是四千年的史书只写着通红的两个字“吃人”，更使其陷入痛苦难以自拔的是自己也参与了历史的罪恶，亦是食人者之一，自己在批判历史的同时早已成为历史的同谋，只有通过忏悔才能涤荡自己的罪恶，获得灵魂的安宁。三反五反运动中，韦君宜对因几角钱而被打成“老虎”的丁磐石穷追不舍地追问，并责令其深挖思想动机。使得丁磐石连日失眠，女朋友也差点告吹。韦君宜对此忏悔道：“而我实在

① 陈凯歌：《我的青春回忆录》，中国人民大学 2009 年版，第 63—64 页。

② 钱理群：《我的精神自传》，广西师范大学出版社 2011 年版，第 21 页。

是从这时开始，由被整者变成了整人者，我也继承了那个专以整人为正确、为‘党的利益’的恶劣做法。这是我应当忏悔的第一件事，所以记在这里。”① 戴厚英一直是以“左”派的面目出现的，反右时期她就锋芒毕露，口诛笔伐，有“小钢炮”之称。与她同系的沙叶新曾形容她批判的威力：“能言善辩，锐不可当，口角寒风，令人战栗。我虽不是受批判者，也觉得针芒在背。”“文化大革命”时期她更是晋升为作协“文革领导小组”的“第四把手”。她与闻捷的相识，本是专政者与被专政者的关系，然而闻捷的不幸遭遇引起了戴厚英深深的同情，两人由同情产生了爱情，而也正是闻捷的爱情和他的死亡引起了戴厚英深深的震撼，拯救了戴厚英的灵魂。早在其小说《人啊，人》中戴厚英已经开始了她的反思和忏悔。她为自己对老师（钱谷融）的批判而悔恨，而二十年后，她在小说中所宣扬的则正是过去她所批判的东西，她为自己曾经所扮演的“大批判”的“小钢炮”，“红司令”的“造反兵”而愧悔。她说：“我明白了，不论是人、是鬼，还是神，都被历史的巨手紧紧地抓住，要他们接受实践的检验。都得交出自己的账本，捧出自己的灵魂。都得把双手伸在阳光下，看看那上面沾染的是血迹还是灰尘。我微如芥末。但在历史面前，所有的人一律平等。账本要我自己去结算。灵魂要我自己去审判。双手要我自己去清洗。上帝的交给上帝。魔鬼的还给魔鬼。自己的，就勇敢地把它扛在肩上，甚至刻在脸上。”② 在反思过后，戴厚英认识到，“我一直在以喜剧的形式扮演一个悲剧的角色：一个已经剥夺了思想自由却又自以为最自由的人；一个把精神的枷锁当做美丽项圈去炫耀的人；一个活了大半辈子还没有认识自己、找到自己的人。”③ 在十年后的自传《性格命运——我的故事》中戴厚英继续了之前的反思。她坦承了自己在“市委写作组”的经历，并对这段经历做出了反思。她认为正是由于自己的恃才傲物、不甘寂寞，对“被批”的恐惧以及对毛泽东的崇拜和迷信使其在“文化大革命”

---

① 韦君宜：《思痛录》，北京十月文艺出版社 1998 年版，第 23 页。

② 戴厚英：《〈人啊，人〉后记·1979---1983 文艺论争集》，沈太慧等编，黄河文艺出版社 1985 年版，第 206 页。

③ 同上。

中扮演了不光彩的角色，而面对自己的灵魂，戴厚英不断地拷问自己到底在“文革”中扮演了怎样的角色，她借用米兰·昆德拉的《生命不能承受之轻》将自己定位为“政治媚俗者”。理性的退隐和独立思考的缺失最终使其成为历史的迷失者。正如沙叶新所论尽管戴厚英曾经有过历史的迷误，然而与那些赖账的英雄相比，如此深刻的自我剖析，确实难能可贵。因为并不是每一个走入历史的迷失者，都能赤裸裸地面对自己的灵魂，“掘心自食，创痛酷烈，本味何能知？痛定之后，徐徐食之，然其心已陈旧，本味又何由知？”① 也许这种掘心自食，创裂酷痛的滋味，非忏悔者本人绝难道哉吧？

## 二　指向群体的反思

反思是多向度的，它既可以指向个体，同时它也可以指向一个群体，尤其是经历过历史创痛的知识分子群体。萨义德说：“我一向觉得知识分子扮演的应该是质疑，而不是顾问的角色，对于权威与传统应该存疑，甚至以怀疑的眼光看待。”② 而中国知识分子在新中国成立后的三十年却长期扮演了权势和体制的依附者，丧失了主体人格和独立思考的能力，甘当政治权威的工具和附庸，不仅践踏了他人的生命和尊严，同时也摧毁了自我的理性和良知。这对于被誉为“社会良心”的知识分子群体无疑是一场灵魂的浩劫。知识分子如果失去自我的思考，失去对真理的追求，其人格精神势必会走向依附和堕落。知识分子只有深刻反思群体在历史劫难中扮演的角色，重新定位自己的社会角色，才能避免重蹈覆辙。

### （一）“五七”右派——“文化大革命”受难者群体的反思

右派群体是指1957年中被错划的约55万知识分子和爱国民主人士。在80年代以来的作家自传中曾经有过右派经历的传主可以说构成了一个庞大的群体。王蒙、从维熙、刘绍棠、丁玲、陈白尘、黄秋耘、流沙河、萧乾、钱理群、舒芜、蓝翎、徐光耀等等不一而足。从50年代末的蒙冤到

① 鲁迅：《野草》，人民文学出版社2000年版，第41页。

② ［英］爱德华·W. 萨义德：《知识分子论》，单德兴译，陆建德校，生活·读书·新知三联书店2002年版，第103页。

70年代末的昭雪，这些作家二十多年的悲惨际遇使他们对社会、对政治尤其是对知识分子群体都有了深刻的反思和认识。

首先是对知识分子独立性丧失和依附权势的反思。中国现代知识分子来源于古代的“士”阶层，而对皇权的依附始终是“士”阶层不能摆脱的宿命。许纪霖认为：“在宗法一体化的社会结构中，由于这三张大网的制约和影响，中国传统知识分子的职业高度单一化，经济上、政治上的人身依附关系十分严重，而在意识形态领域中也从未获得过真正的思想自由，表现过锐意创新的精神。”① 对权力和权力承载者的迷信和崇拜深深影响了知识分子的心态。新中国成立之初党的政策使得知识分子都具有了单位的归属，这使他们结束了民国时期自由撰稿人的状态，而进入了有所保障的人生安稳期，但是他们同时需要付出的代价就是与现行体制的协同以及对其无条件地服从。马克斯·韦伯指出：“随着中国俸禄制之逐渐实施，士人阶层原先精神的自由活动也就停止了。”② 经济的依傍对于中国知识分子政治和思想上的依附起到了至关重要的作用。另外，毛主席带领共产党结束了中国长期的战乱局面，使人民过上了安定幸福的生活，从新中国成立之初来看，国内确实是一片欢欣鼓舞的祥和气象，而知识分子对毛主席和共产党领导的认同应该说是一种历史的必然和理智的选择。然而在社会发展的过程中，这种理智的选择却逐渐转化成了一种盲从和个人崇拜，从而堕入了非理性的迷误之中。戴厚英在《性格命运——我的故事》中描写了自己对毛泽东的崇拜，每次看到毛泽东的形象，戴厚英都会感到由衷的感动和敬畏。沈从文在1951年11月8日给张兆和的信中提到自己“要好好的来为国家拼命作事下去，来真正做一个毛泽东小学生!”王蒙在被打成右派后仍然表现出一种蒙昧的乐观，这种盲目的乐观恰恰显示出了传主当时的个人崇拜情结和独立思考能力的缺失。韦君宜经历了延安抢救运动，而新中国成立后的一系列政治运动韦君宜都是参与者，对此韦君宜不可能毫无自己的想法，但是她仍然不愿意将这种思考延伸下去，她说：“那两年的实际情况是一面牢骚满腹，一面继续做

① 许纪霖：《智者的尊严——知识分子与近代文化》，学林出版社1991年版，第8页。

② ［德］马克斯·韦伯：《儒教与道教》，洪天富译，江苏人民出版社2005年版，第95页。

'驯服工具'，还在努力说服自己。只要气候上稍微转暖一点点，马上就欢欣鼓舞，全原谅了。"[①] 钱理群先生指出："人们开始是出于信任，以后则出于盲目的'惯性作用'，逐渐接受了这样的'理论'与事实：探索中国发展道路的这些'大事'是毛泽东这样的领袖的特权，而我们普通老百姓（包括知识分子）只需要按毛泽东的指示办事，踏踏实实地做好本职工作。包括我自己在内的中国五六十年代成长起来的这一代知识分子中的大多数，就这样作出了关键性的错误选择：他们半是被迫、半是主动地放弃了探索真理的权利，放弃了独立思考的权利；这不仅是从根本上背离了鲁迅所开创的中国现代知识分子的历史传统，而且也是知识分子历史品格的丧失：在社会分工中，以思考作为本职的知识分子居然停止了独立思考，甘心做驯服工具，这真是历史的大倒退、大悲剧，也是历史的大嘲讽。但我们却长期以来对此麻木不仁，安之若素，甚至沾沾自喜。"[②] 丧失了独立思考能力的知识分子必然害怕成为体制和革命的异己者，他们要千方百计地寻找一种身份和归属感，因为只有混迹于群体之中才是最安全的，而"人民"则是他们最好的归宿。因此这一时期的知识分子最怕的就是被开除出"人民"的行列，因此季羡林在受到批判后最为关心的就是自己矛盾的性质，而在"文化大革命"之初，当得知自己仍属于人民的队伍时季羡林可以说是欣喜若狂，他写道："很多以前有选举权的'人民'，现在成了走资派，相应被挤出'人民'的范围，丢掉了选票。我幸而还留在人民内部，从而保住了选举权。当我在红榜上看到自己的名字时，那三个字简直是熠熠生光，仿佛凸出来一样。当年在帝王时代'金榜题名时'的快乐，恐怕也不会超过我现在的快乐，我现在才体会到，原来认为唾手可得的东西，也是来之不易啊！投票的那一天，我换上了新衣服，站在'人民'中，手里的红红的选票像千斤一般重。我真是欢喜欲狂了。"[③] 知识分子可以在检讨时上纲上线，自轻自贱甚至是自虐，其目的只为保留自己留在人民队伍的权利。甚至是被视为体制异己者的胡风，在实质上他仍然是希望得到体制的认可，他所呈献

① 韦君宜：《思痛录》，北京十月文艺出版社 1998 年版，第 45 页。
② 钱理群：《心灵的探寻》，北京大学出版社 1999 年版，第 307—308 页。
③ 季羡林：《季羡林自传》，武汉出版社 2011 年版，第 215 页。

的《三十万言书》事实上与古代忠臣直谏献策没有什么本质的区别，所不同的仅仅是他在这种崇拜和依附中还希望保留自己一点点思考的能力和做人的尊严。其友贾植芳就曾指出："中国知识分子就是这样，他永远也摆脱不掉政治情绪这只'红舞鞋'。"① 许纪霖曾对知识分子的独立人格有一段定义："政治角度而言，主要指个体的自主性和社会批判精神。具体地说，即表现为不依傍任何外在的精神权威，不依附于任何现实的政治势力；在真理的认同上具有独立的价值判断能力，并依据内心准则而自由行动；在社会实践生活中，积极参与政治，成为改造社会的独立批判力量。"② 知识分子只有摆脱长期以来对权力的依附地位，重新找回自己的独立人格，充当体制和权威的质疑者和批判者，理性才能得以回归，灵魂才能得以净化，尊严才能得以恢复，深刻的反思才能得以真正的实现。

其次是自我的奴化和奴役他者的反思。钱理群先生指出："先是对知识分子确实存在的弱点的夸大——具有'反省'传统的中国知识分子很容易就接受了这种夸大，纷纷自觉地谴责自己；然后打出了'兴无灭资，反对修正主义'的旗号——对西方及苏联的封锁极端反感，被激起了民族主义、爱国主义热情的中国知识分子，也很容易地从'保卫中国意识形态的纯洁性、独立性'的角度接受这些口号；然后在'兴无灭资，反对修正主义'的神圣旗帜下，把以科学与民主为中心的现代意识统统划到'资产阶级、修正主义思想'的范围，而予以根本否定与彻底践踏。"③ 知识分子已经不再是真理和正义的表达者，知识本身已经成为罪恶，知识分子只有经历彻底的改造和脱胎换骨，才能洗清自身的罪恶。这种内化的罪恶感使得知识分子感到了自身的卑微，只有通过自轻自贱、自我贬损甚至是自我虐待，才能达到自我的救赎，只有通过对别人的践踏才能证明自我的清白，于是自我奴化和奴役他者也就成了知识分子在那个特殊年代的必然选择。知识分子通过自我的贬损和自虐来洗清罪恶，抵达自我的救赎。救赎的前提是有罪，而在那个特殊的年代，是否有罪是一个不证自明的问题。无论

① 贾植芳：《我的人生档案——贾植芳回忆录》，江苏文艺出版社 2009 年版，第 205 页。

② 许纪霖：《许纪霖自选集》，广西师范大学出版社 1999 年版，第 43 页。

③ 钱理群：《我的精神自传》，广西师范大学出版社 2011 年版，第 82 页。

你的立论依据是什么，结论却是一定的：那就是你是有罪的。因此在这个有罪的前提下，知识分子就必须绞尽脑汁深挖自己的罪恶。季羡林在尚未遭到批判时已感到了惶惑不安和岌岌可危，他迫切地需要确定自己的错误，为自己找一顶合适的“帽子”，只有给自己戴上一顶“帽子”，他才能感到踏实和安心。虽然自己是否走了资本主义道路，连他自己都不清楚，但是只有给自己扣上这两顶帽子，才能证明自己真的有罪，只有知道自己有罪才能改造，只有改造才能得到“人民”的谅解，重回人民的队伍。摩罗说：“他们越是受到集体的歧视，就越是要哀求着企图回归集体，而处于哀求中的人乃是最驯服最奴性的人。这一代知识分子的非人遭遇和精神困境确实最值得后人同情与悲悯。”① 与自我降罪相辅相成的是自贬、自弃以至自虐。人在无力把握自己的命运之时，无奈只能内化为一种自贬和自嘲。王蒙说：“这段期间，我们的口才就都放在自我糟蹋上了。如领导让我们评改造的‘上游、中游、下游’。我们干脆自称‘下流’。谈到何时被揪，便说那时脸色与‘屁熏’的一样。说到谁谁死了，便说无非‘臭了一块地’。说到自己怎么‘定了性’，划成了什么什么，便说‘这回踏实啦’。”② 人在自我赎罪的过程中会产生一种自虐的倾向，只有通过这种自我虐待尤其是肉体上的虐待以达到一种灵魂和精神的解脱。从维熙得了脚气病，被病菌感染，脚肿得像大馒头一样。但是他仍然坚持去劳动工地，即使曹队长劝说，仍然不回。我们当然可以说这是一种舍己忘我的精神，但是他背离了人的常态，他并非出于一种忘我的高尚，更多的是一种自虐式的解脱。多年之后，他反思道：“几十年后回首当年的这种现象，既有50年代革命英雄主义教育的潜影，更有几千年知识分子流传下来的奴性思想基因的影响，总是想通过‘逆来顺受’而最终达到解脱痛苦的目的。”③ 当然这不仅是一种个体现象，而是整个知识分子群体的一种普遍现象，“比如右派分子除去经常连轴转——白天干到深夜、深夜干到白天之外，

① 摩罗：《耻辱者手记——一个民间思想者的生命体验》，内蒙古教育出版社1998年版，第50页。

② 王蒙：《半生多事》，花城出版社2006年版，第177页。

③ 从维熙：《走向混沌》，花城出版社2007年版，第97页。

还经常自发地组织什么竞赛。新年刚过，天冷得滴水成冰，连那不封冻的山间泉水，周围也结了一层光洁的冰。这时，我们组织了挑水上山浇灌果树的劳动竞赛。山路弯弯，扁担颤颤，每个右派分子都怕名落孙山，因而个个奋勇争先。有的为了提高效率，在归途上不走小路，而是跳崖夺路而下。"[①] 没有电灯，熬夜用明拈儿烧煤油，熏得人五官全黑。事实上改善一下灯的状况并非不可，但是右派知识分子正是借此达到一种自虐，王蒙写道："无法再说下去，其实改善一下灯的状况不难，但是这里也有一种受虐狂，有一种对科学与科学主义的轻蔑：都右派了，要科学有屁用？你鼻子不熏黑，谁来熏呢？"[②] 除了自我的奴化之外，对他人的攻讦，相互倾轧的窝里斗也是知识分子奴性的显现。"在一个通常由农民意识和流氓无产者意识成为主导意识的社会，深蕴着对于知识和知识分子的基于自卑感的轻贱和敌意。当这种轻贱和敌意失去文明的制衡而恶性扩张时，知识分子身份本身即意味着卑贱、罪恶与厄运，于是知识分子普遍不敢成为知识分子，他们企图通过迫害别的知识分子而使自己与这个卑贱的群体区别开来，企图借别的知识分子的苦难和鲜血让自己获得对那个正统而又强大的国家集体的归属感和主人感。为什么奴才常常比主子更为凶残，就因为奴才需要用惊人的凶残不断强化他的这种归属感和主人感。所以，那些迫害别的知识分子的知识分子是虚弱而又可怜的，他们总是会在适当的时候分毫不差地重复那些被迫害者的命运。他们一度强烈的主人感乃是虚假的，任何放弃主体人格将自己出卖给集体的人，都只能是奴隶与工具。"[③] 对知识分子得势时的刻薄和残忍，可能只有知识分子体会最深。郭允德只因问字，却引祸上身。他向王玉琦问"轧"字怎么写，是不是"砸"？他把"砸"字写在一个烟盒片上。晚上学习时无意写了"毛泽东"三个字。结果被姓刘的同类告发，并构成了反革命事件。而王玉琦和史镇华出于同情，欲说明事情原委，结果被人打成了"乌眼青"，而郭允德则被判了有期徒刑。

① 从维熙：《走向混沌》，花城出版社2007年版，第43页。

② 王蒙：《半生多事》，花城出版社2006年版，第181页。

③ 摩罗：《耻辱者手记——一个民间思想者的生命体验》，内蒙古教育出版社1998年版，第58—59页。

"按说知识分子，都有着缜密的思维，这其中的荒唐，是谁都能分辨清楚的"，但是一部分人却践踏着别人来证明自己的革命和清白。"点头右派"和"摇头右派"的悲剧则向我们再现了历史的荒诞和人性的卑劣和残忍。"点头右派"因为颈椎病，看大字报时头上下蠕动，而被定性为赞成攻击党的大字报，当他找骨科大夫开具病历证明时，大夫只因知道他是右派而对其拒开证明。而"摇头右派"则只因私下对"点头右派"表示同情，难过地摇摇了头，而被同事告发，从而成了"摇头右派"。最令人心寒的则是，当"摇头右派"打了同事一耳光遭到批判时，"点头右派"却又被拉出来对其进行批判。历史的荒谬和讽刺中纠缠的是知识分子人性的卑怯和变态。"点头右派"何其可怜，然而又何其可恨，当他束手成为时代的牺牲品时，却以批判自己的同情者作为自己最后的挣扎，他最后的精神分裂也实属必然。建源君的悲剧更是欲加之罪何患无辞，他在洗衣服时对傅××说衣服领口和袖口两个部位最脏，结果被傅××告发，人尽皆知的生活常识却被演化为对领袖恶攻的反革命言行。"荒唐的年代产生荒唐的逻辑，荒唐的逻辑又演绎出荒唐的推理"，但是对于当事人来说却无异于一场灭顶的灾难。反右时期，人人都变成了符号学家、联想学家，而知识分子则尤甚，因为它的知识使他的联想更丰富，更能切中要害，而对于荒唐的逻辑推理也更能自圆其说，在此知识本身也充当了罪恶的工具。爱德华·萨义德认为："不管个别知识分子的政党隶属、国家背景、主要效忠对象为何，都要固守有关人类苦难和迫害的真理标准。扭曲知识分子的公开表现莫过于见风使舵，噤若寒蝉，爱国大话以及反省的、自吹自擂的变节。"① 当面是人，背后是鬼，当面称兄道弟，背后暗下杀手，让贾植芳充分体会到了人性的复杂。"汇报人"看风使舵，落井下石则让季羡林深深感受了世态炎凉。"众右派们也有一种受虐狂，有一种积极性，愿意（?）互相批斗，尤其愿意至少是习惯于把自己深受的一切强梁粗暴施之于人，己所不欲（而不得不接受后），（驾轻就熟地）转施于人。不欲己受，必受他人。不欲，则授受最亲。常挨打的人打人容易凶狠，被冷淡

① ［英］爱德华·萨义德：《知识分子论》，单德兴译，生活·读书·新知三联书店2002年版，第4页。

的人容易冷淡旁人。这也是人性的一个变种。”① 从维熙说：“中国知识分子整起知识分子来，那种不扒掉你一层皮不松手的劲儿，实在超过拦截伍子胥闯关的那些蛮勇之夫。”② 萧乾也认为：“许多往事使我深感到，即使在‘文革’期间，真正的工农也仍是善良的。个别知识分子整起旁的知识分子来，才手毒心狠呢！”③ “煮豆燃豆萁，豆在釜中泣。本是同根生，相煎何太急！”我们无意于站在理想主义的立场对极致年代的知识分子加以指斥，我们也无意于鼓吹道德的神话，但是我们仍然不得不面对知识分子精神深处的霉斑，“我们也许有一百种理由喟叹我们的历史境遇过于严酷，可是，我们不是更有一千种理由反思我们自身的软弱、自私和卑污吗？”④ 也许我们所做的已经远远超出了“革命”所赋予我们的权利，跨越了知识分子做人的底线，人性深处的奴性和卑劣在革命的名义下得到了淋漓尽致的表演。试问除了反思和忏悔，我们还有什么方式能够告慰那些受伤的灵魂，洗涤我们群体的罪恶？

（二）“红卫兵——知青”群体的反思

“‘红卫兵’与‘知青’是一代人的两种身份，是一种思潮的两个阶段，是一种精神的两种形式。”⑤ 长达二十多年的上山下乡运动已被历史证明是对现代化历史发展进程的一种倒置，而处在特殊历史境遇中的“红卫兵——知青”一代则在历史中扮演了迫害者和被害者的双重角色，当曾有的理想和激情被日常生活的艰辛和琐碎消磨殆尽，当他们试图返回那个曾经出走的城市，却发现自己已经成了城市的弃儿。红卫兵的理想主义已经变得空洞和虚幻，他们秉持的英雄主义已被看成了一种狂热和盲从。从感情上来说，上山下乡运动裹挟着一代人的青春，维系着他们的生命和曾有的梦想，即使这场运动的谬误已被历史确证，知青一代却很难从情感上与其完全割舍。孟繁华说：“他们短暂的生活阅历使他们不得不反复重复对这一生活的认识，他们先是控诉自己的遭遇，但又不愿否定自己的青春

① 王蒙：《半生多事》，花城出版社 2006 年版，第 180 页。

② 从维熙：《走向混沌》，花城出版社 2007 年版，第 55 页。

③ 萧乾：《未带地图的旅人》，江苏文艺出版社 2010 年版，第 310—311 页。

④ 摩罗：《不死的火焰》，中国工人出版社 2002 年版，第 165 页。

⑤ 许子东：《“红卫兵——知青”视角的“文革记忆”》，《文艺争鸣》1999 年第 6 期。

史，于是他们以想象的方式构筑了不同的‘青春悲壮史’，在这些悲壮的、大写的青春史中，他们有了自我确证的依据。”[1] 但是他们的感情又是极其复杂的，像范小青一方面为自己曾经的“铁姑娘”称号而骄傲，但是另一方面她也不得不承认这段“铁姑娘”的生涯为她们留下了日后的病痛。情感的维系无法代替理智的反省，当知青一代逐渐地长大和成熟，他们必将对这段荒谬的历史进行反思。

首先，反思空洞的英雄主义和理想主义，反思人性深处的卑劣和虚怯，重新寻找亲情的抚慰。上山下乡运动以政治的神话使亿万青年为之躁动和迷狂。他们以自己的理想、青春和激情投入了那个巨大的神话，“扎根农村”的豪言壮语随着激情的褪去，岁月的消磨而变为了一个空洞的乌托邦。离开农村成了他们唯一的生活目标。在这场回城的争夺中尽现了人性的卑劣、狡诈和残忍。张抗抗在《谁敢问问自己》中反思了知青一代悲剧中的人性因素。她指出：“如果知青能够正视自己当年的愚昧无知，正视狂妄自大和胆怯懦弱，正视虚荣和野心，正视私欲和利己动机，知青便没有权利认为所有的错误和罪孽都是时代造成的；知青不仅仅是受害者，在受苦受害的同时，为了摆脱苦害，知青彼此间的残酷争斗，甚至波及周围的人，直至互相心灵的严重戕害。当我们探寻悲剧的根源时，我们痛心地发现，原来知青与‘文革’是互为因果的。恰恰是这一代人的行为和思想，维护并维持了旧日的体制；他们是悲剧的扮演者，其实也是剧中人之原型。”[2] 当年曾经豪情万丈的上山下乡运动最终以悲剧和闹剧而收场。肖复兴在《触摸往事》中感叹世事的变化，上山下乡的两大主体都已变得面目全非。原本庄严的大印，被悬挂在医院的窗前任人随便盖印，原本寄予美好理想的广阔天地，成了人人厌弃急于逃离之所。那些曾经信誓旦旦要在农村扎根一辈子的知青，却一个个最先离开了这里，而只剩了那无名的孤魂永远留在那里。“当知青纷纷离去之后，那小树林的土坟上也许已经长满了青草，连清明时节的花圈也不会再有了；那么曾刷过油漆的木牌也许早已锈蚀，再也看不清上面的名字。没有人知道他们是谁，哪一年来自

① 孟繁华：《1978 激情岁月》，山东教育出版社 1998 年版，第 112 页。

② 张抗抗：《自序・谁敢问问自己》，时代文艺出版社 2007 年版，第 3 页。

哪一个城市，曾就读于哪一所中学。"① 曾经的辉煌变成了彻底的遗忘，曾经的"烈士的坟墓和墓碑都没有了，只剩下一片荒草在风中凄清萧瑟地摇曳。这是一个女知青，和我曾经同在一个队，那样活泼可爱像一只小山雀的一个姑娘说没就没了。当年，她还不到20岁。在她的墓前，我们曾经开过隆重的烈士命名大会，哀悼她，纪念她，学习她，表示永远不会忘记她，并且，在她的墓前还特意种上了几株小白杨树苗，代表着人们在她的身边永远守护。可是，现在什么都没有了，履为平地，连长大的白杨树都砍了去盖房子或烧火，访旧为鬼，惊乎衷肠，我垂下头，无颜以对。我们人类的健忘，简直比老鼠撂爪就忘的还要快，还要不可救药"②。时过境迁，当人们认清了理想主义和英雄主义的空洞，只有回城才能重新找回自己的身份和尊严，然而城市对他们则是一种拒斥和冷漠的态度，"北京城没有像当年我离开它到北大荒时热烈欢送一样，热烈欢迎我的归来。它比我想象得还要冷漠，它几乎把我给彻底地遗忘了"③。付出和献身所得到的回报却是遗弃，知青的心中充满了失落和隐痛，那曾经被他们践踏在脚底的亲情成了他们人生唯一的抚慰。"我是第一次想到这些问题，人性。在以往那些所谓革命的日子里，我竟然一点也不懂这些做儿女、做人最起码的责任，人性中的感情之花就这样被残酷地吞噬而枯萎得只剩下一片灰烬。我为自己以往所做的一切感到深深的惭愧。"④

其次，反思群体暴力的狂热和残忍。知青文学中更多的是诉说自己的受难和牺牲，却绝少提及自己的前世今生。张抗抗是知情反思意识比较强烈的作家。她在自传《谁敢问问自己》中曾经指出了知青的前身红卫兵在城市中所掀起的打砸抢运动，在他们成为知青后则将这股野蛮和狂躁的作风带入了乡村。"'文革'如果失去数千万'老三届'红卫兵和知青中激进分子的参与，是不可能形成如此巨大的'规模效应'的。'文革'之所以能够持续10年之久，知青中的原红卫兵们，起到了其他阶层难以起到的

① 张抗抗：《谁敢问问自己》，时代文艺出版社2007年版，第107页。
② 肖复兴：《触摸往事》，吉林人民出版社1998年版，第361页。
③ 同上书，第204页。
④ 同上书，第214页。

恶劣作用。所以说，这一代人是被‘四人帮’充分利用和借助的政治力量。”[①] 钱理群在《青春是可怕的》中记述了1966年8月18日，北京101中学的红卫兵从天安门游行归来，激情满怀地要干一番惊天动地的革命大事业。将老师陈宝坤狂打之后，扔进喷泉池。而这群红卫兵则一边狂笑，一边向老师扔石头，最终将其致死。而陈凯歌在其《我的青春回忆录》中也写到了这种群体的暴力和残忍。“已经记不清究竟多少次看到大大小小斗争会的场面。一些人在另一些人的逼迫下，站在更多的人面前。他们使他们的身体向前几乎折成两截，按住他们的头颅，抓住他们的双臂，从背后伸向天空；他们成排地打落他们的牙齿，整把地揪掉他们的头发；在他们昏迷时突然放开双手，让他们跌得头破血流；他们用细细的铁丝系住哑铃或杠铃盘，挂在他们的脖子上，眼看着铁线没于肉内。”[②] 在暴力的蔓延中，男女学生对人体的伤害成了家常便饭。轻则遍体鳞伤，重则被活活打死。钱理群说：“中国的‘文化大革命’正是历史为青春提供的‘一个游乐场’：中国的红卫兵一知半解却狂热地相信人们教给他们的‘革命雄心壮志’以及相应的‘豪言壮语’，决心横扫一切牛鬼蛇神，把中国改造成纯而又纯的‘革命圣地’，成为世界革命的基地与中心——他们把中国传统的浪漫主义乌托邦理想与‘中华民族文化中心梦’发挥到了极致。然而，也正是这‘一大群狂热的孩子’，他们既是真诚又是虚假的‘激情和幼稚的姿态’，却真的变成了一个灾难的现实，他们也同样把中国专制主义的残忍、嗜杀、灭绝人性，发挥到了极致。”[③] 勒庞在《乌合之众　大众心理研究》中指出：“孤立的个人很清楚，在孤身一人时，他不能焚烧宫殿或洗劫商店，即使受到这样做的诱惑，他也很容易抵制这种诱惑。但是在成为群体的一员时，他就会意识到人数赋予的力量，这足以让他生出杀人劫掠的念头，并且会立刻屈从于这种诱惑。出乎预料的障碍会被狂暴地摧毁。”[④] “群体感情的狂暴，尤其是在异质性群体中间，又会因责任感的

① 张抗抗：《自序·谁敢问问自己》，时代文艺出版社2007年版，第5页。

② 陈凯歌：《我的青春回忆录》，中国人民大学出版社2009年版，第73页。

③ 钱理群：《钱理群文选——拒绝遗忘》，汕头大学出版社1999年版，第290页。

④ ［法］古斯塔夫·勒庞：《乌合之众　大众心理研究》，冯克利译，中央编译出版社2000年版，第11页。

彻底消失而强化。”[①] 陈凯歌没有打过人，但是群体的暴力却激发了他人性深处的残忍。他在对少年的殴打中尝到了暴力的快感，摆脱了恐惧和耻辱。而群体的遮蔽则使他轻易摆脱了道德和良心的束缚，他在暴力的残忍中尝到了久慕的虚荣和对权力的幻想。高洪波在《也是一段歌》中也写到了车厢中无休止的辩论、争吵，彼此的打斗。他们对张宝成的戏弄，正是对压抑、仇恨、无聊的发泄，借助游戏的方式残虐得到了发泄。陈凯歌说：“‘文革’就是以恐惧为前提的群氓运动。不管口号多么动听，旗帜多么壮丽，热情多么感人，都和真的主义、理想无关。无限制的暴力愈演愈烈，同样出于害怕落于人后的心理。在一个过分拥挤的社会里，只有打倒别人才能保全自己；人们彼此竞争，各不相让，拼命证明自己对集体的忠诚，别人的不忠诚；所以才会出现双方由同一个领袖统率却彼此交战的情况。在求存的意义上，加害者的暴虐和被害者的顺从，并无心态上的大区别，只是所求稍不同罢了。”[②]

## 第三节　现代中国作家自传的励志主题

自传起源于对自我的纪念。无论传者如何谦虚，他作传的初衷必是认为自己一生有可取之处，可传之处，一个认为自己一无是处的人是不会为自己作传的，因此书写自己励志、奋斗的思想轨迹和生命历程就成为自传写作的一个永恒的主题。书写自我励志和奋斗的过程事实上正是对自我的一种重新认识和自我价值的确证。“自传不是目的本身，而是作者生平主要事业的继续、完成或补充。”[③] 自传中的励志奋斗主题除了对自我的认知意义之外，同时它还承担着对读者的启迪和教诲的作用。杨正润在《现代传记学》中指出：“无论传主是什么样的英雄或是成功人士，一部真实的传记会证明：传主的成功总是艰苦奋斗的结果，他也可能经历过失败和挫

① ［法］古斯塔夫·勒庞：《乌合之众　大众心理研究》，冯克利译，中央编译出版社 2000 年版，第 36 页。

② 陈凯歌：《我的青春回忆录》，中国人民大学出版社 2009 年版，第 76 页。

③ ［苏］伊·谢·科恩：《自我论——个人与个人自我意识》，佟景韩、范国恩、许宏治译，生活·读书·新知三联书店 1986 年版，第 117 页。

折，也有过苦恼和沮丧，只有从逆境中奋起才能取得胜利。读者会发现传主的某些经历和自己的遭遇相似，他会自然地把传主当作榜样，从传主的奋斗精神中得到鼓舞。他也会从传主对待困难的态度和方式，以至他的失败中吸取智慧和灵感，得到启发、借鉴和教训。而当自己得到某些成功而有所懈怠的时候，又会从传主的成就那里得到鼓舞，重新振奋起来。”① 自传作为他者的一个参照目标，可以强化他者的人生憧憬，激励他者实现自我的人生理想，达到彼此的情感认同。虽然生命不能重来，但是一个人可以通过书写自传，为他人提供借鉴，大江健三郎说：“我无法从头再活一遍，可是我们却能够从头再活一遍。”② 巴金在他所译的克鲁泡特金《我的自传》的前记中指出：“我能够把它译出介绍给同时代的年轻朋友，使他们在困苦的环境里从这书得一点慰藉，一点鼓舞，并且人生的意义与目的，……它帮助过我知识的发展，它也会帮助无数的青年的知识的发展。”③ 沈从文也在他的《从文自传·附记》中指出：“就个人记忆到的写下去，既可温习一下个人生命发展过程，也可以让读者明白我是在怎样环境下活过来的一个人。特别在生活陷于完全绝望中还能充满勇气和信心坚持工作，他的动力来源何在。”“时代前进了，我这本《自传》确实也说明了一点事实。由此可以明白，一个材质平凡的乡下青年，在社会剧烈大动荡下，如何在一个小小天地中度过了二十年噩梦般恐怖黑暗生活。由于‘五四’运动余波的影响才有个转机，争取到自己处理自己命运的主动权，完成了向社会学习前一阶段的经历后，并开始进入一个更广大复杂的社会大学，为进行另一阶段的学习作了准备。”④ 谢冰莹在《女兵自传》中指出：“连续重版20多次，‘在当时的青年男女们，真是人手一册’，不仅在当年鼓舞了许多青年男女脱离封建家庭，走上革命道路，而且在以后不同时期都为年轻人的奋斗和成长提供了精神力量。”⑤ 自传作

① 杨正润：《现代传记学》，南京大学出版社2009年版，第208—209页。

② ［日］大江健三郎：《大江健三郎口述自传》，尾崎真理子采访/整理，许金龙译，新世界出版社2008年版，第3页。

③ ［俄］克鲁泡特金：《我的自传》，巴金译，生活·读书·新知三联书店1985年版，第1页。

④ 沈从文：《从文自传》，岳麓书社2010年版，第191—192页。

⑤ 萧关鸿：《中国百年传记经典》（第2卷），东方出版中心2002年版，第217页。

为一种催人向上的文体，其传主的励志和奋斗是自传极为重要的主题，它体现的是一种希望哲学和乐观精神，它期待的是以自我作为原型为后来者提供一个有效的范本。

## 一　穷愁中的奋起

贫病穷愁几乎是励志奋斗主题永恒不变的背景。贫病穷愁的生存困境更能凸显传主奋斗历程的艰辛。林语堂在出国留学时，“赤手空拳，只领有半个不大稳的清华学额和有去无回的单程旅费。”① 但是“我对于自己有信心，加以童年贫穷的经验大足以增吾勇气和魄力，所以诸般困难，俱不足以寒我之胆，而使我不勇往直前。”② 浩然一生只上过几年学，但是他最终却成长为一个颇具个性的作家，这其中尽管有时代的因缘际会，但是与浩然自己的执着，自强的个性，对读书写作的痴迷有着巨大的关联。浩然最初与书结缘完全是一种巧合，他只因随手翻阅表嫂的样册子，竟从此爱上了读书，他为读书忘记了下地，忘记了吃饭，他想尽一切办法寻找着自己能得到的书籍。他和姐姐几个月都没有吃到肉，他却将两人卖猪买肉的钱买了《绣像水浒全传》，当他看到脸蛋冻得通红站在榆树下焦急等待他的姐姐，那是一种怎样的辛酸和无奈呢？古有凿壁偷光，浩然为了怕费油，就在别人赌钱的地方借光看书，竟然全然不顾周围的吵闹和嘈杂，直到雄鸡打鸣时，才怅然而回。颜之推在其家训中指出：“有志尚者，遂能磨砺，以就素业；无履立者，自兹堕慢，便为凡人。”③ 可以说一个人的成功与否与他的个人志向息息相关。此时的浩然虽然未想到自己将来会成为代表一个时代的作家，但是父亲的非正常死亡，母亲临终的希望，姐弟二人寄人篱下，备受冷眼，都使得浩然立志要为母亲，为自己争一口气。因此执着好强也就成了伴随浩然一生的品性。从维熙自幼丧父，母亲当保姆以维持两人的生活，母亲和婶母为了一碗稀薄的玉米面粥而发生争吵，滚烫的粥撒在母亲的衣襟上，母亲愤而决定回乡，这也同时刺痛了从维熙，

① 林语堂：《从异教徒到基督徒》，陕西师范大学出版社 2007 年版，第 191 页。

② 同上书，第 191—192 页。

③ 颜之推：《颜氏家训》，华夏出版社 2002 年版，第 73 页。

使他第一次感悟到了责任，感悟到了自己只有奋发图强，报答母亲。他在《冬天的回忆》中写道："这一段少年生活中的感伤，对我性格的淬火十分重要。如果说我所以能走过后来二十年劳改生活的凄迷释悟，没有沉沦，没有颓废，没有自残，都能从我母亲性格对我的影响和雕塑上，找到根源。"[①] 贫穷同样成了高玉宝生命中难言的痛楚。在母亲的哭声和哀叹中，高玉宝最终放弃了上学的权利。而他的聪灵和悟性打动了周老师，最终决定让他免费读书，但是仅仅读了一个月，便被周长安逼迫去给他放猪。在高玉宝生存的年代，读书几乎与穷人无缘。尽管如此，高玉宝在艰难的生存之境中，仍然保持着对知识、对读书强烈的愿望。在《我是怎样学习文化和写作的》中高玉宝同样写到了对读书的痴迷："我不管在哪里工作，能借到书，我总是借来看。回家以后，父亲病在炕上，我除了白天作工，晚上照顾父亲的病外，空下的时间就在油灯下看书。我父亲常骂我晚上看书费油，我就用一张破纸遮住灯光，偷偷的看。"[②] 高玉宝为我们提供的正是一个穷人励志的典范。

当然不独男作家如此，女作家也同样面临着贫穷的威胁。白薇在《我投到文学圈里的初衷》中书写了其在日本求学时的窘境。贫病几乎伴随了白薇一生，为了替弟弟医病，她不仅卖光了所有的书籍、衣服，忍饥挨饿，数月只以红薯豆汤延命，以致最终一病逾年，失掉了官费，进了贫民医院。除了经济的困顿，她所面对的还有父亲的指责和亲人的冷漠。一本《娜娜》将她引上了文学之路。在贫病之中，她仍然坚持每月拿出三元钱，订一份"回读"书籍，这虽然损害了她的视力，但同时也奠定了她的文学基础，穷且益坚，文学几乎天然地与穷愁有着不解之缘，正是非人的境遇和郁积于心的如火愤恨，使她写出了《跳关记》、《悲剧的生涯》这些憾人的篇章，白薇的文学是与她的生命同在的。

## 二　受辱后的自强

羞辱是对人的精神和自尊一种极度的挫伤，它常常使被侮辱者耿耿于

① 田珍颖、陈红军主编：《名人童年故事》，中国和平出版社2002年版，第206页。

② 高玉宝：《我是怎样学习文化和写作的》，东北人民出版社1953年版，第4页。

怀，当然对于强者来说，羞辱又会成为激发他前进的动力，这既是对自我能力的确证，同时也是对羞辱者的“报复”。

中学回乡五年的生活可以说对贾平凹的一生都是至关重要的，在这五年中既是对贾平凹性格的砥砺，使他懂得了吃苦、节俭这些美好的品性，同时也使他尝尽了世态炎凉，尤其是父亲获罪被开除公职之后，更让其体会到了人与人之间的自私与冷漠，而最令贾平凹耿耿于怀的则是刘家一个媳妇对他的讽刺，“嘿，你瞧瞧人家，哪像你这模样?!”[①] 贾平凹在自传中写道：“这话使我感到极大的羞辱，我永远记着这个刻毒的女人，她伤害了我，使我从那时起开始真正产生了自卑。当我成为作家后，许多人问我怎样成为作家？我说，得有生活，得从小受到歧视，我举的例子就有这个女人的那句话和说那句话时的眼神。”[②] 十年后，当贾平凹已经走出了农村，但他对这件事仍然耿耿于怀，他故意去那女人家看她，虽然女人早已忘记嘲笑她的话，并引出道士的典故，说贾家必出个人物，果然就出了贾平凹，但那曾经的羞辱却使贾平凹终生难忘。也正是这种羞辱反而激发了贾平凹奋斗的决心，虽然这是一种近乎变态地对自己尊严的维护和能力的确证，但它毕竟激发了传主的斗志，将其引向了成功。浩然与贾平凹有着相似的经历，浩然自小对读书颇为痴迷，而这对以庄稼为生的农村人来说则是不务正业，私塾先生吴老师认为浩然一辈子都不可能有出息，他说：“我早就看出来，金广那小子，是全庄孩子里边最没出息的一个，不会长成个好庄稼人，等着丢脸吧！”[③] 吴老师的这句断语可以说对浩然是个巨大的打击，他形容自己的感受如同“头顶上爆炸一枚炮弹”！“木雕泥塑般地在原地站立好久，才迈得动脚步。”[④] 浩然说：“他的话，比打比骂还要严重地伤害我的自尊心，好长时间我都有些抬不起头来，认为自己确实干下了‘蠢事’。但我觉得我能够让自己变得有出息。”[⑤] 吴先生妄下的断论既极大地伤害了浩然的自尊，同时也激发了他重新思

① 贾平凹：《我是农民》，中国社会出版社2006年版，第93页。

② 同上书，第93—94页。

③ 浩然：《浩然口述自传》，郑实采写，天津人民出版社2008年版，第57页。

④ 同上。

⑤ 同上书，第58页。

考自己的人生。当他终于将成为作家作为自己终生的奋斗目标时，他发现恰恰是自己的“不务正业”对书的痴迷为自己的文学之路奠定了坚实的基础。同样是相隔十年，当他成了报刊的记者、编辑，并发表了自己的第一篇小说时，他也从农家的“不务正业者”成了别人学习的范型。而曾经断言他没有出息的吴老师则认为浩然是他这辈子教过的最有出息的学生。

是在羞辱中沉沦，使羞辱的断语变为现实，还是在羞辱中自强，使羞辱成为妄言，贾平凹和浩然的奋斗经历已经给出了读者最好的希望和答案。

## 三　迷茫中的领路人

从社会学的角度看，每一个人的成长都会受到一些人的影响，这些人从正反两方面丰富着主人公的生活经历和社会的认识。在观察这些人扮演的社会角色过程中，青少年领悟到不同的生活态度和生活方式，逐渐确立自己的角色意识和生活方向。[①] 这个领路人的共同特征是在传主成长和奋斗的过程中承担了至关重要的角色，他们可能是传主的父母，可能是传主的亲人，也可能是传主的师长朋友。但他们无一例外地在传主陷入现实或精神的困境之时，及时地给予其引导和帮助，最终帮助传主走出了困境，走向了成熟。陈衡哲的三舅和姑母无疑充当了她迷茫中的领路人。在20世纪之初的中国，陈衡哲选择的却是一条异于寻常女子之路。陈衡哲选择的勇气与其三舅的鼓励是分不开的。陈衡哲曾经不止一次地提到三舅对她所说的人对于生命的三种态度：安命，怨命，和造命。当然三舅希望陈衡哲成为一个能造命者，能够创造和主宰自己的命运。陈衡哲独自离家，反抗包办婚姻，成为首届清华留美的女生，可以说她在人生中的一次次重大的自主选择都与三舅的“造命说”不无关系。陈衡哲在其三舅死后曾作挽联一副：“知我，爱我，教我，诲我，如海深恩未得报；病离，乱离，生离，死离，可怜一诀竟无缘。”[②] 可见其对三舅的知遇之恩。另一位钟爱而且在

① 芮渝萍：《美国成长小说研究》，中国社会科学出版社2004年版，第125页。

② 陈衡哲：《我幼时求学的经过——纪念我的舅父庄思缄先生·陈衡哲早年自传》，冯进译，安徽教育出版社2006年版，第224页。

陈衡哲人生的关键期给予她帮助的是其常熟姑母。姑母不仅在陈衡哲抗婚后的迷茫中收留了她，并且在生活和精神上都给了她无微不至的关心。陈衡哲曾说："我不再相信自己能够造命，甚至觉得跟生活斗争毫无意义。我能从这种精神上的病态中康复靠的完全是姑母的爱和信任。"[①] 姑母不仅介绍陈衡哲做家庭教师为其解决了生计之难，同时还鼓励她参加清华留美的考试，在陈衡哲人生的低迷期正是姑母给了她极大的支持和勇气。同样谢冰莹的二哥也对谢冰莹的一生产生了重要的影响。谢冰莹最初对文学的爱好，正是缘于二哥寄给她的新小说。在面对封建包办婚姻时，二哥是她坚定的支持者。他对谢冰莹说："这是唯一解放你自己的路，只有参加革命，婚姻问题和你未来的出路问题，才有办法。"[②] 而在谢冰莹因做代表而被开除后也是在二哥的斡旋下再次获得了入伍的机会。所以谢冰莹说："我至死也忘不了我的二哥，能够去当兵，可以说大部分都是他的力量促成的。"[③] 二哥在因旧式婚姻的不幸中郁郁而终，谢冰莹感到了剧烈的悲痛，竟至吐血，可见其对二哥的感情之深。巴金在其自传中也提到了他终身感激的两个人：香表哥和大哥。尤其是他的大哥，巴金能去上海，后到法国读书，都是依靠了大哥的力量。当然不仅是亲人，有时素昧平生的人也同样可以成为传主人生困境中的拯救者和领路人。如浩然母亲死后，小舅欲霸占母亲的房屋田产，在浩然与姐姐走投无路之时，解放区政府的黎明拯救了姐姐和浩然，使他们绝处逢生，也正是黎明打破了浩然纯粹的庄稼人的理想，引导他走上了革命之路。季羡林在他的成长之路上特别感念的则是，状元王寿彭，季羡林在其自传中自述自己幼无大志，然而在北园高中时，王寿彭的一次奖励却改变了季羡林对自我的认识。王寿彭要奖励的是每一班的甲等第一名，并且平均分要超过95分，当时全级达到要求的就只有季羡林一人，季羡林得到了状元的墨宝，同时也感受到了极大的荣誉，并就此改变了自我评价，并开始埋头读书。从自卑到自信，王寿彭无意的一次表彰却使季羡林终生难忘。

① 陈衡哲：《陈衡哲早年自传》，冯进译，安徽教育出版社2006年版，第140页。
② 谢冰莹：《女兵自传》，四川文艺出版社1985年版，第61页。
③ 同上书，第59页。

## 四　挫折中的坚守

挫折几乎是伴随人一生的幽灵，任何人在漫长的一生中都不可避免挫折的到来。身体的挫折，情感的挫折，事业的挫折，政治际遇的挫折，挫折可大可小，有时是人可以轻松逾越的，但有时也会令人痛苦难当，几欲沉沦。孟子曾说："天将降大任于是人也，必先苦其心志，劳其筋骨，饿其体肤，空乏其身，行拂乱其所为，所以动心忍性，增益其所不能。"① 一个人能否在逆境中坚守自己的志向，是人能否成功的关键。司马迁在遭受腐刑之后发愤著出《史记》，他说："西伯拘羑里，演《周易》；孔子厄陈、蔡，作《春秋》；屈原放逐，著《离骚》；左丘失明，厥有《国语》；孙子膑脚，而论兵法；不韦迁蜀，世传《吕览》；韩非囚秦，《说难》、《孤愤》；《诗三百篇》大抵贡圣发愤之所作也。"② 一个人如能在经历种种挫折后，仍能守志前行，其成功是必然。现代中国作家自传中对传主在挫折中坚守的励志书写，正为挫折中愤然前行的读者提供了最好的范本。

王蒙在被打入另册后，没有沉沦，在新疆失却写作权利的时候，王蒙便选择了学维语。他戏称自己是学习维吾尔语的博士后。新疆 16 年的最宝贵的人生，王蒙不仅学会了一门语言，也了解了一个民族的灵魂，赢得了维吾尔人民的友谊和信任。在苦闷和压抑的岁月中，他没有选择自杀，没有选择沉沦，而是苦中作乐，在语言的学习中获得了乐趣，他用维语读老三篇，用维语背诵《纪念白求恩》、《为人民服务》，在精神匮乏的年代，维语的学习是对其灵魂势能的一种释放，同时也培养了他乐观面对生活的信心。王蒙可以在"文化大革命"后，迅速复出，能同时在政界和文学界取得双丰收，与他的乐观的性格和挫折中的坚守是密不可分的。同样季羡林也选择了坚守。在"文化大革命"中被迫充当"门房"时，季羡林竟选择了翻译蜚声世界文坛的两大史诗之一《罗摩衍那》，白天不可能堂而皇之地阅读《罗摩衍那》，于是季羡林便选择晚上阅读原文，把梵文诗句译

① 瞿果行选注：《孟子选读》，江苏人民出版社 1962 年版，第 48 页。

② （汉）司马迁：《太史公自序·史记》，延边人民出版社 1995 年版，第 332 页。

成白话散文，同时利用白天的间隙，把散文改成诗，草书在纸片上。只要“闲坐无事，就拿了出来，推敲，琢磨。我眼瞪虚空，心悬诗中。决不会有任何人——除非他是神仙——知道我是在干什么。自谓乐在其中，不知身在门房，头戴重冠了。”① 在短暂的“门房”生涯中，季羡林先生没有选择碌碌而过，虽然季先生写来轻松，但试想当时尚未“摘帽”的传主，能以如此心境坚持学术研究，其可钦可敬之情实难以言语形容之！季羡林先生何以会成为学贯中西的大家，除因其聪慧睿智超于常人外，其奋斗和坚守的意志亦非常人可以比拟。

## 五　奋斗中的成功

在自传的叙述中，成功是励志奋斗主题的旨归。大团圆结局是自传励志奋斗主题的必然，因为那些在奋斗中沉沦的主体已经丧失了言说的权利。奋斗主题最终指向了希望和乐观。也正因为如此，读者才能在成功者的自传中获得更多的激励和认同。林语堂凭借自己乐观的心性和不畏贫穷的信念最终成了学贯中西的大家。浩然、贾平凹则在自己的励志和奋斗中，走出了农村，成了出色的作家，没有他最终的成功，他们也就没有改写曾经的羞辱的权利。王蒙、萧乾、季羡林、从维熙、贾植芳、牛汉等一大批作家，正是依靠他们的坚守和忍耐，最终走过了反右、“文化大革命”历次浩劫，最终获得了书写自我的权利。在磨难中的存活有时比死去更为艰难，他们终究是历史中的强者。他们最终的坚强使其曾经的悲剧没有演化成最终的悲惨。陈凯歌、张抗抗、肖复兴、范小青等一批知青作家也最终选择了在磨难中成长。曾经的青春的狂热和迷失，曾经的逃离和叛逆，但是他们最终在磨砺中觉醒和成长，成为那一代人的代言者，以写作来慰藉虚耗的青春，以写作来安抚曾有的伤害。一切的奋斗只因最终的成功才有了言说的必要和权利，从此意义上来说自传是一种指向乐观的文体。

① 季羡林：《季羡林自传》，武汉出版社 2011 年版，第 308 页。

# 结　语

## 一　现代中国作家自传的价值

自传作为一种兼及文史的特殊文类，它同时兼具了历史和文学的双重价值，而中国作家自传其传主的特殊身份更强化了此类文本的两栖性。研究现代中国作家自传的价值必须充分发掘其作为历史文献的史料价值，作为传主个性书写的文学价值。

（一）现代中国作家自传的史料价值

首先，自传可以为作家作品的研究提供作者的生平背景的史料。自传是作家自述生平之作，作家的个性成长经历，思想的形成和发展轨迹都会极大地影响他的创作和发展。清代章学诚在《文史通义·文德》中指出："是则不知古人之世，不可妄论古人文辞也。"① 不了解一个人的生平经历，就很难真正理解这个人的作品，而了解一个人的生平尤其是思想最好的途径便是读他的自传。自传在书写传主的人生经历、内心隐秘等方面确实具有他传不可比拟的优势。我们要理解郁达夫小说中的敏感孤独、消极落寞、自怨自艾的零余者形象，只要读一读他的自传便可有深刻体会。先天的病弱，饥饿的恐惧，幼年失怙的悲惨处境，孤独落寞的童年，这一切造就了郁达夫的敏感和脆弱的秉性，加之国难家仇，身处异域，备受欺凌和歧视，知晓了郁达夫的特殊境遇，便可真正理解《银灰色的死》、《沉沦》、《茫茫夜》等小说中的零余者形象了。作家的人生经历总会不着形迹地进

① 章学诚：《文史通义》，上海书店 1988 年影印版，第 51 页。

入他的作品并影响到其看待世界的方式。浩然在其人生的困境中受到了区上工作人员（代表解放区政府）的帮助，这就使他对共产党有了一种特殊的感情。而作为浩然的挚友和领路人的萧永顺正是萧长春的原型，因此浩然选择歌颂作为其作品的主调，绝不仅仅是对时代的屈从，与其人生经历密不可分。自传除帮助研究者了解作家的生平之外，还可帮助他们理解作品的具体创作背景。比如牛汉的《悼念一棵枫树》历来对它有多种解析。当然一千个读者就有一千个哈姆雷特。但是作者创作时的原意可能只有一个。牛汉在其晚年自传《我仍在苦苦跋涉》中写道："有人说它是怀念某一个人的，也有人说它是悼念许多令人敬仰的英灵的。其实我当时并没有想要象征什么。我只是想与我生命相通的一棵枫树，是我实实在在的感触，是这棵枫树的命运。"① 这棵枫树是牛汉在干校时，繁重体力劳动后的停靠点，当有一天树突然被伐倒后，牛汉感觉到"生命被连根拔起"，他不禁失声痛哭。有了这个创作背景的描述我们对这样一首意象诗也就更容易理解了。诗是虚幻的，也是写实的，任何一首诗的诞生，都会有一个灵感的触发，如果我们不能理解于此，任何的解读只能是一种隔雾看花的误读。所以说，自传中的夫子自道常常会成为为我们答疑解惑的良方。

其次，自传可以和作家的作品构成互文性研究。郁达夫说一切作品都是作家的自叙传。作家会将自己的人生经历心灵体验以不同的方式表达出来，这种方式或是纪实性的自传，或是纪虚性的小说。两种文本互相指涉，互为补充。自传在某种程度上可以成为作家作品的参照系，是深入透析作品的一把钥匙。《沉沦》中的他与郁达夫在生活背景、人生经历、脾气秉性上都有极大的相似性。在《沉沦》中郁达夫记述了自己在看到日本少女时的爱慕而又自卑的心态，并将之归结为自己是弱国的子民。在《达夫自传·雪夜》中郁达夫也同样表达了对日本少女轻慢的愤慨。而《沉沦》中嫖妓的经历恰是《雪夜》嫖妓的移植，甚至嫖妓后的忏悔都是相似的，不同的只是《沉沦》中的他选择了自杀，而现实中的达夫则依然需要

① 牛汉：《我仍在苦苦跋涉》，何启治、李晋西编撰，生活·读书·新知三联书店2008年版，第184页。

活下去，也许郁达夫只是在小说中才表达自己那种极致的悔恨，在现实中却终难舍弃这副皮囊。王蒙的小说《活动变人形》和其自传《半生多事》同样构成极强的互文性。《活动变人形》中的倪吾诚之于王锦第，倪藻之于王蒙，姜静宜之于董敏，姜静珍之于二姨都具有极强的指涉性。幼时吃加了红糖的浆糊，与姥姥写“红模子”，被父亲带去吃西餐的不愉快经历，二姨惊心动魄的洗脸梳妆，父亲拿废弃的旧图章欺骗母亲，母亲以突击拜访“败货”父亲，如同梦魇般的家庭战争，甚至父亲大怒将一扇门拉倒，母亲将热绿豆汤泼向父亲，父亲最后使出南皮灌龙堂的绝招：脱裤子，这等等的细节在《活动变人形》和《半生多事》中都达到了惊人的相似。只是在《活动变人形》中写得更纯粹，更无所顾忌。如二姨的梳妆在《半生多事》中虽也提及，但描写是极为节制的，但是在《活动变人形》中关于静珍的梳妆、自语、咒骂常常让人读得胆战心惊。在《大块文章》中王蒙曾提到《活动变人形》写作的缘起正是姜静珍梳妆的场面。在经历了事实沧桑之后，“当兴奋渐渐褪色的时候，真正的刻骨铭心才会显现出来：这就是《活动变人形》的酝酿与诞生”[①]。“这里有更遥远的过往，更痛苦的隐藏，那就是更无奈的来历……那就是《活动变人形》。”[②]《活动变人形》的写作对王蒙来说是一个相当痛苦的过程，他说：“我开始了写作的疯狂期。从早到晚，手指上磨起了厚厚茧子，腰酸背疼，一天写到一万五千字，写得比抄录得还快，因为抄录要不断地看原稿，而写作是念念有词，心急火燎，欲哭欲诉，顿足长叹，比爆炸还爆炸，比喷薄还喷薄。我头晕眼花。我声泪俱下。我写字再快也没有我想得快，忆得快，怒得快与悲得快，我的喜怒哀乐，我的联想想像一秒钟八千万转。我是作者，更像演员，我在嘀嘀咕咕，我在拿腔作势，我在钻入角色，我在体验疯狂。我从来没有写作得这样辛苦，这样痛苦！”[③] 王蒙的投入正是释放童年梦魇的恐惧和创伤，不读《活动变人形》就难以理解《半生多事》中王蒙痛心疾首的忏悔和表白，不读《半生多事》也就无法明白《活动变人形》中的痛

① 王蒙：《大块文章》，花城出版社2007年版，第198页。
② 同上书，第199页。
③ 同上书，第224页。

苦、扭曲、分裂以至于疯狂。

再次，自传中对时代尤其是文学思潮运动的记述可以为文学史的书写提供佐证。自传虽然是以书写传主人生经历为主体，但是个体的生存发展必然无法脱离历史主体的依托，现代中国作家作为现代文学创作和发展的主要承担者，也必然与现代中国文学的思潮运动的发展有着不解之缘，透过对文学思潮运动的书写恰恰可以透视个人主体对于历史发展的推动作用。胡适在《四十自述》中专辟一章《逼上梁山——文学革命的开始》讲述文学革命的起因及他提倡白话文学的过程。胡适逐渐坚定了对白话文的提倡，则是在与任永叔、梅光迪的辩论中确立的。他说："因为他（梅光迪）的反驳，我不能不细细想过我自己的立场。他越驳越守旧，我倒渐渐变得更激烈了。我那时常提到中国文学必须经过一场革命；'文学革命'的口号，就是那个夏天我们乱谈出来的。"[①] 了解了胡适文学革命的起因，也就明了了1922年胡适等人与梅光迪、吴宓的"学衡派"的辩论并非空穴来风。再比如茅盾《我走过的道路》、胡风《胡风回忆录》、夏衍《懒寻旧梦录》、徐懋庸《徐懋庸回忆录》都将30年代左联时期作为自传书写的重点。但是个人都会基于自己的不同立场进行讲述，如徐懋庸和夏衍都是站在与鲁迅相对立的立场之上，因此在他们的自传中都极力辩解自我与鲁迅的一致性。而茅盾表面保持叙述的中立立场，实则对胡风、周扬都暗含褒贬之词，而胡风在自传中则力述自己在两个口号的论争中与鲁迅的一致性，其发表的文章都是经过鲁迅和冯雪峰授意的。虽然四人面对的是同一历史、同一事件，但是由于各自的立场不同，其讲述则颇多矛盾之处，而且不同的传者常常在讲述中引述他者有利于己的讲述，而规避对自己的褒贬。自传对历史事件的书写虽然带有了强烈的自我功利性，但是却为文学史的讲述平添了一份生气和情感，使得历史变得更加鲜活。

最后，自传中对他人的记述可以成为评价他人的旁证。作家在自传中不仅会建构自我的形象，同时也会兼及对他人的叙述。有时我们读一个作家的自传总会存在或多或少的隐讳的成分，即使是他传，由于传统、现实

① 胡适：《四十自述》，中国华侨出版社1994年版，第110页。

等种种客观因素的制约，作传者难免要对其传主的叙述保持一种谨慎的态度。反而是自传中不经意地对他人的叙述，有时虽难免偏颇，但是却为我们提供了一个别样的更为复杂的他者形象。钱钟书先生曾经说过：“你要知道一个人的自己，你得看他为别人做的传；你要知道别人，你倒该看他为自己做的传。自传就是别传。”[①] 这段话虽有些许讽刺之意，但也确实道出了自传的某些真相。例如沈从文在现代文坛上是以独立于党派之外的自由作家的身份出现的，在40年代被郭沫若称为“桃红色作家”之后，一直是备受批判的，新中国成立后他更是迅速的边缘化，放弃了文学创作转而研究古代服饰，并著有《中国古代服饰研究》，在新中国成立后很长一段时间，他的文学成就因其政治倾向而被遮蔽，而80年代他与张爱玲、钱钟书一起的迅速走红，虽然得力于其文学成就，但与其自由主义作家的身份密切相关，他也正是因为其远离政治的争斗和独立自由的人格而备受尊敬。萧乾作为京派的代表作家，可以说与沈从文有师徒之谊。在《风雨平生　萧乾口述自传》中萧乾说：“沈从文是我的第一位文学师傅，对我的恩太重。我最初的几篇习作上，都有他修改的笔迹，我进《大公报》是他和杨振声介绍的。在我失业的那8个月里，也是他同杨老师收容了我。这些都是我没齿难忘的。”[②] 然而萧乾在自传中同样提到了恩师沈从文的另一面，在文联批斗萧乾的大会上，沈从文说萧乾早在1929年就同美帝国主义勾结，对于熟悉萧乾经历的沈从文来说，这种指斥在萧乾看来无异于“故意恶语中伤”。而在1972年，当萧乾看到沈从文住房困难，欲托朋友帮其解决时，却被沈从文痛骂，认为萧乾耽误了他的政治前途，并质问他：“你知不知道，我在申请入党？”两人并因此绝交。在萧乾的叙述中确实让我们看到了异于文学史主流叙事的另一面，为我们了解一个复杂立体的沈从文提供了旁证。另外不同作家的自传关于同一人的叙述有时也会大相径庭，正所谓“横看成岭侧成峰，远近高低各不同。”每个人从不同的角度，

① 钱钟书：《写在人生边上·人生边上的边上·石语》，生活·读书·新知三联书店2002年版，第10页。

② 萧乾：《风雨平生　萧乾口述自传》，傅光明采写，北京大学出版社1999年版，第256—257页。

站在不同的立场对同一个人的评价也会有巨大的差异。如在《浩然口述自传》我们看到的是奖掖后进、诚恳热情的巴人（王任叔），然而在《舒芜口述自传》中则是疾言厉色、打压别人的巴人；在陈白尘的《缄口日记》中我们读到的是坚持真理、备受摧残，最后被迫害致死的侯金镜，然而在黄秋耘《风雨年华》中我们除了读到侯金镜所受的摧残，亦看到了当年之“左”，正是在他对批斗李天生的坚持下，最终导致了李天生的自杀，悲剧人物同时也曾制造过悲剧。雨果说：“比天空复杂的是大海，而比大海复杂的是人心。”自传中的他者叙述可以帮助我们了解人性的复杂，提供评价他人的旁证。

（二）现代中国作家自传的文学价值

自传本身就是一个兼具历史和文学双重价值的文类，而具体到现代中国作家自传，由于其作传者身份的特殊性，就更增强了其自传的文学艺术性。郁达夫在《什么是传记文学》中写道：“所以若要写新的有文学价值的传记，我们应当将他外面的起伏事实与内心的变革过程同时抒写出来，长处短处，公生活与私生活，一颦一笑，一死一生，择其要者，尽量来写，才可以见得真，说得像。”[①] 他认为没有文学价值的传记是缺少存在价值的，在《再来谈一次创作经验》中他写道：“这一类文字，要写的话，原也是轻而易举的事情，可是人类大抵都是一样地有一次生有一次死，有时候失败，有时候成功的，将平平常常的自传写将出来，续费掉几十万字，和几千张纸，实在也没有多大的意思。除非要写得很好很特异的自传，如卢骚的忏悔，歌德的《诗与实际》，利却特·杰弗利斯的《心史》之类，写出来还有点道理，否则如一般人的墓志传略一样，千篇一律，非但作者自己感不到兴趣，就是读者读了，也要摇头后悔，悔他的读书时间的可惜的，又何苦来多此一举呢？”[②] 所以说在真实的基础上增强自传的艺术审美性是自传获得长久生命力的重要因素。

首先现代中国作家自传塑造了一批颇具个性的人物形象。读完《达夫自传》总不会忘记那个多愁善感、愤世嫉俗的零余者形象；读完《一个女

① 郁达夫：《郁达夫文集》（第6卷），花城出版社1983年版，第283页。

② 同上书，第145页。

兵的自传》也难忘那个倔强、坚强颇具反叛性的女兵形象；读了《从文自传》那个酷爱自然又有些顽劣的顽童形象更是跃然纸上。几乎每一部现代中国作家自传都为我们提供了个性各异的传主形象。自传是写人的艺术，优秀的自传必然会通过传主生命历程的书写塑造鲜明的传主形象。胡适说："传记所传的人，最要紧的能写出他的实在身份、实在神情，实在口吻，要使读者如见其人，要使读者感觉真可以尚友其人。"[①] 传者在自传中通过白描、语言、细节、心理独白等方式来刻画传主和他者形象。王蒙在《半生多事》中写到自己的父亲、母亲的形象："父亲大高个，国字脸，阔下巴，风度翩翩。说话南腔北调，想说点显阅历显学问的官话至少是不想说家乡话，却又没有说成普通话。他喜欢交谈，但谈话思路散漫，常常不知所云。"[②]"母亲个子不高，不大的眼睛极有神采，她常常不能控制自己的表情，转眼珠想主意，或者突然现出笑容或怒容。"[③] 王蒙此处虽用笔墨甚简，但是其土洋并至，志大才疏的父亲和略显浅薄，生活不甚如意的母亲形象已经跃然纸上。谢冰莹的爱情宣言，四次出逃的细节活脱脱地刻画了一个叛逆的女兵形象。巴金幼时为死去的大花鸡而哭，为溺死的杨嫂而伤心，为被打的犯人而难过，这些细节的描写则正显示了巴金幼时的仁心和慈心，而这种基于人道的善心则贯穿了巴金的一生。

其次是风景情致的书写，构成了一幅幅民俗风情画。一方水土养一方人。不同的地域环境会孕育不同的作家品格，而不同的作家又会书写相异的地域风情。郭沫若出生在四川乐山的沙湾县。在他的自传《我的童年》中开篇便描摹了沙湾所处的绥山沫水的钟灵毓秀和人文风尚的质朴。虽然沙湾乃是土匪的巢穴，然而在郭沫若的笔下，最有名的土匪杨三和尚在郭沫若的记忆中永远是放风筝的十五六岁的灵敏的少年，而土匪尽管劫财，却富有爱心，并颇有义气。郭沫若的诗心诗才自然也得力于灵秀的风景和粗犷质朴的民风。同样"平远灵秀，优美柔和"的富春江风景也孕育了郁

① 胡适：《胡适传记作品全编》（第4卷），耿云志、李国彤编，东方出版中心1999年版，第203页。

② 王蒙：《半生多事》，花城出版社2006年版，第7—8页。

③ 同上书，第11页。

达夫的忧郁和善感。在《悲剧的出生》中郁达夫细致地刻画了富春江的美景："富春江两岸的乌桕树，槭树，枫树，振脱了许多冰叶，显出了更疏匀更红艳的秋社后的浓妆；稻田割起了之后的那一种和平的气象，那一种洁净沉寂，欢欣干燥的农村气象，就是立在县城这面的江上，远远望去，也感觉得出来。那一条流绕在县城东南的大江哩，虽因无潮而杀了水势，比起春夏时候的水量来，要浅到丈把高的高度，但水色却澄清了，澄清得可以照见浮在水面上的鸭嘴的斑纹。从上江开下来的运货船只，这时候特别的多，风帆也格外的饱；狭长的白点，水面上一条，水底下一条，似飞云也似白象，以青红的山，深蓝的天和水做了背景，悠闲地无声地在江面上滑走。水边上在那里看船行，摸鱼虾，采被水冲洗得很光洁的白石，挖泥沙造城池的小孩们，都拖着了小小的影子，在这一个午饭之前的几刻钟里，鼓动他们的四肢，竭尽他们的气力。"① 另外沈从文笔下的沅水，林语堂笔下的夜船箫声，鲁迅、周作人笔下的百草园，也为我们勾勒了一幅幅绝美的地域风景画。自传中风景情致的书写，不仅摹写了传主生存的自然之境，同时也增强了自传的文学审美价值。

最后是文学想象的加入，小说笔法的运用。钱钟书说："史家追叙真人实事，每须遥体人情，悬想事势，设身局中，潜心腔内，忖之度之，以揣以摹，庶几入情合理。盖与小说、院本之臆造人物、虚构境地，不尽同而可相通；记言特其一端。"② 自传虽以事实为作传的根据，传主和传者虽为同一自然人，然而世易时移，岁月更替，传者在阅历、情感上与所叙的传主都有了一定的差异，而对于年深日远的对话、独白、心理活动要完全复原，则殊其不易，而对于传主出生前的家世陈述，虽有史料可依，他人转述，然而毕竟非传主亲历亲见，因此合理的想象虚构则更是必不可少。钱钟书据《韩非子·解老》提出："据往迹，按陈编而补阙申隐，如肉死象之白骨，俾首尾完足，则至当不可易矣。"③ 胡适在《我的母亲的订婚》以第三人称全知视角叙述了其父母订婚的经过，再现了三先生和冯顺弟见

① 郁达夫：《郁达夫全集》（第4卷），浙江大学出版社2007年版，第258—259页。

② 钱钟书：《管锥编》（第1册），中华书局1979年版，第166页。

③ 同上。

面的场景。这其中既有月吉先生、顺弟姑妈、顺弟父母的对话，更有顺弟的心理活动的再现。胡适显然不可能是这场婚姻的见证者，而当时参与者的对话心理更非胡适亲见，因此胡适的描述只能是一种情境的虚拟，情感的揣摩，这是一种“笔补造化”的文学虚构，但虽是虚构，却也是有迹可循，同时也站在更加客观的角度解释了其母亲缘何嫁给大自己三十岁的三先生做填房。同样余秋雨在《我等不到了》开篇《还是历史》一章也虚拟了曾祖父余鹤鸣与曾外祖父朱乾利结伴同行的场景。“那天两人是结伴步行去庵东的，各自背着一个不小的蓝布包袱。包袱里除了很少几件替换衣服外，还塞了不少茶叶和丝绸，是准备用来换食换钱的。这是当时家乡出门人的习惯。两人互相瞟了一眼就笑了，从包袱的大小可以判断，他们所带的茶叶和丝绸，在数量上差不多。曾祖父稍胖，曾外祖父略瘦，个子一样高。他们走得很快，大概走到胜山头，曾祖父哼起了这里流行的滩簧调。……”[①]这个场景显然非余秋雨所亲见，而“两人互相瞟了一眼就笑了”以及两人唱和滩簧调的细节更是出于余秋雨的想象，但是从传中余朱两家的世交，以及其父母的联姻，可以想象余鹤鸣和朱乾利的交好，因此这个场景的虚构是合乎其情其境的，并为余朱联姻埋下了伏笔。在忠于史实的前提下，合乎情理的对话及场景的营造，有利于自传的传情达意。

自传是一种历史与文学的嫁接，它既要求自传忠于历史，同时又希望其“史蕴诗心”，正如伍尔芙所说：“一方面是真实，另一方面是个性，如果我们想到真实是某种如花岗岩般坚硬的东西，个性是某种如彩虹般变幻不定的东西，再想到传记的目的就是把两者融合成浑然一体，我们承认这是个棘手的难题。”[②] 自传只能是一种“戴着镣铐的舞蹈”。

## 二　现代中国作家自传创作的缺失

### （一）性爱书写的缺失

恩格斯说：“人与人之间的，特别是两性之间的感情关系，是自从有人类以来就存在的。性爱是在最近八百年间获得了这样的意义和地位，竟

---

① 余秋雨：《我等不到了》，人民文学出版社 2010 年版，第 10—11 页。

② 转引自杨正润《传记文学史纲》，江苏教育出版社 1994 年版，第 15 页。

成了这个时期中一切诗歌必须环绕着旋转着的轴心了。"[①] 在西方的自传中，有关性爱的书写是自传的重要主题之一。这与西方的宗教忏悔传统有着密不可分的联系。西方是一种罪感文化，面对上帝，说出自己的隐私和罪责，正是自我赎罪和获得精神解脱的一种方式。因此西方人的自传并不讳言自己的隐私包括自己的性爱经历。奥古斯汀的《忏悔录》可谓自传忏悔文学的始祖，在《忏悔录》第二卷中奥古斯汀对自己的纵情肉欲发出了忏悔的第一音。及至卢梭的《忏悔录》性爱更成为贯穿自传始终的主题。从幼时在朗拜尔西埃小姐的鞭打中体味到的性快感，到在幽僻小路对着女性暴露臀部对性欲的释放，从对华伦夫人爱而不得的自慰到与华伦夫人近于乱伦的性爱，卢梭几乎毫无保留地诉说着自己每一次的性爱经历。及至纪德的《如果种子不死》更是将同性的恋爱写入了自己的自传。从幼时与门房儿子的性游戏，到自己的自慰，同性恋经历，包括同时代的王尔德与道格拉斯的同性之恋。性爱的书写在西方可以是一种忏悔，可以是一种反抗，也可以是一种自我主体意识的觉醒，但无须遮掩，无须讳饰。而中国文化是一种耻感文化，隐讳文化，缺乏一种忏悔的传统，性在中国的传统中从来都是一种需要讳饰、不能公开谈论的羞耻之事。虽然在30年代的自传中受到卢梭《忏悔录》的影响，郭沫若、郁达夫、张资平、谢冰莹一度也在其自传中触及了自慰，同性恋的禁忌，如郭沫若在攀援和自慰中得到的快感，对三嫂朦胧的爱恋，与汪姓少年的同性之恋。郁达夫对日本少女的渴慕和雪夜嫖妓的经历。另外张资平在《脱了轨道的星球》中也写了自己的性苦闷与自慰，谢冰莹则书写了朦胧的同性之恋。但是相比于同时期的小说而言，自传的性爱书写却是极为含蓄和节制的。如果将郭沫若在《我的童年》中对其三嫂的恋慕与其小说《叶罗提之墓》相比就更能感受到自传中性爱书写的限度。同样，郁达夫在其《沉沦》、《茫茫夜》、《她是一个弱女子》中有关性爱、嫖妓、同性恋的书写也是更为大胆和奔放的。

及至新中国成立后的当代自传中，性爱书写则几乎销声匿迹。尽管自20世纪90年代以来，性爱在小说的书写中已经变得习以为常。但是除了

① 《马克思恩格斯选集》(第4卷)，人民出版社1972年版，第229页。

周国平的《岁月与性情》，在自传的书写中性爱却被有意规避了。这自然仍与中国强大的隐讳耻感文化密不可分。自传是关涉真实的文本，失却了虚构的遮羞布，必然受到道德伦理的制约。事实上在中国当代的小说中并不缺乏性爱的描写，甚至还有泛滥之势，而且在一些介于纪实和纪虚的两栖性文本——自叙传小说中，性爱也是一个不必避讳的主题。如陈染的自叙传小说《私人生活》中就写到了倪拗拗的月经初潮，与何寡妇的同性爱以及与老师T的性爱。林白的《一个人的战争》写到了多米五岁时自我的抚摸，六岁时与邻居莉莉的性游戏，对同性瑶琼的迷恋，与南丹的同性之恋。虹影的《饥饿的女儿》同样叙写了自己月经初潮的恐惧，与历史老师的性爱以及堕胎。《饥饿的女儿》中主人公六六身上留有浓重的虹影的影子。虹影有时称其为自传，有时又称其为百分之百真实的小说。小说是虚构的，百分之百真实的小说自然是一种歧义，而这种歧义正源于小说可以作为最后一层遮羞之布，哪怕读者会在小说中按图索骥，寻根究底，本源于虚构的小说仍然可以成为作者最为稀薄的自我遮掩，所以说有时小说是比自传更加接近于真实的。

性意识的觉醒，同时意味着人的主体意识的觉醒。而自传又是最应该表现自我主体意识的文类。因此性爱的书写理应成为自传的一个重要书写内容。

（二）反思主体力度孱弱和反思主体情感的缺失

朱学勤曾经指出：“我们生活在一个有罪恶，却无罪感意识；有悲剧，却没有悲剧意识的时代。悲剧在不断发生，悲剧意识却被种种无聊的吹捧、浅薄的诉苦或者安慰所冲淡。悲剧不能转化为悲剧意识，再多的悲剧也不能净化民族的灵魂。这才是真正悲剧的悲哀！在这片乐感文化而不是罪感文化的土壤上，只有野草般的‘控诉’在疯长，却不见有‘忏悔的黑玫瑰’在开放。”① 人本性中的私欲和利己主义，使得人总喜欢将罪责加诸他者身上，以求自我对责任的逃避。中国传统的儒家文化关注的就是一种现世的此岸世界，而非超验的彼岸世界，对于中国人来说缺乏接受忏悔的

① 朱学勤：《我们需要一场灵魂拷问》，《书林》1988年第10期。

终极指向。中国人更多的是忙于讳饰此生的过错和罪恶，竭力摆脱所处的尴尬处境，对于无可讳饰的过错也要倾力加以辩解，以求保全生前身后名。这就造成了反思力度的孱弱，反思者的反思不是指向终极的忏悔和救赎，而是最终指向了控诉和辩解。难怪，川合康三指出中国自传中充斥着一种“深恐今生不辩，后世难明的执着信念和强烈愿望”①，“中国文人写自传，归根到底都是为了强调自己的正确”②。现代中国作家自传中虽然体现出了一定的反思意识，但是其反思力度的孱弱和反思主体情感的缺席构成了现代中国作家自传反思的两大缺失。

首先是反思力度孱弱。反思本应是一种怀疑和追问，它是对自我灵魂的拷问和自我精神的涅槃。它是在罪感中对责任的担当和良心的复归，真正的反思必然指向忏悔，而真正的忏悔则必然指向救赎，只有救赎才能获得新生，只有获得新生，反思才能体现它真正的价值。但是在现代中国作家的自传中这种真正的忏悔和救赎却是希而又缺的，取而代之的则是对自我罪责的辩解。

20世纪50年代，胡风冤案震撼了整个文坛。在这场历史的悲剧中，人们除了记住那一个个“铮铮铁骨”的受难者的名字，舒芜的名字也被历史牢牢记住了，但不是作为受难者而是作为背叛和耻辱的象征。在这场历史的劫难中，舒芜作为倒戈者一度被指认为卖师弃友的“犹大”，而历史设问者们则一次次追问：假如舒芜没有交出那些信件，历史能否改写？历史既不能重来也不能假设，无论辩护者们如何申辩舒芜的不得已，但事实只有一个，至少舒芜成了那场劫难的推波助澜者。人们有理由期待着舒芜做出自己的解释和反思。事实上这也确实构成了舒芜内心的隐痛。讲述自己，这是一段难以跨越的历史。早在1996年《〈回归“五四”〉后序》的长文中舒芜就细述了这段公案，及至2002年出版的《舒芜口述自传》中再次涉及了这段历史，只是舒芜在叙述这段历史时，虽有反思，但更多的则是巧言辩解。舒芜在《〈回归“五四”〉后序》中表面的反思难掩对自我行为的分辨，虽然文中也叙述了胡风对他的提携奖掖之恩，但其在文中

① ［日］川合康三：《中国的自传文学》，蔡毅译，中央编译出版社1999年版，第29页。
② 同上书，第206页。

更多的是暗示胡风对其的利用和蒙蔽，如发表《论主观》时胡风一面鼓励舒芜“迎战”，一面却说发表《论主观》是为了引起批判。而他认为自己新中国成立后主动接受改造，一方面是与自己新中国成立后改造者的身份有关，另一方面则是受到胡风的鼓舞。而自己与朋友之间的分歧，并至最终将众多的朋友送上了绞刑架，他则认为自己的改造一直是真诚的，对朋友也是没有丝毫隐瞒的，如果有什么误解，只是缘于时代的氛围，自己政治上的幼稚，以及沟通的歧义。我们不能否认舒芜的说法，事实上50年代以后，政治的大氛围确实要求每个人都要进行思想改造，我们也不能否认舒芜改造的真诚，舒芜背负着40年代《论主观》的公案，当年的论争者如今都变成了权力的拥有者，舒芜内心的惶惑也是可想而知的，因此舒芜通过检讨来告别过去求得解脱也是无可厚非的。问题的关键在于舒芜自检讨伊始就不仅将矛头对准自己，同时还对准了他人。而且他的每一篇文章都无意于重磅炸弹将胡风等人不断推向了深渊。1951年的《批判罗曼·罗兰式的英雄主义》意味着他与过去的诀别，他与绿原的争执，以及他赠绿原的“相逢先一辩，不是为罗兰”正说明了“醉翁之意不在酒”，对罗兰的批判，正意味着与胡风的诀别。他1952年5月发表在《长江日报》的《从头学习〈在延安文艺座谈会上的讲话〉》和发表在文艺报上的《致路翎的公开信》意味着他与原来师友对立的公开化。如果说舒芜在这期间只注意改造根本未意识到他的文章对其师友的威胁，那显然有些文过饰非。因为在《从头学习〈在延安文艺座谈会上的讲话〉》被《人民日报》转载并加上了“以胡风为首的文艺上的小集团”。舒芜在《〈回归“五四”〉后序》已经提到这种提法令其吃惊，“更没想到，一下子成了一个‘小集团’，这顶帽子的严重意义大家都明白”①。可见舒芜并非不知道自己文章造成的影响。舒芜在文中反复申述自己只是为了提高认识，加强改造，仿佛他的行为只是纯粹善意地对师友的帮助。但事实上他不可能完全不知批判的威力，也不可能不知这已不是自由论争的时代，而他的师友与他的分歧也并非在他的检讨，而是他不该在检讨的同时指向别人，胡风在给鲁煤

① 舒芜：《回归“五四”后序·我亲历的文坛往事·忆心路》，人民文学出版社2004年版，第704页。

的信中就指出舒芜不应该“用别人的血洗自己的手”，并希望通过鲁煤来劝告舒芜：“（一）不要脱离实际，不要脱离历史。（二）不要牵到文艺创作，不要牵到别人。”① 但舒芜并未就此罢手，两者关系的急转直下，使得舒芜反而减轻了背弃师友的心理负担。人们现在记住的只是舒芜发表在1955年5月13日《人民日报》并附有毛泽东编者按的《关于胡风反党集团的一些材料》，虽然对此舒芜一再解释他原来的题目是“关于胡风的宗派主义”，他的信不是交上去的而是借出去的，尽管作为当事人的舒芜、叶遥、林默涵、康濯的回忆在借信、交信上颇有分歧，但是不容忽视的事实是舒芜的原意即是在胡风不知情的情况下借私人信件来写这篇文章，否则自然不会有借信、交信之说。冯雪峰说：“假如不先对朋友或同志下劝告和阻止，却只将他的企图当作情报似的东西向社会或团体告发，这对于社会或团体也许可说是忠诚的，但对于朋友或同志却是居心险恶，近于可怕；而且在这里，对社会或团体的忠诚是和对朋友或同志的忠诚分不开的，所以那对社会或团体的形似的忠实也常是可疑的。（这种形似的忠实后来常常被证明为其实是奸诈的现象，我们也屡见不鲜了。）”② 而且舒芜绝不像其在《〈回归“五四”〉后序》和《舒芜口述自传》中说的那样无辜，对于1955年2月和4月分别发表在《中国青年》和《文化生活》上的《反马克思主义的胡风文艺思想》和《胡风文艺思想反党反人民的实质》，他在文中却绝口不提。人们总喜欢援引舒芜在《〈回归“五四”〉后序》结尾的忏悔作为其反思精神张扬的标志：“由我的《关于胡风的宗派主义》，一改再改而成了《关于胡风反革命集团的一些材料》，虽非我史料所及，但是它导致了那样一大冤狱，那么多人受到迫害，妻离子散，家破人亡，乃至失智发狂，各式惨死，其中包括了我青年时期几乎全部的好友，特别是一贯挈我掖我望我的胡风，我对他们的苦难，有我应负的一份沉重的责任。本书的编集出版，也是向历史把这份沉重的责任永远铭记下来。”③ 可是在读

① 胡风：《胡风全集·书信》（第9卷），湖北人民出版社1999年版，第176页。

② 冯雪峰：《冯雪峰论文集》（上），人民文学出版社1981年版，第297页。

③ 舒芜：《回归“五四”后序·我亲历的文坛往事·忆心路》，人民文学出版社2004年版，第716页。

完《关于舒芜的通信》之后发现，就是这点忏悔竟然也是在压力下被迫添加的。牛汉指出在看到舒芜的文章后，提出了两点看法：“（1）须以今天清醒的观点，回顾甚至清算近半个世纪的历史，涉及大人物与大事件不可回避，否则什么事情都无法谈明白；（2）还必须把自己的真实情况向历史交代，势必得触及灵魂，再丑再疼的事情都应诚恳地说个清楚，历史与读者定能谅解。55年的那个事情，承担自己的责任，同时把当时的细节揭露出来。这才是真的文学史料。舒芜说我提的这两个问题十分重要，但极难谈。文稿退给他考虑考［虑］修改，他添了那一段百十字的文字。”① 而及至《舒芜口述自传》中连这点难得的反思也销声匿迹了，取而代之的则是对自我坦荡襟怀的标榜：“历史就是历史，靠说话是不能改变的。我已说得够多的了，不想再说什么。该我负起的责任，我不想作任何推脱。不该我负的责任，我必须给世人一个交代。”② 交代什么，如何交代，人们最希望看到的是舒芜在整个过程中灵魂的反复、挣扎都随着老人的逝去永远失去了答案。人在很多时候不是缺乏反思的理性和能力，而是缺乏一种反思的勇气和对责任担当的勇气，舒芜可以透析改造和被改造的关系，但却不愿丝毫触及自己的灵魂。

其次是反思者主体情感的缺席。反思是对思考的思考，它是一种理性行为，但是它又不仅仅与理性相关，而是一种关涉情感的行为，如上文所述，很多时候，反思者缺乏的不是反思的能力，而是直面自我和承担责任的勇气。例如余秋雨对“文化大革命”有着理性的认识：“‘文革’灾难的民间版本，是用一种彻底失控的民粹主义，为平日游荡在街角、埋藏在心底的恶，提供了一个发泄的机会，而且把这种发泄转化为表演，转化为文化，转化为暴力。”③ 余秋雨从民粹主义和人性恶的角度分析“文化大革命”，其见解不可谓不精到，但是一旦涉及自己在“文化大革命”中的行为时，余秋雨则讳莫如深，强加辩解，这种反思的缺席只与情感相

① 黄伟经、牛汉：《关于舒芜的通信》，《粤海风》2010年第6期。

② 舒芜：《回归“五四”后序·我亲历的文坛往事·忆心路》，人民文学出版社2004年版，第286页。

③ 余秋雨：《借我一生》，作家出版社2004年版，第112页。

关。因此，除却理性，反思与人的情感密切相关，它除了需要人的理性的思考之外，还需要人的强烈的感情灌注，没有感情的反思只能是一种失却血肉的虚假反思。反思者主体情感的缺席，恰恰是现代中国作家自传的一大症候。

《王蒙自传》在新时期作家自传中堪称巨著，洋洋洒洒，汪洋恣肆，厚厚的三部自传中洋溢着叙述的快感。《王蒙自传》并不缺乏反思，《半生多事》中他对父亲王锦第的反思，对他所植根的以南皮潞灌龙堂为代表的北方农村的反思可谓决绝，南皮潞灌龙堂的那首民谣甚至让人感到一种惊心动魄的悲哀。其中灌注了王蒙童年时期的巨大痛感，然而这种痛感在王蒙的自我反思中却迅即消失了。虽然王蒙在自传中不乏自我的反思，然而这种反思中总是夹杂着一丝冷漠、超然甚至是自我嘲讽。在叙述反右和"文化大革命"时期的经历，我们甚至很难感受到亲历者的痛楚，或许王蒙不愿将自己的自传写成诉苦经，他曾经说："我不知道回忆录写到这里出现了什么问题，从一九五三年开始写作以来，我的回忆太围绕着个人的遭遇了。其实我比较不喜欢一味地说个人那点臭事，委委屈屈，得得失失，恩恩怨怨，酸溜溜，灰溜溜，叫苦连天。尤其是一个写作者，如果他的写作离不开个人的那点得失悲喜，离不开他个人周围三尺三方圆的那点破事，烦人不烦人，丢人不丢人啊。"① 但是我们总感觉王蒙在这里掩藏了自己的真实情感。谢泳说："对'左'的内心恐惧成了一种无意识，自觉支配了王蒙的思维，使他维持在最低限度的价值水准。"②

在《现代中国作家自传叙事的不可靠性》中我曾经援引了从维熙在《走向混沌》和方蕤在《凡生琐记》中对王蒙的描述，事实上王蒙在自传中对自我的塑造已经滤尽了当时的情感，他的轻松，他的乐观，他的超然不过是事后自我的想象，或者说他所希望的自我形象。我们虽然不主张反思中过度的悲情叙述，然而如王蒙一般完全回避自我真情的流露同样让人感觉颇为异样。李建军在《〈王蒙自传〉：不应该这样写》中评价道："《王蒙自传》成了一部令人失望的著作——它缺乏春天般的温暖，缺

---

① 王蒙：《半生多事》，花城出版社2006年版，第163页。

② 谢泳：《内心恐惧：王蒙的思维特征》，《中华读书报》1995年5月10日。

乏照亮人心的光芒；它以夸张的方式凸显了自我，却失去了一个可以与他人共享的光明而美好的世界。”[①] 因此，尽管《王蒙自传》才气横溢，但是除却在描写父亲王锦第和儿子王石时，总让人感到少了一份真诚和悲悯。同样季羡林在反思的过程中也表现出了一种情感的冷漠。季羡林的获罪是始自“文化大革命”，反右时期季羡林是被置于了一种“逍遥派”的边缘地位。与对“文化大革命”自己所受苦楚的痛述相比，季羡林对没有切肤之痛的反右表现出了极大的冷漠。而且在事隔几十年，反右运动早经无数人痛思、批判、反省后，季羡林依然对此表示了冷漠：“至于传闻的每一个单位都有划右派的指标，这样的会我没有参加过，其详不得而知。‘右派’是一类非常奇怪的人，官方语言是‘敌我矛盾当作人民内部矛盾来处理’，其中玄妙，到现在我也不全明白。可是被戴上了这一顶可怕的帽子的人，虽然手里还拿着一张选票，但是妻离子散者有之，家破人亡者有之；到头来几乎全平了反。不知道这乱哄哄的半年多，牺牲时间，浪费金钱，到底所为何来?”[②] 从这段论述中我们能明显感到一种“事不关己，高高挂起”、“各人自扫门前雪，莫管他人瓦上霜”的冷漠。没有理性的反思是浮浅的，没有情感的反思却是可怕的。我们期待反思的深度，但我们更期待反思者的喜笑歌哭，只有包含情感的反思才能让我们感动警醒，只有满溢着悲悯的反思才是真正的反思。

钱理群先生在《我的精神自传》中提到“对反思的思维也应该进行反思。因为‘反思’容易站在一个理想主义的立场上，追求一个毫无弊端的选择。而所有的选择都必然是有偏差的，同时也容易以‘事后诸葛亮’的姿态，把所存在的偏差夸大，这不仅容易缺乏历史感，而且也容易使自己走向另一种偏差。”[③] 反思避免“陷入对历史不切实际的求全责备”，只有具有了陈寅恪先生所说的“了解之同情”[④]，我们才能更为客观地面对反思者，“当我们对他人的内心生活、动机，恐惧等有很多了解时，就更能同

① 李建军：《〈王蒙自传〉：不应该这样写》，《当代文学研究资料与信息》2008 年第 6 期。

② 季羡林：《季羡林自传》，武汉出版社 2011 年版，第 194 页。

③ 钱理群：《我的精神自传》，广西师范大学出版社 2011 年版，第 78 页。

④ 解志熙：《深刻的历史反思与矛盾的反思思维——从支克坚先生的革命文学研究说开去》（下），《中国现代文学研究丛刊》2002 年第 2 期。

情他们。"[1] 面对反思者我们同样需要一种悲悯，我写下的批判已经太多，但愿没有落入求全责备的窠臼。

"自传是一种与某一文明状况密切相关的历史现象：只要这种文明继续存在，人们就可能继续写自传、读自传。"[2] 虽然现代中国作家自传的创作还有很多不尽如人意的地方，但是自传无疑仍是一个颇具生存和发展潜力的现代性文体，随着中国自传理论的深入和发展，我们也期待着21世纪自传黄金时代的到来。

① ［英］马克·柯里：《后现代叙事理论》，宁一中译，北京大学出版社2003年版，第23页。

② ［法］菲力浦·勒热讷：《自传契约》，杨国政译，生活·读书·新知三联书店2001年版，第105页。

# 主要参考文献

## 一　著作

[法] 菲力浦·勒热讷:《自传契约》，杨国政译，生活·读书·新知三联书店 2001 年版。

[美] 保罗·德曼:《解构之图》，李自修等译，中国社会科学出版社 1998 年版。

[日] 川合康三:《中国的自传文学》，蔡毅译，中央编译出版社 1999 年版。

[英] 阿兰·德波顿:《身份的焦虑》，陈广兴、南治国译，上海译文出版社 2009 年版。

[美] 刘易斯·科塞:《理念人——一项社会学的考察》，郭方等译，中央编译出版社 2001 年版。

[英] 拉雷恩:《意识形态与文化身份:现代性和第三世界的在场》，戴从容译，上海教育出版社 2005 年版。

[俄] 列夫·舍斯托夫:《在约伯的天平上》，董友等译，生活·读书·新知三联书店 1989 年版。

[美] 华莱士·马丁:《当代叙事学》，伍晓明译，北京大学出版社 1990 年版。

(清) 章学诚:《文史通义》，中华书局 1985 年版。

[奥] 斯蒂芬·茨威格:《自画像》，袁克秀译，西苑出版社 1998 年版。

[德] 歌德:《歌德自传——诗与真》，刘思慕译，人民文学出版社 1983 年版。

[美] 丹尼尔·夏克特：《找寻逝去的自我——大脑、心灵和往事的记忆》，高申春译，吉林人民出版社 1998 年版。

[苏] 巴赫金：《陀思妥耶夫斯基诗学问题》，白春仁、顾亚铃译，生活·读书·新知三联书店 1992 年版。

[苏] 巴赫金：《巴赫金全集》（第 5 卷），白春仁、顾亚铃译，河北教育出版社 1998 年版。

[苏] 巴赫金：《小说理论》，白春仁、晓河译，河北教育出版社 1998 年版。

[美] 唐德刚：《文学与史学》，华东师范大学出版社 1999 年版。

[英] 福斯特：《小说面面观》，苏炳文译，花城出版社 1984 年版。

[法] 卢梭：《忏悔录》，黎星、范希衡译，人民文学出版社 1992 年版。

[美] 罗伯特·麦基：《故事——材质、结构、风格和银幕剧作的原理》，周铁东译，中国电影出版社 2001 年版。

[爱尔兰] 理查德·卡尼：《故事离真实有多远》，王广州译，广西师范大学出版社 2007 年版。

[美] 蒲安迪：《中国叙事学》，北京大学出版社 1996 年版。

[荷] 米克·巴尔：《叙述学》，谭君强译，中国社会科学出版社 2003 年版。

[法] 古斯塔夫·勒庞：《乌合之众　大众心理研究》，冯克利译，中央编译出版社 2000 年版。

[美] 海登·怀特：《后现代历史叙事学》，陈永国、张万娟译，中国社会科学出版社 2003 年版。

[美] 汪荣祖：《史传通说——中西史学之比较》，中华书局 2003 年版。

[英] 柯林伍德：《历史的观念》，扬·冯·德·杜森编，何兆武、张文杰、陈新译，北京大学出版社 2010 年版。

[美] 费正清：《伟大的中国革命 1800—1985》，刘尊棋译，国际文化出版公司 1989 年版。

[加] 查尔斯·泰勒：《自我的根源：现代认同的形成》，韩震等译，译林出版社 2001 年版。

[英] 安东尼·吉斯：《现代性与自我认同　现代晚期的自我与社会》，赵旭东、方文译，生活·读书·新知三联书店 1998 年版。

[美] 爱德华·W. 萨义德：《知识分子论》，单德兴译，生活·读书·新知三联书店2002年版。

[法] 洛朗·加涅宾：《认识萨特》，顾嘉琛译，生活·读书·新知三联书店1988年版。

[法] 热奈特：《叙事话语　新叙事话语》，王文融译，中国社会科学出版社1990年版。

[德] 恩斯特·卡希尔：《人论》，甘阳译，西苑出版社2003年版。

[美] 布斯：《小说修辞学》，付礼军译，广西人民出版社1987年版。

[法] 阿尔弗雷德·格罗塞：《身份认同的困境》，王琨译，社会科学文献出版社2010年版。

[古希腊] 柏拉图：《柏拉图文艺对话集》，朱光潜译，人民文学出版社1963年版。

[英] 马克·柯里：《后现代叙事理论》，宁一中译，北京大学出版社2003年版。

[德] 马克斯·韦伯：《儒教与道教》，洪天富译，江苏人民出版社2005年版。

[德] 舍勒：《舍勒选集》（上卷），刘小枫选编，生活·读书·新知三联书店1999年版。

[苏联] 伊·谢·科恩：《自我论——个人与个人自我意识》，佟景韩、范国恩、许宏治译，生活·读书·新知三联书店1986年版。

[美] 埃德加·斯诺：《西行漫记》，王厂青等译，广角镜出版社1975年版。

（唐）刘知几：《史通新校注》，赵吕甫校注，重庆出版社1990年版。

（清）章学诚：《文史通义校注》，中华书局1985年版。

（清）金圣叹：《金圣叹全集》，江苏古籍出版社1985年版。

（南朝）刘勰：《文心雕龙》，戚良德注说，河南大学出版社2008年版。

朱文华：《传记通论》，复旦大学出版社1992年版。

杨正润：《传记文学史纲》，江苏教育出版社1994年版。

杨正润：《现代传记学》，南京大学出版社2009年版。

赵白生：《传记文学理论》，北京大学出版社2003年版。

杨正润主编：《众生自画像——中国现代自传与国民性研究（1840—

2000)》，上海人民出版社2009年版。
王成军：《纪实与纪虚——中西叙事文学研究》，百花洲文艺出版社2003年版。
王成军：《中西传记诗学研究》，北京出版社2011年版。
房福贤：《新时期中国现代文学家传记研究十六讲》，山东文艺出版社2009年版。
郭久麟：《中国二十世纪传记文学史》，山西出版集团2009年版。
陈兰村主编：《中国传记文学发展史》，语文出版社1999年版。
陈平原：《中国现代学术之建立——以章太炎、胡适之为中心》，北京大学出版社1998年版。
陈兰村、叶志良主编：《20世纪中国传记文学论》，天津人民出版社1998年版。
李健：《中国现代传记文学研究》，新华出版社2010年版。
马永强：《文化传播与现代中国文学》，安徽大学出版社2003年版。
马国亮：《良友忆旧——一家画报与一个时代》，生活·读书·新知三联书店2002年版。
邵绡红：《我的爸爸邵洵美》，上海书店出版社2005年版。
和凤鸣：《经历：我的1957年》，敦煌文艺出版社2006年版。
摩罗：《耻辱者手记》，内蒙古教育出版社1998年版。
李泽厚：《中国现代思想史论》(下)，安徽文艺出版社1999年版。
贺桂梅：《人文学的想象力——当代中国思想文化与文学问题》，河南大学出版社2005年版。
王彬彬：《风高放火和振翅洒水》，人民文学出版社2004年版。
杨义：《中国现代小说史（一)》，人民文学出版社1986年版。
乐黛云、张辉：《文化传递与文学形象》，北京大学出版社1999年版。
任一鸣：《后殖民批评理论与文学》，外语教学与研究出版社2008年版。
张京媛主编：《后殖民理论与文化批评》，北京大学出版社1999年版。
袁雪生：《富兰克林自传与美国精神》，中国社会科学出版社2008年版。
张京媛主编：《新历史主义与文学批评》，北京大学出版社1993年版。

童庆炳编:《文学理论教程》,高等教育出版社 2008 年版。

李国文:《江上数峰青》,作家出版社 2006 年版。

愚士选编:《余秋雨现象批判》,湖南人民出版社 1999 年版。

王艳芳:《女性写作与自我认同》,中国社会科学出版社 2006 年版。

董小英:《再登巴比伦塔——巴赫金与对话理论》,生活·新知·读书三联书店 1994 年版。

李洁非:《典型文案》,人民文学出版社 2010 年版。

王俊义、丁东主编:《口述历史》(第 3 辑),中国社会科学出版社 2005 年版。

徐岱:《小说叙事学》,中国社会科学出版社 1992 年版。

马一波、钟华:《叙事心理学》,上海教育出版社 2006 年版。

曹文轩:《20 世纪末中国文学现象研究》,北京大学出版社 2002 年版。

刘小枫:《沉重的肉身:现代性伦理的叙事纬语》,上海人民出版社 1999 年版。

许正林:《欧洲传播思想史》,上海三联书店 2005 年版。

李战子:《跨文化自传与英语教学》,高等教育出版社 2007 年版。

杨国政、赵白生主编:《传记文学研究(欧美文学论丛第四辑)》,人民文学出版社 2005 年版。

申丹:《叙述学与小说文体学研究》,北京大学出版社 1998 年版。

乐黛云、[法] 李比雄主编:《跨文化对话》(7),上海文化出版社 2001 年版。

黄汉平:《拉康与后现代文化批评》,中国社会科学出版社 2006 年版。

曹蕾:《自传与忏悔:从奥古斯汀到卢梭》,中国社会科学出版社 2012 年版。

刘岩等:《后现代语境中的文化身份研究》,凤凰出版传媒集团 2008 年版。

叶志良:《现代中国传记写作的历史与叙事》,清华大学出版社 2012 年版。

刘再复:《论中国文学》,作家出版社 1988 年版。

徐友渔:《不懈的精神追求》,天津人民文学出版社 2002 年版。

许纪霖:《智者的尊严——知识分子与近代文化》,学林出版社 1991 年版。

许纪霖:《许纪霖自选集》,广西师范大学出版社 1999 年版。

摩罗：《不死的火焰》，中国工人出版社 2002 年版。

李欧梵：《现代性的追求》，生活·读书·新知三联书店 2000 年版。

沈敦忠：《自由爱情的价值追求——20 世纪文学中爱情描写的文化研究》，湖南人民出版社 2006 年版。

李小江：《解读女人》，江苏人民出版社 1999 年版。

钱理群：《心灵的探寻》，北京大学出版社 1999 年版。

钱理群：《钱理群文选——拒绝遗忘》，汕头大学出版社 1999 年版。

陈思和、张业松编：《思想的尊严》，宁夏人民出版社 2008 年版。

温奉桥主编：《理论与实践——王蒙自传研究》，中国海洋大学出版社 2009 年版。

郭登峰：《历代自叙传文抄》，商务印书馆 1937 年版。

萧关鸿：《中国百年传记经典》，东方出版中心 1999 年版。

胡适：《胡适传记作品全编》（第 4 卷），东方出版中心 1999 年版。

胡适：《胡适全集》（第 27 卷），安徽教育出版社 2003 年版。

冯友兰：《三松堂自序》，生活·读书·新知三联书店 1984 年版。

王韬：《弢园文录外编》，辽宁人民出版社 1994 年版。

梁启超：《自由心影录》，四川文艺出版社 1998 年版。

柳亚子等：《现代中国作家自传》（第一辑），光华书局 1933 年版。

陶元德编：《自传之一章》，宇宙风社 1938 年版。

蔡元培等编：《中国新文学大系导论集》，上海书店 1982 年影印版。

郁达夫：《过去集》，开明出版社 1996 年版。

郁达夫：《郁达夫全集》（第 6 卷），浙江文艺出版社 1992 年版。

郁达夫：《郁达夫全集》（第 4 卷），浙江文艺出版社 1992 年版。

孔另境编：《现代作家书简》，上海生活书店 1937 年版。

张澄寰编选：《郭沫若论创作》，上海文艺出版社 1983 年版。

朱文华：《胡适——开风气的尝试者》，复旦大学出版社 1992 年版。

胡适：《中国新文学大系建设理论集（影印本）》，上海良友图书印刷公司 2003 年版。

胡适：《胡适书信集（1907—1933）》（上，中，下），耿云志、欧阳哲生编，北京大学出版社 1996 年版。

胡适：《胡适的日记》（上），中国社会科学院近代史研究所中华民国史研究室编，中华书局 1985 年版。

胡适：《胡适全集》（第 10 卷），安徽教育出版社 2003 年版。

胡适：《胡适全集》（第 21 卷），安徽教育出版社 2003 年版。

胡适：《胡适全集》（第 1 卷），安徽教育出版社 2003 年版。

沈卫威：《胡适周围》，中国工人出版社 2003 年版。

沈卫威：《文化·心态·人格——认识胡适》，河南大学出版社 1991 年版。

沈卫威：《无地自由：胡适传》，安徽教育出版社 2005 年版。

章克标：《文苑草木》，上海书店 1996 年版。

李辉：《胡风集团冤案始末》，湖北人民出版社 2003 年版。

李辉：《风雨中的雕像》，山东画报出版社 1997 年版。

余连祥：《逃墨馆主——茅盾传》，浙江人民出版社 2006 年版。

谢泳：《旧人旧事》，上海人民出版社 1996 年版。

肖凤：《庐隐传》，北京师范大学出版社 1982 年版。

石楠：《中国第一女兵　谢冰莹全传》，江苏文艺出版社 2008 年版。

杨春俏编：《书里书外》，中华书局 2010 年版。

鲁迅：《鲁迅全集》（第八卷），人民文学出版社 1982 年版。

宗白华等：《三叶集》，安徽教育出版社 2006 年版。

季羡林主编：《百年美文·女性情感卷》，百花文艺出版社 2008 年版。

王希彦：《古屋》，花城出版社 1984 年版。

中华全国文学艺术工作者代表大会宣传处编：《中华全国文学艺术工作者代表大会纪念文集》，新华书店 1950 年版。

毛泽东：《在延安文艺座谈会上的讲话》，人民出版社 1975 年版。

毛泽东：《在中国共产党全国宣传工作会议上的讲话》，人民文学出版社 1964 年版。

毛泽东：《建国以来毛泽东文稿》（第 2 册），中央文献出版社 1988 年版。

毛泽东：《新民主主义论》，人民出版社 1976 年版。

舒芜：《回归五四》，辽宁教育出版社 1999 年版。

沈从文:《沈从文全集》（第16卷），张兆和主编，北岳文艺出版社2002年版。

沈从文:《沈从文全集》（第13卷），张兆和主编，北岳文艺出版社2002年版。

沈从文:《心与物游——沈从文和那些人与事》，陕西师范大学出版社2007年版。

沈从文:《沈从文选集》（第5卷），四川人民出版社1983年版。

秦德君、刘淮:《火凤凰　秦德君和她的一个世纪》，中央编译出版社1999年版。

韦韬、陈小曼:《我的父亲茅盾》，辽宁人民出版社2004年版。

茅盾:《茅盾全集》（第14卷），人民文学出版社1987年版。

茅盾:《严霜下的梦——茅盾散文》，傅光明选编，浙江文艺出版社2007年版。

《忆茅公》，文化艺术出版社1982年版。

《智者鲁豫有约：说出你的故事》，中国友谊出版公司2008年版。

方蕤:《凡生琐记——我与先生王蒙》，长江文艺出版社2008年版。

路翎:《财主底儿女们》，希望社1948年版。

沈太慧等编:《1979—1983文艺论争集》，黄河文艺出版社1985年版。

鲁迅:《野草》，人民文学出版社2000年版。

沈从文、张兆和等:《沈从文家书》（上），沈虎雏编，江苏教育出版社2005年版。

《我亲历的文坛往事·忆心路》，人民文学出版社2004年版。

胡风:《胡风全集》（第9卷），湖北人民出版社1999年版。

冯雪峰:《冯雪峰论文集》上卷，人民文学出版社1981年版。

舒芜:《舒芜致胡风书信全编》，东方出版中心2010年版。

## 二　论文

杨正润:《自传死亡了吗？——关于英美学术界的一场争论》，《当代外国文学》2001年第4期。

王成军：《自在·叙述·他者——中西自传主体论》，《国外文学》2006 年第 4 期。

王成军：《论时间和自传》，《外国文学评论》2000 年第 2 期。

杨正润：《论忏悔录与自传》，《外国文学评论》2002 年第 4 期。

陶家俊：《身份认同导论》，《外国文学》2004 年第 2 期。

杨国政：《怀疑时代的自传》，《外国文学评论》2002 年第 2 期。

赵白生：《"我与我周旋"——自传事实的内涵》，《北京大学学报》2002 年第 7 期。

赵白生：《自传就是别传吗？——论自传叙述中事实的三要素》，《国外文学》2001 年第 4 期。

王成军：《"事实正义论"：自传（传记）文学的叙事伦理》，《外国文学研究》2005 年第 3 期。

梁庆标：《自我意识与身份：自传研究的新视角》，《宁夏社会科学》2010 年第 1 期。

周凌枫：《自我意识及其与自传的关系》，《连云港师范高等专科学校学报》2009 年第 3 期。

唐岫敏：《论自传中自我叙事的主体身份》，《浙江师范大学学报》2009 年第 1 期。

保罗·约翰·埃金：《自传的起源：叙述身份与拓展自我的出现》，《国外文学》2000 年第 3 期。

王成军：《西方自传理论研究述论》，《荆州职业技术学院学报》2006 年第 7 期。

许德金：《自传叙事学》，《外国文学》2004 年第 3 期。

杨正润：《中国自传：现代性的发生》，《荆门职业技术学院学报》2003 年第 3 期。

周凌枫：《论新时期以来中国自传中的忏悔意识》，《南昌大学学报》2012 年第 1 期。

房福贤：《论王蒙、从维熙与浩然的自传写作》，《中国现代文学研究丛刊》2011 年第 2 期。

谢昭新：《论三十年代传记文学理念与自传写作热》，《中国现代文学研究丛刊》2006年第5期。

郜元宝：《另一种权力》，《当代作家评论》2001年第2期。

张丽芬、王爱松：《文本中的自我镜象——从自我身份认同视角看20世纪90年代以来的作家自传》，《江淮论坛》2011年第2期。

梁庆标：《现代自我的诉求：中国现代自传发展述要：（1919—1937）》，《江西师范大学学报》2012年第3期。

袁祺、郑歆：《在"大我"与"小我"之间——1937—1949年中国现代自传综述》，《连云港师范高等专科学校学报》2009年第6期。

解志熙：《深刻的历史反思与矛盾的反思思维——从支克坚先生的革命文学研究说开去》（下），《中国现代文学研究丛刊》2002年第2期。

朱学勤：《我们需要一场灵魂拷问》，《书林》1988年第10期。

温奉桥：《〈王蒙自传〉学术研讨会综述》，《文学评论》2008年第5期。

温奉桥、李萌羽：《论王蒙"自传"》，《文学评论》2008年第2期。

李建军：《〈王蒙自传〉不应该这样写》，《文学报》2008年11月13日。

朱崇仪：《女性自传：透过性别来重读/重塑文类?》，《中外文学（台湾）》1997年第4期。

张业松：《关于舒芜先生的是非》，《书屋》2000年第11期。

陶家俊：《同一与差异：从现代到后现代身份认同》，《四川外语学院学报》2004年第2期。

梁庆标：《对话中的身份建构——君特·格拉斯〈剥洋葱〉的自传叙事》，《国外文学》2011年第1期。

任一鸣：《在回望与挽留中脱钩的民族文化——评罗辛顿·米斯垂的〈费洛查·拜格的故事〉》，《外国文学》2001年第4期。

张英：《余秋雨片断：1963—1980》，《南方周末》2004年7月29日。

张英：《〈借我一生〉的两种记忆》，《南方周末》2004年7月29日。

# 后记

时间真如白驹过隙，转眼又是一个乍暖还寒的三月，记得两年前的今天正感受着博士论文交稿后的如释重负，匆匆两年过去，那时的感受依稀还在近前。本书是在我的博士论文的基础上修改而成的。所谓“修改”实在有些惭愧，博士毕业，恰逢女儿初入小学，诸多的繁杂和手忙脚乱，让我少有闲暇，论文被束之高阁整一年矣。现在女儿已步入二年级，学习生活都慢慢步入正轨，我也得空重新整理修改自己的论文，在整理修改的过程中，虽然心之想往能让自己的论文趋于完善，但自传是一个颇具魅惑又极为复杂的文类，比如自传的归属问题，自传的真实性问题实在让人感到无法规避又极难说清。因此虽然书稿已经交付，但仍感到自传中有很多问题值得继续思考和研究下去。

最初选择“自传”作为选题，实属偶然。当时正为选题而焦头烂额，忙里偷闲想轻松一下，便从图书馆里借了王蒙的《半生多事》，一读之下颇为震撼，后又接连读了系列自传，对此颇有兴趣。但是因为自己以前从未关注过自传，忙与导师房福贤先生商量，房老师因为研究过传记，颇知传记研究的艰难，因此他既肯定了此选题的价值，同时也让我对此选题研究的难点做好充分的准备。之后几个月就是对大量自传的阅读，资料的查询，框架的思考，当我真正进入这个选题时，我才发现自传文类的难以界定、自传理论的匮乏都成为自传研究中的严重障碍，也在此时才真正了解了房老师所说的“艰难”。之后则是不断的思考，思考中的混乱和纠结，几近放弃。还好每当关键时刻总是能得到房老师的鼓励和点拨，正是在与房老师的一次次交流中，我坚定了做此选题的决心。所以在此要特别感谢我的导师房福贤先生，正是他睿智的点拨，善意的鼓励使我的论文最终得以顺利完成。

同时还要感谢山东师范大学现当代文学专业的朱德发教授、王万森教授、魏建教授、吴义勤教授、吕周聚教授、王景科教授、李宗刚教授、李掖平教授在论文开题和预答辩时提出宝贵建议，他们丰富的学识，高尚的人格使我终身受益。

感谢我的论文答辩主席山东大学孔范今教授，中国社科院王保生研究员，南京大学丁帆教授，北京大学陈晓明教授，聊城大学宋益乔教授，华中科技大学何锡章教授，山东师范大学王万森教授，在论文答辩时所提出的指导性建议，使我深受启发，并对我书稿的修改形成了很大的帮助。

对我的家人除了感谢之外，我更充满深深的愧疚。考博时，恰逢父亲生病，尽管如此，父母还是鼓励我参加了博士入学考试，我的每一步成长无不包含了父母深深的爱意和嘱托。感谢我的公婆帮我照看年幼的女儿，没有他们的付出，外出读博不可想象。感谢我的丈夫，从考博到读博，他一直是我最为坚定的支持者，至今犹记得博士面试前，他晚上驱车赶往济南为我鼓劲，至今犹记得博士毕业他与女儿一起参加我的毕业典礼时的兴奋和激动。一路相扶，一路相伴，怎一个谢字了得。感谢我的女儿匀匀，读博三年，被迫放弃了很多原本应与女儿一起度过的美好时光，幼儿园三年本应是孩子最放松最快乐的三年，但是由于自己要一边工作一边写论文，所以对女儿少有陪伴，每念及此，总会对女儿产生深深的愧疚和怜爱。我博士毕业，也恰逢女儿幼儿园毕业，我们同时踏上了新的起点，如今我督促她学习、练琴、打乒乓球，她督促我读自传、修改论文、减肥，非常欣慰能与女儿一起学习，一起成长。

感谢潍坊学院文学院的领导和同事，感谢潍坊学院博士科研基金和潍坊学院比较文学与世界文学学科的支持，使我的书稿能得以顺利出版。

感谢门小薇老师，感谢中国社会科学出版社的陈肖静编辑为本书付出的辛劳！在此深深道一声辛苦了！

三月是一个充满希望的季节，希望本书的付梓出版仅仅是一个美好的开始！

韩　彬

2015 年 3 月 5 日于潍坊